# 新

教學實習手冊

李咏吟、陳美玉、甄曉蘭　合著

〉〉〉作者簡介（依姓氏筆畫排列）

李咏吟

現職

國立台灣師範大學教育學系所教授

學歷

國立政治大學教育系學士

美國威斯康辛大學碩士，主修視聽教育

美國明尼蘇達大學博士，主修課程與教學

經歷

台北市介壽國中教師

美國明尼蘇達大學助教

國立彰化師範大學教育系所教授

陳美玉

現職

國立屏東師範學院初等教育學系教授

學歷

國立高雄師範大學學士

國立台灣師範大學教育研究所碩士，主修教育行政與政策

國立台灣師範大學教育研究所博士，主修課程與教學

經歷

國立屏東科技大學副教授

台北市立師範學院兼任副教授

國立台灣師範大學兼任講師

甄曉蘭

現職

國立台灣師範大學教育學系副教授

學歷

國立成功大學學士

美國德州農工大學碩士

美國俄亥俄州立大學博士，主修課程與教學

經歷

馬禮遜美國學校台北分校——伯大尼美僑小學教師

美國史丹佛大學學訪問學者

國立嘉義師範學院初等教育學系副教授

〉〉〉序

　　我教育部規定，凡中小學的教師均需先修習教育學程才具備參加教師甄試及任教的資格。教育學程的課程主要分為三大類：教育基礎相關科目、教育方法相關科目，以及教育實習相關科目。教學實習應是教育實習相關科目中最重要的課程，實際上包含了兩科——大學畢業前的教學實習課及大學畢業後的大五實習，前者典型是一整年上下學期的課，後者是到學校現場含教學實習半年至一年，因此，教學實習課程在教育學程中占有重要分量，具有在學習上為準老師連結理論和實際的統合功能。然而，台灣目前教育學程相關的教科書林林總總，唯具名「教學實習」的大學參考用書尚缺。

　　過去，教學實習的課程常淪為學生在教室內短時間或長時間的教學模擬演練、學校現場短期試教，以及大五實習的長期試教等，內容過於狹窄。其實，學生在修習相關科目時，亦應不斷充實相關的專業知識、遭遇問題的解決策略、新時代教學方法的應用，同時也應該為求職的知能做準備，故教學實習課程的內容與範圍有進一步思索的空間。

　　本書的目的，在提供與教學實習相關課程一本新的系統性知識整理的書，並希望提供具體例子以引導讀者的實作表現。本書內容分為三部分，包括基本理念、教學設計原理、實務與範例。同時，為了達到手冊的功能，並彌補筆者認為重要又無法隨意納入本書章節的專業內容，因而提供了一些學科導向的教學原則，另本書亦提

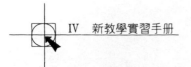

供了一些教師甄試常見的問題予讀者參考。

　　未來《新教學實習手冊》一書如要維護「新」的特色，就需隨時加以增修，希與參與本書計畫與撰寫的甄曉蘭、陳美玉教授共勉，感謝她們的共襄盛舉。心理出版社許麗玉經理及編輯人員林怡君、吳道愉的支援，使本書順利出版，亦在此致謝。

李咏吟

2003.1.7

〉〉〉目 錄

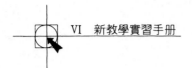

第一章

後現代教學實習模式——
結構主義的教師專業訓練

〈陳美玉〉

- ◐ 後現代的師資特性
- ◐ 後現代的師資培育觀
- ◐ 建構主義的教師專業訓練
- ◐ 建構主義模式的教學實習
- ◐ 師資培育機構與中小學校的夥伴關係
- ◐ 結語

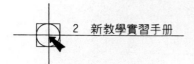

　　知識經濟的時代需要什麼樣的教師？後現代社會的理想教師應是什麼樣子？他們應具備怎麼樣的專業能力？應接受何種專業訓練？尤其是新的教育實習辦法實施之後，教學實習應呈現什麼新的樣態？才能符合師資培育多元化的精神，達到提升師資培育成效的目的。這些問題的回答，乃是許許多多致力於維護教師專業品質的師資培育者及研究者積極探討的課題。然而，截至目前，大家似乎仍未能獲得較具體的輪廓與共識，依舊處在莫衷一是，甚至是教育研究者與學校現場的實踐者各說各話的狀態。這些現象的存在，皆無法確保師資培資的品質。

第一節　後現代的師資特性

　　近幾年來，由於後現代主義的思潮恰巧碰上知識經濟時代的到來，兩股皆講究快速、多元、變化與不斷更新的力量加總在一起，使得我國社會變遷愈來愈快速，愈加不可預測且不穩定。在教育上則更強調尊重個殊與多元，確認個人的主體性，以及人人皆是創造知識的主人，皆有能力建構個人理論。而且，培養學生適應、創造、獨立思考與勇於面對及解決問題的能力，乃變成教育的最重要任務。同時，在後現代的社會秩序中，自主、個人化而又能與他人一起進行有意義的學習，是至為重要的（張文軍，民87，17）。這些現象的存在，皆造成傳統擅長教導如何升學、取得高分數與記誦知識的教師，頓然失去存活的光環與競爭的優勢，同樣都得面臨重

新學習與新社會型態的挑戰。

後現代的社會中，快速、多元、複雜、不穩定，以及知識更新的速度愈來愈快，甚至處處存在著矛盾、價值衝突，或是混沌不明都是常態。此種社會條件下，自然需要高專業能力、且能靈活應用並創新個人知識的教師（陳美玉，民 91），作者稱之為「實踐智慧型的師資」（practical wisdom teacher）。更具體而言，實踐智慧型的教師是一個兼具技術、反省、情境詮釋與理解、知識的再學習與再建構，以及能使實踐經驗與專業理論產生有意義的連結，且能進行相互辯證的教師（陳美玉，民 86，民 87）。由此可見，後現代社會中的師資培育已無由因循舊習，固守著結構功能論所崇尚的「適應現有教師專業文化」，或是如同過去在師資培育機構太偏重理論，而在教育實習過程又過於技術本位的舊有專業訓練模式（王秋絨，民 80，300-302）。為因應當前社會快速變遷的腳步，教學實習不管在制度、形式或內容上均需做大幅度的變革，才足以培育出「實踐智慧型教師」。

師資培育過程中，教學實習所提供的乃是極有價值的學習活動，也是將教育理論順利地轉換為實踐經驗，讓理論與實踐產生有意義結合的重要階段（陳美玉，民 88，181）。而且，教學實習品質的優劣與成效的好壞，常能影響未來教師專業信心的建立及其對專業的認同情況，甚至是其在專業生涯上的發展態度（Rushton, 2001），因此，特別值得師資培育相關人員的共同關注。然而，儘管教學實習制度實施至今已相當多年，但是，偏重教學技術的學習與模仿的教學實習模式依舊盛行；實習教師仍常被定位為「介入他

人教學領域」的「局外入侵者」或是「過客」，也是實習學校中的
「邊陲角色」（陳美玉，民 88；Minis, 1997），或是經常到中小學
校參觀的「麻煩人物」，而不是學習經驗相當被重視的「主角」。

　　由此可見，當前師資培育中極為重要的教學實習課程規畫，仍
未能建立適當且符合時代思潮的理想模式。而且，在作者的系列研
究中也發現，不管是職前的師資生（student teacher）、實習教師
（intern teacher）或是在職教師，皆有能力建構個人知識及理論，
從事個人知識的系統性管理（陳美玉，民 88b，民 89a，民 90）。
其中，教師個人所建構的專業實踐理論即是其用以思考與行為的背
後指導原則（陳美玉，民 85），因此，格外需要透過建構主義的觀
點，理解並接近實習教師如何建構學以致用的自我知識，並據以規
畫最適於培育具實踐智慧型教師的課程。從建構主義的觀點理解教
師專業訓練，可謂是最能符合後現代思潮與社會需求的做法（Shy-
mansky, Henriques, Chidsey & Dunkhase, 1997）；尤其是教學實習課
程的安排與實踐，雖然師資培育者可能早已駕輕就熟，但是向來在
教師專業訓練過程卻一直處於較弱的一環，更需要重新以建構主義
的觀點加以審視（Tickle, 2000, 10），並建立一套以提升實習教師
專業學習與發展效果的教學實習模式，才能更加確保師資培育的品
質。

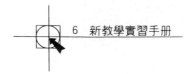

第二節　後現代的師資培育觀

　　許多教育研究者與改革者都已強烈感受到後現代時期的來臨，或是所謂的後福特主義（post-fordism）意識型態的盛行，皆對社會造成全面性的嚴重衝擊，使社會產生質變（陳美玉，民 87b，民 89b；Aronowitz & Giroux, 1991; Hargreaves, 1994; Hargreaves & Jacka, 1995）。連帶促成本土化意識的抬頭，本土化知識在教育過程受到更多的重視（楊深坑，民 88a），致使以追求絕對理性、單一客觀標準為依歸的現代化行動，不再受到大多數人與社會價值的歡迎。什麼是「真理」，以及好壞、對錯的標準，都受到挑戰且被重新界定，使得原本顯得穩定、秩序井然的社會，變得混亂而不確定，事理間的界限變得模糊不清。個人的主體性、特殊需求與獨特的表現，不僅得到最高程度的包容，而且也受到不同程度的推崇與肯定。此即是後現代社會蘊含的特性，也是促成社會結構的質變，個人對外在的環境進行更頻繁的互動與主動的建構，進而超越既有架框的限制，成就無限可能的主要動力來源。

　　值得注意的是，後現代本身所同時具備的「潛力」（potent）與「脆弱」（vulnerable）二種特質。亦即在後現代強調個人尋求不受到外在限制的自我解放過程，稍不留意則不免形成極端的個人主義與自我放縱（陳美玉，民 86，164），導致社會脫序。因此，自我是否能展現潛力，或是流於脆弱，端賴個人成熟的自主程度而

定。此種現象正印證了後現代主義者常說的一句話：後現代並存著生機與危機。

　　然而，在此生機與危機並存，必須容忍某種程度的混亂與不確定的時代中，教師專業訓練的目標與課程內容勢必要做適當的調整，才足以回應新社會型態的需求。Elliott 乃基於後現代社會的特性，提出詮釋學的師資培育觀（hermeneutic perspective）認為：教師專業訓練乃是一實踐的科學，後現代的教師首重情境理解能力的培養，以能在多變、複雜、混沌不明與不可預測的教學情境中，作成智慧判斷及明智決定（1993, 17-19）。此種情境理解能力的發展，亦是作者為因應後現代社會所倡導的實踐智慧型師資所應具備的主要關鍵能力之一（陳美玉，民 89b）。

　　養成後現代師資的情境理解能力，正可回應後現代的多元主義及地區化特性，這些特性的存在不僅使大理論的權威性遭受質疑，同時也可體現後現代主義主張「個人」是知識與理論的主動建構者的觀點，並凸顯出未來教師成熟而自主的獨立思考、批判與反省能力養成的重要性。

　　後現代主義反對一致性、集中化，並且支持多元化、地區化的特性，乃不斷反映在教育改革行動中。其中，最引人注意的是教師專業訓練制度的改變，例如陸續強化中小學校在師資培育上的責任，以及增加師資生在學校現場中學習與相關的臨床經驗時數（陳美玉，民 89b；Campbell & Kane, 1998; Evertson, 1990; Munro, 1993）。這些教師專業訓練制度的變革，皆在說明：學校是師資生、實習教師與在職教師專業能力建立與發展的主要場所，學校應

成為職前及在職教師學習教與學的地方（Colvin, 1996; Eisner, 1995）。以學校為中心的實踐取向師資培育觀（school-based teacher education）在後現代主義思潮的助長下，更加強化教師專業訓練的地區化與情境化。著重教師情境理解能力的養成，的確應成為後現代師資培育的改革重點。

　　儘管教師專業訓練課程中所教授的教育專業理論，包括有效教與學相關的理論、方法與技術，在強調「個人能主動建構知識」的後現代主義師資培育觀點看來，都必要做重新的檢討、修正或補充，才能符合新社會型態的要求。況且，在真實的教學情境中，教育問題常顯得多變而複雜，往往需要透過科際整合的觀點才足以理解（Schon, 1987），很難依據單一理論做完整的掌握或解釋問題的發生（Elliott, 1993; Kupferberg, 1996）。

　　後現代主義尊重差異性與個人的獨創性，體現在教師專業訓練觀點上，乃重視強化教師個人建構自我理論的能力，其中如作者所提出的「教師專業實踐理論」（teacher's professional practical theory）的建構與發展（陳美玉，民 85），則應成為後現代教師的必備條件之一（陳美玉，民 89b）。這種基於教師自身的個殊需要，在特定的情境脈絡下所發展出來的個人理論，自然最能夠展現個人對於特定情境的詮釋理解情況，而且也能說明教師個人有能力建構個人理論，並依據個人理論詮釋理解其所處教學情境的意義。

　　進一步而言，後現代的師資培育觀點，並無捨棄理論而偏執實用性的意味，或是走上如研究者所發現，我國的教師專業訓練在師資培育機構時，往往過於集中在理論的學習，忽略實踐反省理性的

養成；到了學校現場後，則落於技術本位，罔顧理論的重要性（王
秋絨，民 80；陳美玉，民 89b）。後現代的師資培育觀則是基於一
種尋求理論與實踐更高層整合的積極企圖，使未來的教師都能折衷
各種教育理論，做為分析、反省、修正自我實踐及個人理論的基礎
（張文軍，民 87；Elliot, 1993）。另一方面也能將各種教育理論做
進一步的轉換，並與個人經驗相互融合，成為自我理論的一部分，
引導專業實踐的進行，展現後現代教師的實踐智慧（陳美玉，民
89b；楊深坑，民 88）。

　　明顯的，在標榜不確定性與多元化的後現代社會中，教師專業
訓練的主要目的應在養成具備成熟的自主意志而理性的實踐智慧型
教師。此類型教師不但能批判反省，同時也充滿自我表現的信心，
欣賞差異，並能進行團體的合作與協商，具有不斷再學習的潛能
（陳美玉，民 86，民 89b）。然而，後現代的文化與教育商品化特
質，在多元化的師資培育下，是否會讓師資培育的規畫，成為一種
短期的誘導與速成的訓練，提供的盡是脫離現實的情境，只講述理
論、缺乏實踐內容的融入與長期的情境薰陶，使師資的養成教育變
成「專業學習象牙塔」（陳美玉，民 89b），則是一個令人感到憂
心的問題。

　　尤其目前多元化師資培育制度的實施，實應特別避免讓職前的
師資生與實習教師，先是處在充滿商品化、只求速成的師資培育機
構學習，之後則進入教學技術與經驗至上的學校現場進行專業發
展，二者皆以追求短淺的學習目標為滿足，未用心於教育結構性因
素的省察，以及參與教育革新行動能力的養成。

　　處於後現代社會中的教師專業訓練，應更強調實踐反省理性與
實踐智慧的養成，使未來的師資皆具備教育的政治學、生態學與社
會學的知識，有能力更貼近而深入教育現場，理解教育問題的發生
與解決，而不在於教學知識的記誦。因為不符時代需求的教師專業
訓練，終將使未來的教師對學校現實感到錯愕、失望或驚惶失措，
存活的問題可能先於其他專業問題的面對，成為質疑或是挑戰教師
專業訓練效果的最嚴厲考驗。

第三節　建構主義的教師專業訓練

　　後現代主義所主張「個人建構小理論」的概念，正與建構主義
的知識論認為「知識是自由個人所創現與建構成的」，「知識的獲
得是個體與外在世界不斷互動的結果」等觀點（陳美玉，民86），
指向相同的意涵，同樣都肯定個人在知識建構上的自主性與能力。
後現代主義及建構主義知識論的觀點，乃是教師專業實踐知識建構
與反省的理論基礎，亦即教師的專業認知乃基於其特定的認知目
的、參考架構，並與環境脈絡互動，相互取得平衡，且被個人主觀
認定為有效、可行而主動建構的知識，並非完全可經由書籍、大學
教授、同儕或是他人逐字貯藏在教師的腦中。因此，教師的實踐知
識能具有經驗性、互動性、變動性與個殊等特性，與一般純理論性
的知識在性質上有極大的不同（陳美玉，民89c）。

　　由於教師專業認知充滿自我建構知識的色彩，教師個人是建構

其個人理論與知識的主體。基於此，在教師專業訓練課程設計與教學活動的安排，自應與此種不可完全為外力所形塑的自我發展傾向相互結合，以教師個人成熟的自主意志與圓融的實踐智慧發展為專業訓練的主要依歸，才有助於引導職前及在職教師建立終身學習與生涯發展的適當模式。

　　況且，目前教師所要面對的乃是多元、開放而充滿變動性的社會情況，過去以理論為主的師資培育課程，或是過於側重技術訓練的教育實習，皆已陸續面臨不足以理解教育現場高複雜性問題的窘境。因此，未來所謂有效的教師必應具有實踐智慧，且其基本意涵乃在於教師對於特定情境具有高度的理解與敏銳的詮釋能力，並且能依自己對情境的理解發展概念，或進行教育理論的檢證（Prawat, 1996），賦予自身經驗更豐富的意義，進而建構出個人的專業實踐理論（陳美玉，民 86，167）。促進未來教師具有建構個人理論能力，並能隨著教育理論與個人經驗的相互結合，不斷檢證並重新調整與發展個人理論，即是建構主義教師專業訓練的最終目標，而不應局限於記誦專業知識，或是精熟幾套套裝性的教學技術與方法。

　　再者，建構主義的教師專業訓練，乃採取現象學取向及脈絡取向的論點，將個人視作社會現實的建構者，認為個人因不同的生活史、經驗與所處情境的不同，會架構成不同的世界觀與個人知識內容。而且，學習是「個別的」（individual），「自我」（self）是認知的基礎，因此，絕不可能有兩位學生能帶著相同的理解或是經驗離開一個教室（Sutton, Cafarelli, Lund, Schurdell & Bichsel, 1996）。基於此種觀點，建構主義特別強調，教師專業訓練課程內

容應充分與師資生的「自我」相互結合，才能促成個人知識質的改變；尤其是師資生對於個人過去經驗、情感與信念的反省，以及與教學有關的旁觀習藝經驗的重新檢視（陳美玉，民 88b，民 88c；Sutton, Cafarelli, Lund, Schurdell & Bichsel, 1996），都是強化師資生的過程性思考（包括慎思、系統性的分析與信念等），確保師資生建構專業實踐知識品質的必要做法。

　　另外，建構主義亦主張情境與社會性的活動形塑個人的理解，因此，當學習發生在個人有機會親身體驗、面對並處理問題的情境中，個人能夠學習更多，獲得更深層的理解（陳美玉，民 86；Nicaise & Barnes, 1996）。將此種論點運用在教師專業訓練上，則重視師資生在學習過程，透過與同儕、大學教授及學校教師間的社會性論辯（discourse）與對話（dialogue），協助師資生建構自我知識並檢證假設。此種過程可使師資生以更多元的觀點看待知識的發生，建構更具有彈性、開放而民主的知識，促成概念的成長與情境理解能力的提升（Nicaise & Barnes, 1996）。

　　由此可見，一種能符合民主精神、尊重個人的主體性，以及滿足後現代社會的教師專業訓練，必應是從建構主義的觀點出發；其中包含社會性的合作、對話與論辯，同時也盡量提供真實的情境與活動，以及多元的觀點與豐富資訊的刺激，讓師資生在此過程得以思考、探究並建構意義，發展對教育的深層理解，並協助師資生建構個人的專業實踐知識與理論（陳美玉，民 89d）。或是提倡師生的合作探究，使職前教育能在一資源豐富的情境下實施，藉以多元化師資生個人知識的內涵，增進認知的彈性心能（陳美玉，民

86b），以奠定未來教師再建構個人知識的基礎。

　　事實上，建構主義的知識論早已以典範轉移的方式，取代實證主義的絕對知識觀，將知識建構的基礎，置於師資生的自我反省、真實經驗、個人知覺、行動與知識管理（陳美玉，民 90a）以及社會互動上，並提出「知識共享」的觀念（Hendry, 1996），使個人知識的建構，能體現異中求同、同中兼容異質色彩的特性。基於此，我國在此師資培育制度進行大幅革新後，對於師資培育機構與中等以下學校間的角色功能、實習制度、課程設計、教學方法、教材內容以及師生關係等，都應重新界定，才能培育出具有高適應能力的實踐智慧型師資。

第四節　建構主義模式的教學實習

　　由於建構主義的師資培育觀點認為，教師專業實踐知識是由教師個人所主動建構而成，而且專業實踐知識具有高度個人的、開放的、持續的、不確定的、脈絡的與再建構的特質（陳美玉，民89c；Hendry, 1996; Sutton, Cafarelli, Lund, Schurdell & Bichsel, 1996），這些特性亦與後現代主義的知識論主張雷同。此種知識論觀點，對於處在理論與實踐相互銜接階段的實習教師而言，提供建構主義模式的教學實習，則應是最為合宜的做法。然而，應如何將建構主義的觀點具體化在教學實習活動的安排上，則又是目前師資培育制度全面革新，以及教育改革者積極尋求提升教師專業訓練品質所應加以

掌握的課題。

　　實習教師因更有機會頻仍進出教學現場，接觸第一線的教學現實，故是持續建構兼融理論與實踐經驗的專業實踐理論，有系統地進行個人知識管理的極好時機。因此，若教學實習的課程規畫能根據建構主義的知識論基礎，有步驟地協助實習教師教育意象逐漸具體、明朗化與成熟，則教學實習便能成為轉換實習教師理論性學習為經驗性學習的重要橋樑。

　　有關於建構主義模式的教學實習應強化實習教師哪些專業能力，以及安排哪些學習活動，依據作者歸納自實際教導教學實習經驗與相關研究發現，大致上可以分為下列幾項：

一、反省能力訓練

　　反省能力訓練可使實習教師有機會將特定的成長經驗或生活史加以記錄，或深入而有系統地反省個人所持的教育理念與哲學，並加以修正（Schon, 1987）。同時，也可以促進實習教師的自我省思，或與學習上的重要他人（包括同儕、大學教授及學校教師等）進行論辯式的對話，增進其專業學習與發展的效果，故對於正在進行教學實習的實習教師而言，乃是極適合的學習重點（陳美玉，民87c；Knowles, 1994）。

　　反省能力訓練過程中，可以要求實習教師將所習得的專業理論、學習心得或在學校現場中所發現的問題，做系統性的描述與反省，使實習教師立即性地將所學理論與他人的專業經驗相互驗證，

或進行轉換與反芻，並進一步具體化個人理論，釐清自我價值信念。再者，實習教師可將學自教育理論的概念，當作反省的語言及工具，一方面可以複習理論的重點，另一方面也可藉以強化個人的反省能力，使反省的內容跳脫原有的思維邏輯，加廣及加深思考的範圍與層次，提升反省品質。

二、生活史分析

一般而言，教師所建構的專業實踐理論，皆具有極高程度的生活史特性，或是來自學生時代「旁觀習藝」（apprenticeship of observation）經驗的反映（陳美玉，民85，民88d；Lortie, 1975; Goodson, 1992; Knowles, 1992）。因此，實習教師亦可透過生活史分析，有系統地將成長史或重要的經驗事件重新帶進理性的思考範圍，進行與同儕或是師生間的合作反省。

生活史分析能有助於個人對許多習焉不察的價值認知，或早已成為直覺的行為反應，再次進行理性的質疑與梳理，而產生再概念化與再體驗的效果（陳美玉，民85，民88b，民88e），去除不理性的行為，發展成熟的專業實踐理論。因此，在教學實習過程，實習教師可以透過生活史分析進行結構性的經驗描述，將影響其選擇教學為職業的重大事件，或是將其成長史分為幾個重要階段，以有系統的方式敘寫。經過描述、分析、反省與個人理論建構，並以生活史為媒介，提供集體經驗分享與合作反省的機會。

三、個案研究

個案研究（case study）可應用在教學現場的個殊案例的探討，使實習教師在未成為真正的教師之前，即有機會配合教學實習課程的安排，初步與現場個案接觸。實習教師不但可藉此進一步檢視個人的任教意願，亦可及早體驗未來施教對象的可能問題。研究證明，個案研究確能促進教師教學的有效性（陳美玉，民 87a；Kourilsky, 1996）；同時，也能增進實習教師深入分析教育問題與實踐行動的邏輯能力（洪志成、王麗雲，民 88）。

強調個案研究的課程內容，日後必將成為教學實習的重點，尤其在建構主義的刺激下，實習教師經由探究活動，建構個人的專業實踐知識與理論，乃是實踐智慧取向的師資養成教學的核心精神所在。因為個案研究乃是教師洞察教學問題的有用途徑之一，更可用以協助實習教師提早認識並掌握教學情境，也是發展其實踐智慧潛能有效的做法。

四、自我導向的探究

應用自我導向的探究於實習教師教學實習過程，與個案研究具有許多相似的目的，一方面在養成實習教師的行動研究能力，一則在於設法讓實習教師能以逐步的方式涉入教學現場，以能更順利發展理論與實踐相互轉換與結合的能力。實習教師在進行自我導向探

究過程，首先強調將所學理論置於實際脈絡做一對照與相互解釋，並發現理論與實際不一致，或是無法以理論解釋現實情況之處，皆可作為現場觀察、訪問，或與大學教授、中小學校教師及同儕進行對話的主題。自我導向探究的應用，目的乃在提供實習教師檢證正式理論與自己所發展出行動假設的一致性，作為轉換正式理論與建構自我理論之基礎（陳美玉，民 86，174-175）。

　　自我導向探究亦在幫助實習教師發展自我理論，建構屬於自己的實踐性知識，故能使專業認知與信念得到真正的自主與成熟。一般而言，自我導向的探究可從簡單的現場觀察、記錄及訪問做起，並依資料的系統整理與分析結果，歸納出重要的概念，將繁雜的教育現象概念化，與現有理論相互印證，以獲取特定情境的意義理解。自我導向的探究對於未來教師的敏銳觀察力，或對教學脈絡發展直覺式的理解能力（Powell, 1996），豐富化並寬廣個人的視野，都能發揮極佳的效果（Knowles, 1994, 34）。

五、對話與論辯

　　建構主義與後現代主義的知識論觀點認為，個人在開放而被鼓勵參與的氣氛中自由地論辯與對話，可以形成較寬廣的判斷視野，以及包容多元的心能（Prawat, 1996）。因為意義是社會協商的產物，唯有透過開放的論辯，才能建構出客觀性的知識，缺乏對話的知識容易淪為宰制與獨白（Freire, 1973, 52-67）。

　　若欲在教學實習過程落實開放性的對話與論辯，則應主動創造

大學教授、中小學教師、實習教師、學校行政人員，以及相關的資源人士等，為某些特定的教育議題而論辯的機會。尤其是針對許多價值兩難或具爭議性的問題，更應鼓勵以對話方式，交換彼此的教育學知識與觀念，為中小學校與大學間合作夥伴關係建立更紮實的基礎（陳美玉，民 86，176）。對話與論辯的主題可以是個人的生活史、合作反省、研究發現或是公共議題等，而且，透過此途徑亦可以使教授、實習教師與中小學校教師所進行的相關探究活動，極自然地成為「分享性的探究」（shared inquiry），如此一來，實習教師便能擁有促進理論與實踐結合的豐富學習資源（Nicaise & Barnes, 1996）。

六、合作學習

教學實習過程，若能透過合作性的學習，讓實習教師習慣於集體合作、問題討論、溝通與社會協調，一來可達到意義分享（Colvin, 1996）與現象深層理解的目的，二來可激發師資生再學習的潛能，為合作的教師專業文化奠定良好的基礎。

在合作學習的教學實習過程，首先應肯定每一實習教師合作學習的能力；而且，鼓勵合作學習即是立於建構主義的觀點，要求實習教師經由集體探究、觀摩與反省的過程，尋獲更具客觀性與更有彈性的可用知識（王千倖，民 88）。

合作學習的實施，可先安排實習教師及其同儕，甚至是大學教授合作設計與發展教學實習課程，共同探究問題，也可以將學生自

傳、經驗描述與反省札記的內容，實際試教的觀摩情況，作為相互支持、評論與合作反省的媒介。尤其同儕間的背景相異愈大，愈能發揮同儕間經驗分享與觀點的激盪，不但可以創造資源豐富的教室，更足以擴大實習教師的批判及反省知覺（Eisner,1995）。

　　合作學習的行動亦可落實在課程統整的試教上，將原來學校中分化得極為零碎的學科知識，透過同儕間的協同合作與討論，使課程的內容順利產生統整與銜接的效果，避免過多無意義的重複，或造成課程內容的懸缺。合作學習正可以發展專業社群意識，破除傳統學校中導致專業疏離的個人主義，故應成為建構主義模式教學實習的重要內容之一。

七、校際觀摩

　　教學實習過程進行校際觀摩，旨在使實習教師先行建立教師合作、分享型專業文化的認知，使實習教師在成為正式教師後，極自然地將專業發展的觸角，延伸向校際及科際的開放性學習（陳美玉，民 88a，201）。

　　校際觀摩的實施可由大學教授主導，並與中小學校行政主管先行做好課程內容與目的的溝通，進而建立開放性的合作與協商關係，以提供實習教師到各中小學校，進行全天的校際觀摩與學習機會。觀摩的重點則放在使師資生有機會接觸不同學校校長的治校理念、專業文化與氣氛、校園規畫、軟硬體設施等。同時，亦應進入教室，觀摩師生互動的情況，以及教師專業知能的綜合表現，並立

即實施教學觀摩後的檢討會等,都是促進師資生專業發展的有效途徑(陳美玉,民88a)。

另外,作者在有關實習教師進行校際觀摩的研究中亦發現,校際觀摩的確對於實習教師的專業學習與發展可以達成下列成效(陳美玉,民88a,224):

㈠擴展專業視野

實習教師可藉由校際觀摩的機會,深入體驗不同學校文化對師生的教與學所產生的影響。同時,也可以打破科際界限,寬廣地了解到不同科別的教學方法,發揮相互借用的價值。

㈡促進反省

校際觀摩法對促進反省具有三項貢獻:一是使實習教師在理論與實踐的結合上,形成更有彈性的詮釋能力;二是提供實習教師進行自我反省的刺激,對於強化個人自省意識及能力有所助益;三是實習教師在省察同儕表現的過程,能發展出開放的心態,且懂得欣賞他人的優點。

㈢教室觀察能力的提升

校際觀摩提供實習教師一極有利的教室觀察機會,配合觀察後的分析與討論,有助於實習教師觀察習慣的養成與能力的增進,並且協助其系統化實踐性知識。

㈣獲得豐富的學習經驗

校際觀摩不但提供了經驗教師傳承專業經驗的機會，而且實習教師在不斷參與討論當中，也能深層體驗到與同儕及其他教師專業對話的價值。

㈤強化同儕意識

校際觀摩創造了實習教師合作的空間，而且也激發實習教師間的高度同儕意識、同儕間的支持性友誼，以及真誠的回饋性互動，都能促進實習教師專業學習的動機。

八、發展專業實踐理論

實習教師可以利用教學實習階段，在大學教授的指導之下，發展個人的專業實踐理論（陳美玉，民 86b），作為往後各階段專業發展的基礎。基於在教學實習期間，實習教師不但能實實在在地接觸教學現實，與學生進行較密切的互動，同時，也有機會進行自我導向的探究、個案研究、校際觀摩等，並與學校其他教師及行政單位建立較頻繁的互動關係。因此，此時期必能建構出兼容理論與實踐經驗、符合真實情境需求的專業實踐理論。

實習教師許多教學理念的形成，大多受到先前課堂內教育理論的影響，或是得自個人對成長經驗及受教經驗的反芻，多多少少有些過度理想化或不切實際的成分（陳美玉，民 89b）。因此，協助

實習教師在教學實習過程發展專業實踐理論，應特別著重如何使個人理論的建構，能整合理論與實踐為一體，不致於與實際的教學情況產生過大的脫節。而且在教學實習過程，實習教師可依據個人的現場經驗、反省，以及相關理論的刺激，分成幾個階段修正專業實踐理論，使個人理論的發展能愈臻周密而成熟。

在發展專業實踐理論過程，實習教師應不斷對個人理論的前後階段內容，進行比較、分析，以發現個人理論在不同階段產生了哪些改變？以及哪些因素影響個人理論的發展？這些分析將有助於實習教師對個人的專業學習具有較高的知覺及反省性，並且因能與他人針對個人理論進行開放性的討論及分享，進而能更周密地詮釋理解教育事件的發生，發現哪些經驗足以促成個人理論產生較有價值的修正，以作為日後專業發展的努力重點（陳美玉，民 88a，民 89d）。

第五節　師資培育機構與中小學校的夥伴關係

建構主義模式的教學實習，同樣應重視強化實習教師理論與實踐相互論辯、結合與轉換能力的養成，進而可隨時透過理論與實踐經驗互補的觀點，發展教學情境的詮釋理解能力，以及建構個人的專業實踐理論。一種兼容理論與實踐經驗的教師專業訓練，其具體落實的方式之一，即可由師資培育機構與中小學校建立起合作夥伴

關係。因為唯有師資培育機構與中小學校共同肩負起師資培育的責任，並建立互動極為頻繁且積極的夥伴關係，才有助於實習教師建構出結構精緻而成熟的個人實踐知識。

在合作夥伴關係的互動過程，不管是師資培育機構（大學）或是中小學校，都應理所當然地成為師資培育者、也是交換教學知識與觀點的最佳場所（Colvin, 1996）；而且，所有參與師資培育者都能從師資培育過程得到挑戰及專業學習與發展。

J. Tomlison 綜歸相關的研究發現，大學與中小學校在教師專業訓練上的角色分工，基本上應包括下列四個層次（Husbands, 1994, 121-122）：第一層次係直接經驗，包括透過教室內直接與第一手的實務經驗，所發展出來的理解性判斷與技能；第二層次是間接經驗，乃是在培育機構所習得的教室內理解性判斷與技能；第三層次為實踐原則的批判研究與使用；第四層次是學術理論的學習，亦即從理論與研究的觀點進行實踐的批判性探討。

在 Tomlison 所描述的師資培育機構與中小學校的夥伴關係模式中，第一與第三層次，乃是適合實習教師（或師資生）與中小學教師在學校中進行的學習內容；第二及第四層次，則需要在師資培育者的協助下，進行專業能力發展的部分。另外，第二層次與第三層次，則適合透過中小學校教師與大學教授合作，以理論與實踐交互辯證及對話的方式，教導實習教師（或師資生）以理論與實踐相互結合的觀點思考問題。

師資培育機構與中小學校夥伴關係的建立，旨在由大學提供教育理論等基礎性學習的場所，中小學校提供教師終身發展教學能力

與反省性的專業者的情境脈絡（陳美玉，民 86；Eisner, 1995）。唯有如此，培育優良師資的目的才可望有效地達成。

　　值得注意的是，師資培育夥伴關係的建立是否能成功、發揮功能，則有賴大學與中小學間在某些共同的合作目標下，進行頻繁而積極的協商與溝通，並且建立共識，否則夥伴關係常會因組織間彼此因持有不同的價值與興趣，例如大學的主要發展目標常是在科學的學術研究上，而中小學校對於實務性的問題較感興趣，導致兩者間各說各話，或是夥伴關係無法長期維繫（McIntyre, 1993, 4）。

　　師資培育機構與中小學校在教師專業訓練上夥伴關係的進行，則可以透過師徒制（mentorship）的實施，中小學校提供師資生及實習教師臨床學習機會，或是大學教授協助中小學教師專業發展目標的達成，以及課程與教學問題的相互研商與合力解決等（McIntyre, 1993, 7），都是有利於促進理論與實踐結合，使實習教師在教學實習過程，獲得檢證理論與實踐經驗一致性的良好機會。

　　從國內目前教學實習的革新動向來看，不是過於倚重師資培育機構的角色功能，就是提供過多現場觀摩等技術性的經驗，對於大學與中小學校間如何架構起互惠性與對話性的夥伴關係，則顯得極為生疏、欠缺經驗，或是二者間仍存在形式上的上對下關係，以致於無法展開平等互惠的對話與教師專業訓練問題的協商與合作。同時，師資培育法對於中小學校的責任要求與賦予，則相對地薄弱，亦是造成中小學校在教師專業訓練上常顯得較被動或是不夠投入的原因。然而，教師專業訓練過程若不能將中小學校納入分層負責範圍，或輕忽大學與中小學校合作夥伴關係的建立與發展，鼓勵中小

學校處在更主動的參與性角色，則多元化的師資培育制度，恐怕仍難以養成具有實踐智慧的未來教師（陳美玉，民 86，171）。

第六節　結語

　　由於後現代社會是個充滿變動、不可預測，且處處強調個殊與尊重多元的特性，加上知識經濟浪潮的衝擊，使得不穩定、變遷的腳步更加快速，各種現象間的界限變得更為模糊乃成為先進國家社會的共同趨勢。此種社會條件下，將迫使教師專業訓練取向，一反傳統只重視教學技術的訓練，以及學術性理論的傳授，而必須改採取一種強調應變能力，利於發展情境理解能力，以及重視更靈活的融合與應用各種理論與實踐知能的實踐智慧取向師資培育途徑，才足以因應後現代社會的條件需求。

　　再者，從建構主義知識論的觀點來看，後現代的崇尚個人主體性，以及打破巨事敘述，正視由個人所建構小理論的價值，正能符合建構主義認為「知識是由個人所主動建構」的論點。這些觀點應用在實習教師的專業訓練上，其重點乃在實習教師如何建構出質量並重的專業實踐理論；更具體而言，則是師資生個人知識管理能力的建立。同時，也應努力尋求一種兼容理論與實踐經驗的實踐智慧養成，使實習教師未來處在快速變異的教學情境中，能展現高度的情境應變與詮釋理解能力，進而有能力引導知識型社會的發展。

　　為了更具體落實建構主義模式的教學實習課程，作者乃綜合本

身協助實習教師在教學實習過程的專業學習與發展心得，以及相關研究發現，提出幾種能結合理論與實踐，而且足以掌握建構主義精神的教與學活動，包括反省能力訓練、自我導向探究、個案研究、合作學習、對話與論辯、校際觀摩、建構專業實踐理論等，同時，亦特別提出師資培育機構與中小學校建立夥伴關係的構想，皆是有助於實現建構主義模式教學實習的重要途徑。唯有職前的實習教師能充分浸淫在教育理論與臨床的實踐經驗中，並且對理論與實踐進行理性的論辯、相互修正與補充；另外，最足以協助實習教師體現理論與實踐相互轉換的人員能建立起合作夥伴關係，則教學實習將能夠兼具實踐反省理性與實踐技術的特性，實習教師才有機會在未來發展成為一位高適應力的實踐智慧型教師。

🌐 參考書目

王千倖（民88）。合作學習師資培育模式。輯於「**師資培育與教學科技**」。台北：台灣書店。

王秋絨（民80）。批判教育論在我國教育實習制度規畫上的意義。台北：師大書苑。

林信榕（民89）。影響中等學校實習教師教育實習成效相關因素研究。輯於中華民國師範教育學會主編，**願景與承諾──展望新世紀的師資培育**，206-232。台北：台灣書店。

洪志成、王麗雲（民88）。個案教學與師資培育。輯於「**師資培育與教學科技**」。台北：台灣書店。

陳美玉（民85）。**教師專業實踐理論與應用**。台北：師大書苑。

陳美玉（民86a）。**教師專業──教學理念與實踐**。高雄：麗文文化。

陳美玉（民86b）。**師生合作反省教學之研究──以教育學程教育社會學一科為例**。行政院國科會專題研究計畫成果報告（NSC 86-2418-H-020-003-T）。

陳美玉（民87）。**實踐智慧導向的師資培育之研究──以科技大學教育學程教學為例**。行政院國家科學委員會研究計畫（NSC 87-2413-H-020-003）。

陳美玉（民88a）。**教師專業學習與發展**。台北：師大書苑。

陳美玉（民88b）。**技職教師專業實踐理論發展之研究──以科技**

大學之師資生為例。行政院國家科學委員會研究計畫（NSC 88-2413-H-020-003）。

陳美玉（民88c）。**生活史分析在師資培育上應用之研究**。發表於中華民國師範教育學主辦，「教育改革、師資培育與教學科技：各國經驗」國際學術研討會。

陳美玉（民89a）。**技職教師專業實踐理論發展之研究——以高職實習教師為例**。行政院國家科學委員會研究計畫（NSC 89-2413-H-020-003）。

陳美玉（民89b）。**師資生專業發展理論建構及其應用之研究**。台北：五南。

陳美玉（民89c）。教師專業實踐理論發展之探討——知識論的觀點。輯於八十九學年度師範學院教育學術研討會論文集。國立新竹師範學院主編。

陳美玉（民89d）。**技職教師專業實踐理論發展之研究——以高職實習教師為例**。行政院國家科學委員會研究計畫（NSC 89-2413-H-020-003）。

陳美玉（民90）。**技職教師專業實踐理論發展之研究——以高職新任教師為例**。行政院國家科學委員會研究計畫（NSC 89-2413-H-020-009）。

陳美玉（民91）。教師在九年一貫課程實踐過程中的個人知識管理。**教育研究月刊**，93，41-50。

張文軍（民87）。**後現代教育**。台北：揚智。

楊深坑（民88）。**新世紀師資培育之前瞻**。發表於「迎向千禧年：

新世紀的教育展望」國際學術研討會。國立中正大學教育學院承辦。

Campbell, A. & Kane, I. (1998). *School-based teacher education: Telling tales from a fictional primary school*. London: David Fulton Publishers.

Colvin, G. (1996). Teacher education for the 21st century: The agony and the ecstasy. *American Secondary Education*, 24(4), 17-22.

Eisner, E. W. (1995). Preparing teachers for schools of the 21st century. *Peabody Journal of Education*, 70(3), 99-111.

Elliott, J. (1993). Three perspectives on coherence and continuity in teacher education. In J. Elliott (ed.), *Reconstruction teacher education teacher development*. London: The Falmer Press.

Evertson, C. M. (1990). Bridging knowledge and action through clinical experiences. In D. D. Dill and Associates, *What teachers need to know*. San Francisco: Jossey-Bass Publishers.

Goodson, I. F. (1992). Sponsoring the teacher's voice: Teachers' lives and teacher development. In A. Hargreaves & M. G. Fullan (Eds.), *Understanding teacher development*. N.Y.: Cassell, Teachers College Press.

Hendry, G. D. (1996). Constructivism and educational practice. *Australian Journal of Education*, 40(1), 19-45.

Freire, P. (1973). *Education for critical consciousness*. New York: The Continuum Publishing Company.

Knowles, J. G. (1992). Models for understanding pre-service and beginning teachers' biographies: Illustrations from case studies. In I. F. Goodson (Ed.), *Studying teachers' lives*. London: Routledge.

Kupferberg, F. (1996). The reality of teaching: Bridging disorder back into social theory and the sociology of education. *British Journal of Sociology of Education*, 17(2), 227-247.

Kourilsky, M. (1996). Generative teaching and personality characteristics of student teachers. *Teaching & Teacher Education*, 12(4), 355-363.

Lortie, D. C. (1975). *Schoolteacher: A sociological study*. Chicago: The University of Chicago Press.

McIntyre, D. J. (1993). Partnerships and collaboration in the contexts of schools and teacher education programs. In M. O'Hair & S. J. Sandra (Eds.), *Partnerships in education: Teacher education yearbook II*. Fort Worth: Harcourt Brace College Publishers.

Minis, J. R. (1997). Re-structuring practice teaching: From role-playing to role-making. *Educational Practice and Theory*, 19(1), 37-46.

Munro, R. G. (1993). A case study of school-based training systems in New Zealand secondary schools. In J. Elliot (Ed.), *Reconstructing teacher education: Teacher development*. London: The Falmer Press.

Powell, J. H. & McGowan, T. M. (1996). In search of autonomy; Teachers aspirations and expectations from a school-university collaborative. *Teaching & Teacher Education*, 12(3), 249-260.

Prawat, R. S. (1996). Learning community, commitment and school re-
form. *Curriculum Studies*, 28(1), 91-110.

Rushton, S. P. (2001). Cultural assimilation: A narrative case study of stu-
dent-teaching in an inner-city school. *Teaching and Teacher Educa-
tion*, 17(1), 147-160.

Schon, D. A. (1987). *Educating the reflective practitioner: Toward a new
design for teaching and learning in the profession*. San Francisco:
Jossey-Bass Publisher.

Shymansky, J. A., Henriques, L., Chidsey, J. L. & Dunkhase, J. (1997).
A professional development system as a catalyst for changing sci-
ence teachers. *Journal of Science Teacher Education*, 8(1), 29-42.

Sutton, R. E., Cafarelli, Lund, A., Schurdell, D. & Bichsel, S. (1996). A
development constructivist approach to pre-service teachers' ways
of knowing. *Teaching & Teacher Education*, 12(4), 413-427.

Tickle, L. (2000). *Teacher induction: The way ahead*. Buckingham: Open
University Press.

第二章

教學實習模式中實習教師的角色與任務

〈陳美玉〉

　　教師專業訓練過程中，教學實習乃被認定是一門銜接理論與實踐的課程，亦即教學實習旨在協助實習教師能夠從以理論為主的學習，成功的過渡到以經驗學習為主的學習，並且有能力將在大學所學得的教育理論，順利地轉換成為實踐經驗，扮演一位能將理論與實踐兼融一體的專業教師（陳美玉，民88a，181）。

　　教學實習在新的師資培育法及教育實習辦法中，到底涵蓋著什麼樣的意義與價值，其定位為何？這些都將牽涉著實習教師的角色意涵與扮演，以及教學實習應在此學習過程，擔負起怎麼樣的任務等，皆有待進一步的釐清，才能使教學實習發揮應有的功能，讓實習教師有機會學習得更完整。本章將依序省思傳統教學實習的功能，並說明教學實習的價值，實習教師的角色意涵，以及實習教師的任務。最後，再從教學實習的價值與實習教師角色重新概念化的觀點，了解實習教師的專業學習與發展。

第一節　傳統教學實習的省思

　　過去幾十年以來，各師資培育機構實施的教學實習，所發揮的功能不是不足，就是流於形式，不能確實負起銜接性質轉換階段教育的任務，並且明顯的傾向技術本位（王秋絨，民80）；亦即教學實習太過注重「有效教學方法與技術」的觀摩、模仿與演練，而忽略教育理論在此一過程所應發揮引導實習教師理智性思考及反省的功能。理論與實踐分離的現象，乃由原來在師資培育機構重視理論

的一端，偏向在學校現場以技術經驗為依歸的另一端，同樣無法有效地促進理論與實踐的相互結合，甚至有助長二者分離之勢。

我國民國八十三年所頒布的「師資培育法」，以及「幼稚園暨中等以下學校教師資格檢定及教育實習辦法」，皆在面對並處理過去理論與實踐無法結合的問題，使實習課程能在師資培育過程當中，獲得重新的定位與再概念化，使大四（有些學校係在大三、大四實施；教育學程則在學生修課的第二年實施）的教學實習與大五的教育實習能展現新的風貌，真正有效達到協助實習教師轉化教育理論為實踐行動，在教育現場中逐漸建構出符合特定情境需求的專業實踐理論，體現理論與實踐相互修正與互補不足的樂趣。

頒布新法至今雖已有八年之久，然而，不管是師院體系或是一般大學教育學程的教學實習課程，是否因時代的不同需求，以及師資培育革新的精神，而有所重新的規畫與調整，或仍然依循著舊有「傳統」，進行一種與社會脈動相互絕緣的教學，則是一個非常值得加以了解的問題。事實上，根據作者訪談過幾所大學教育學程與師範院校的教學實習實施情況發現，教育學程由於是一新設置的師資培育單位（包括公立與私立），而且組織結構亦較簡單，故皆較能以一種別於一般師範院校教學實習的方式，以提升師資生的競爭力為主，實施較主動而多樣態的實習模式，同時與中小學校的夥伴關係建立亦較顯積極。在師範院校方面，由於新制度並無帶來明顯的衝擊，而且舊的教學實習模式亦行之有年，因此，在課程的安排與實施上皆無較大的改變，與實習學校間關係的建立與互動亦較無新意。

第二節　教學實習的價值與內涵

　　教學實習對於學習成為一位有效專業教師的實習教師而言，乃是教師專業整體發展過程極有價值而不可或缺的一環。一般而言，教師專業訓練課程中教學實習存在的主要目的，旨在給與實習教師循序漸進且能更平順地從學術本位的理論性學習，逐漸轉換進入現場，進行經驗性的學習。至於教學實習的價值與內涵為何，分別說明如下：

一、教學實習的意義與價值

　　由於教學實習乃是教育實習前的預備課程，因此，在課程內容的安排上，同時涵蓋所有未來一年實習生活中可能遭遇的問題，以及必須擁有的先備能力逐一進行學習，乃是極適合的考量點。故教學實習的課程內容，基本上可包括下列重點：教育實習價值的探討、教室觀察技巧訓練，協助實習教師建構與發展專業實踐理論，對未來進入現場後經驗性的學習可能造成「理論無用」的迷思加以解析（作者稱之為師資生的學習與經驗權威）（陳美玉，民87），教案編寫、現場觀察、試教及求職面試演練、經驗分享與反省等。這些課程對於一位準實習教師而言，都是最為切身的問題，尤其實習教師在成為正式的教師前，事先做好必要的心理與能力上的準

備，顯得格外重要。如此的課程設計，旨在讓實習教師以漸進、逐步而有計畫的方式，進入教學現場，確保有足夠的時間及能力，將理論與實踐做有效的連結（陳美玉，民88a，194）。

事實上，教學實習的目的乃在發展熟悉特定脈絡的知識，漸進的發展教學技巧、班級經營的能力與臨床經驗，使實習教師在教育理論學習之外，獲得擴充性學習，俾利將在大學所習得之理論與學校的實務經驗進行整合。實習教師可在此理論與經驗即將進入密集的相互辯證及印證的過程，將教育理論付諸初步的修正，並練習對現場經驗進行省思與轉換，使相關學習經驗有機會提升為個人理論的內容。同時，在此暖身過程，實習教師可以習得如何兼具專業性及經驗性，且更平順地過渡為正式教師，在日後的專業學習與發展上，更有能力將理論與實務加以融會貫通，不致於產生現實與所學差距太遠的震撼（陳美玉，民89）。

教學實習乃是整合性的學習階段，實習教師在理論基礎的引導之下，更頻繁地進出教學現場，或是從事真實班級的試教，並且不斷獲得來自實習學校實習輔導教師（mentor，或稱之為師傅）、實習指導教授（supervisory professor）與同儕等不同管道的學習協助，以進行兼具理論與實務經驗的專業發展。換句話說，教學實習重視的是形成性的經驗（formative），亦即在此教學實習過程，實習教師在專業知識上產生什麼樣質的改變，而不一味強調總結性（summative）（Johnston, Duvernoy, McGill & Will, 1996）或是量的成果。因為提供實習教師更多與現場經驗相關的刺激，所獲得的情境調適與理解能力，乃是一種累積性且是活的實踐知識的擴展，而

不是集中式的大量固定知識的學習。因此，實習教師所得到的經驗可以是較完整而真實，並能減少零碎與虛假經驗的填充（Millwater & Yarrow, 1997）。

　　教學實習不應完全掉入「教學技術學習」的舊窠臼中，也不應僅是努力在「角色模仿」（role modeling）（Millwater & Yarrow, 1997），而是實習教師能主動學習、探究、參與各種學習活動、建構個人理論、表達個人的專業觀點，與他人進行專業對話與省思等，以促進實踐反省理性的發展，形成獨立自主的專業思考能力。其中，教學實習指導教授、實習學校的教育人員與實習教師的同儕，都是協助實習教師專業發展的重要他人，他們在教學實習過程共同形成一專業發展的四元架構。由此可見，師資培育機構與中小學校進行更密切的夥伴性互動與合作，乃是實習教師發展成熟的實踐反省理性不可或缺的努力。

　　師資培育機構與實習學校對於實習教師的專業發展具有同等重要的功能，二者在實習教師專業發展過程中，可以提供不同性質的刺激學習來源與協助。實習教師的專業學習必須在師資培育機構及實習學校的合作夥伴關係下，透過二者多層面的專業合作與互動，例如實習學校教育人員、大學教授與實習教師的合作反省、分析與解決問題技巧的探討，針對教育議題所進行的專業對話等（Millwater & Yarrow, 1997; McIntyre, 1993），或是由中小學校提供優良教學的楷模角色示範，協助實習教師探究學生個案與他們的學習過程，以及計畫與評鑑學生的學習經驗等，都是師資培育機構與中小學校夥伴關係運作的良好內涵（Bowers, 1993），也是有助於促成

實習教師專業發展的有效規畫。

不可諱言地，實習教師完整的專業發展過程，其基本的條件乃應致力於有效教與學的策略、評鑑知能、社會發展的策略與合作進行教學計畫的學習，並開始學習獨立計畫與執行等能力，以強化「教師即專業」的認同品質。足以見得，實習教師的專業學習乃是發展專業能力的重要起點，教學實習在整個教師專業發展生涯中，發揮著承先啟後的功能。因此，教學實習的內涵與價值，絕對值得賦予更高的關注。

二、教學實習的內涵

一般所稱的教學實習的範圍，實際上可以區分為兩部分，一是指畢業前的師資生階段所修習的課程，二是指畢業後的實習教師所接受的教育實習活動。教育實習中同時涵蓋行政實習、導師實習與教學實習三種不同性質的實習，教學實習則是三者間最重要且較困難的一種學習重點。至於前後二者教學實習的內涵與價值為何，分別說明如下：

㈠師資生階段的教學實習

師資生階段所修習的教學實習課程，在培育中等教育師資的師範大學與中等教育學程，由於畢業後是分科教學，故其課程名稱為「教學實習」；師範學院所培育的國小合科教學的師資，其課程名稱則為「教育實習」，與畢業後的教育實習在名稱上並無不同。然

而，未來即將修訂的師資培育法與教育實習辦法中，可望全部統一改稱為「教學實習」。因此，不管過去師範大學與中等教育學程的教學實習，或是師範學院的教育實習，除了實習學校與未來施教對象有較大不同外，各校在課程內容的設計、界定與實施方式，亦不甚一致；但是，對於實習教師未來如何教得更成功而有效課題的關心皆相同，也是整個教學實習課程設計的重心。至於教學實習或是教育實習，應從哪個年級開始實施，教學實習課程應包括多少學分，應上多少小時的課，各校大多會依其對此課程的內容與目標界定的不同而有所不同。

師範院校由於教學實習的時數較多，故常會安排參觀學校（包括教學參觀與行政參觀）、見習、教學演示觀摩、假試教、試教、校內討論（參觀、見習與觀摩後的討論會）、外埠教育參觀、集中實習等課程。其中，集中實習（共四週）與外埠教育參觀（目前大多學校仍維持此傳統）是較具傳統特色的課程，目的大抵都在使實習教師能在教育實習前，更完整性地掌握教學現實的全貌。然而，在教育學程中，由於學生只修習二十六個（中等教育學程）或四十個教育學分（初等及幼稚教育學程），故在教學實習課程的安排上，皆未將占較多時間的集中實習與外埠教育參觀列入課程；況且教育學程的學生都來自各系所，故若欲安排此種一整週或是連續數週的實習課程，亦有實際上難以克服的排課問題。

㈡畢業後教育實習中的教學實習

修畢教育學分的師資生，依照「高級中等以下學校及幼稚園教

師資格檢定及教育實習辦法」之規定，必須到實習學校接受一整年的教育實習，通過複檢後方能取得正式教師資格。這一整年的教育實習基本上包含四項主要的實習活動：教學實習、導師實習、行政實習與研習活動。教學實習即是教育實習活動中最重要的實習項目，其次是導師實習，最後才是行政實習。教學實習是教育實習的核心活動，依法規定，實習教師必須在實習輔導教師的指導下，每週教學實習時間，不得超過編制內合格專任教師基本授課時數的二分之一。實習採漸進的方式，學年開始之初以見習為主，觀察實習輔導教師之教學，然後再進行試教，從見習生、助理教師、正式教師的角色扮演，逐漸增加教學時數（陳美玉，民88，185）。

　　教學實習內容大致上應包括下列學習重點：

1. 教學單元目標的設定、分析與達成方式的練習。
2. 教材之準備、分析、運用的練習。例如任教學科課程標準的研究，熟習教材的內容，並能依特殊情況的需要加以掌握、補充與組織。
3. 教學活動設計與實施的練習。
4. 多元教學方法的靈活運用，並與理論相互印證。
5. 班級經營實務的練習。
6. 教學情境的設計與布置。
7. 作業設計與指導的實習。
8. 教學評鑑與學習評量的實習。
9. 教學後的反省與修正。

第三節　實習教師的角色與專業發展任務的省思

　　儘管師資生階段的教學實習在師資培育過程乃是極為不可或缺的課程，但是，長期以來，卻常有效果不佳，或是流於走馬看花式的學校參觀；教學實習對於實習教師專業發展的貢獻有多大，事實上，由於課程設計與實施方式皆不太相同，故在成效上各校甚至是各個班級可能有極大的落差。檢視過去與目前教學實習模式中，實習教師應有的角色內涵與專業發展任務，到底發生了怎樣的問題，以致於造成教學實習常未能發揮應有的效果。另外，相關的研究則不斷指出，畢業後的教育實習，實習教師的角色則有嚴重的定位困難。

　　其原因之一是，師資生階段的教學實習、教學目標與課程內容的界定，以及學生對於教學實習課程的認同與投入情況，乃是影響教學品質與成效的主因，亦即大學教師與師資生是否能認真看待教學實習的課程，或是基於上課時間較長而流於形式與空洞化，而導致學習效果不彰與態度上的不夠積極，都是教學實習相關的教師與學生應加以省思的課題。再者，畢業後的實習教師在教育實習過程，本應擔負著極高程度專業「學習」的任務，並非完整的一個「教」的角色（陳美玉，民 88a；賓玉玫、單文經，民 89）。另外，實習教師必須在教師與學生角色之間不停的轉換與調適，此種

未明確的角色定位，不免造成實習教師在此充滿「現實震撼」壓力的學習階段，再添加許多專業發展的變數。

　　實習教師學習效果令人質疑的問題，從相關的法令規定與當前各校革新的做法並沒有完全得到適當的解決，同時亦凸顯出課程定位與設計上應有更大的突破；且師資培育法與教育實習辦法，亦應對教育實習制度做較周全而明確的規範，並且釐清教育實習應置於師資培育的養成教育課程中，或是應屬於師資生畢業後的導入教育性質。

　　由於教育實習制度與課程內容上的缺漏，以致於造成實習教師在專業學習與發展的不順利，角色扮演益形困難。另外，基於實習津貼發放不足的考量，而允許實習教師就家鄉附近自尋實習學校。實習教師自尋的實習學校素質良莠不齊，造成師資培育機構對教育實習成效的掌握上更加困難，實習教師學習品質無法得到更嚴密的監控，專業學習任務是否能順利達成更加無法確保。

　　再者，教育實習輔導制度也有許多一直受人詬病的地方，包括因實習學校分布太廣、太分散，造成實習指導教授疲於奔命，浪費許多無謂的時間在交通的往返上，教學實習功能不彰自是可以理解。另外，由於教育實習辦法未更明確規定實習學校、實習輔導教師的責任，都可能造成實習學校、實習輔導教師與實習教師在互動與權職上的混淆不清；此種現象，不是導致實習教師過重的工作負擔，就是實習教師學習內容的空泛。第三個問題即是在新的教育實習辦法實施後，配套措施中雖有許多有關實習輔導教師素質與訓練的研究，但是截至目前，則未見到任何實習輔導教師訓練的課程，

頂多只是師資培育機構自行辦理的教育實習輔導會議，針對師資培育機構與實習學校之間如何互動與合作的協調說明會，實習輔導教師的培訓課程則付之闕如，實習輔導的品質因而環環鬆散。這些因素皆是助長實習教師角色模糊，與專業發展任務無法得到更明確的規範與有效監督的理由，實習教師的專業發展自然問題重重，品質令人懷疑。

　　由目前的教育實習辦法或是各師資培育機構所設計的教學實習課程看來，大抵都能符合形式條件的要求，但是，對於協助實習教師專業發展任務的達成，在實質上能有多大的效果，由於制度層面的不能配合，以及師資培育機構可能囿於傳統的做法，皆會不斷再製教學實習效果不彰的困境。此種現象，在新設立教育學程的師資培育機構中，由於沒有傳統的壓力以及各種制度都是全新的設計，反而較有機會在教學實習課程的規畫上展現新作為。此種師資培育新勢力的介入，雖然沒有師範院校體系較長時間教育專業課程的薰陶，亦沒有時間安排類似集中實習的課程，然而對於實習教師角色的定位與專業發展任務的達成，由於傳統限制相對的少，故亦可能展現較佳的新契機，實習教師的專業學習與發展或可獲得不錯的保障。但是，教育學程若未能在教學實習課程上做較完善的規畫，則實習教師專業學習與發展的品質則更堪慮。

　　回顧過去實習教師的角色定位與專業發展任務的落實情況可以發現，上述多種不確定因素的加乘結果，不可諱言的，已形成實習教師專業發展相當不利的條件。目前看來，這些條件並不太可能短時間內獲得改善，除非教育實習辦法能做大幅的修改，迫使各師資

培育機構教學實習課程檢討與調整，實習輔導教師與實習教師的教與學心態、作為，師資培育機構與實習學校夥伴關係的互動型態改變等。然而，若這些條件未能得到補足，則實習教師的專業學習與發展重點可能依舊模糊不清，專業發展任務的完成可能仍會持續令人感到失望。儘管如此，基於對未來師資培育制度與品質改進的深層關懷，本章仍極具建設性針對實習教師的角色進行再概念化，重新界定一種有利於實習教師專業發展的任務，以為師資培育未來發展方向的參考。

第四節　實習教師角色的再概念化

　　師資生階段的教學實習，使師資生有機會於頻繁進出教學現場，並逐漸由完全師資生（學生）的角色轉變為實習學校的實習教師（半個實習教師），或是實習學校學生眼中完完全全的實習教師的角色。而且隨著「師資培育法」與「高級中等以下學校暨幼稚園教師資格檢定及教育實習辦法」的頒布與實施，我國師資培育乃真正邁入多元化的時代，此時，將教學實習模式中的「實習教師」角色重新概念化，乃是各師資培育機構在面臨全新制度與開放市場的挑戰過程，所不可遺漏的努力重點。

　　基於在舊制度教學實習中「實習教師」的角色意涵，與目前新制度下教學實習模式中的「實習教師」，在學習方式與訓練課程內容，以及角色認定，都應有所不同。儘管師範院校的師資生，可能

和往昔一樣，在教學實習的上課時數、學分數、實施的年級，以及上課的內容與方式都沒有太大的改變。然而，在開放師資培育市場中，一般大學所設置的教育學程，由於其教學實習的上課時數、學分數、師資培育文化與師資來源等，皆是全新的組合；而且，教育學程面臨學生就業率與師範院校的龐大挑戰壓力。因此，對於實習教師自然賦予高度的危機意識與追求高競爭力的責任，以致於實習教師在專業學習過程，常顯得較為主動；而且不管與師資培育機構的實習指導教授與實習學校的實習輔導教師，都有較積極的互動關係。

　　師資生階段的教學實習，由於實習教師仍是學生身分，而且尚陸續在學習有關的教育理論與教學的實踐技巧，因此，格外適合作為理論與實踐相互驗證、轉換，發展實踐反省理性的時機。實習教師能站在兼融理論與現場經驗的立場上，省思及論辯教育理論的深層意涵，以及建構一種具有較高情境理解與詮釋力的專業實踐理論（陳美玉，民 88b）。由此可見，教學實習過程的實習教師，乃居於理論與實踐二者相互整合的關鍵起始階段，實習教師不僅應努力將所學過的教育理論在指導教授有計畫的課程安排下，交付教學現場與親身體驗加以檢證，或質疑、挑戰，或做進一步的探究等；並且尋求指導教授與實習輔導教師的協助，從中對教育問題獲得更深層的理解，進而建立更務實的個人理論。經由此種質疑、檢證、探究，以及建構並修正個人理論的過程，實習教師個人的專業視野可因而不斷加廣、加深，對於教育理論與實踐經驗的整合，能奠定較健全而紮實的基礎；因此，教學實習階段可謂是實習教師發展理論

與實踐相互結合與轉換能力及習慣的建立期，實習教師實應更用心複習並體驗教育理論的真實意涵。

再者，實習教師的學習擴充到學校的實際經驗，可有較長的時間浸淫在真實情境中，以更深入而完整地探究並獲得實踐性的知識與技能；並且在師資培育機構與實習學校互惠性的合作下，進行理論與實踐整合性的學習。

實習教師在一個月的集中實習期間，理想的實習形式對於往後一年的教育實習應具承先啟後的作用，因為同樣必須接受實習學校教師及實習指導教授的督導，而且居於一邊觀察教學、一邊學習教學，或擔任教學助理的角色（陳美玉，民 88a，182）。獨立的教學，或是發展獨特的個人教學風格，則並非集中實習的實習教師之學習重點。然而，例如現行師院體系集中實習的實施方式，則大多全面取代其實習輔導教師（師傅）的教學工作，或是擔任吃重行政工作的協助規畫與執行為主，較缺乏實習教師與師傅間及行政部門間夥伴關係的合作與互動。

此種課程安排，不但未能正確地為實習教師做好學習上的角色定位，而且實習教師在欠缺純熟的教學計畫、教學、課程設計、評鑑與師生互動的經驗下，即擔負起班級內教學任務的吃重角色，則容易造成實習教師的挫敗經驗，或是形成不夠嚴謹的教學態度。對於未來發展審慎的教育實習態度，以及適當地詮釋理解與處理不可預測的真實教學情境，可能無法發揮正向的效果，反而發展出不適當的專業態度與印象（Bowers, 1993, 116）。這些問題的存在，對於一位正在積極建立正確而理性化專業認知與態度的實習教師而

言，皆非為明智的安排。尤其集中實習過程，並無任何限制「師傅」專業條件的相關規定，以致於實習教師的角色楷模可能是代理代課教師，也可能是教學經驗極為不足的新任教師，或是學校中的不適任教師等，此種現象常使得實習教師專業學習效果參差不齊且難以確保。

　　由此可見，教學實習模式中的實習教師，不管在任何課程活動中，都得先認知此階段的學習定位與價值，其中如預備成為一位準實習教師，充實對教育理論的學習與體驗，嘗試進一步練習理論與實踐相互結合的課題。同時，若有集中實習機會，則應隨時透過教育理論省思並理解教學現場的各種教育現象，或進行個案的深入研究等，而不急於獨立教學風格的樹立，或是豐富教學經驗的累積，以能充實實習教師的角色意涵，也是促進實習教師專業學習與發展的重要努力方向。

第五節　實習教師的專業發展任務

　　教學實習模式中的實習教師，在角色上是「亦生亦師」、「時生時師」的身分，因此，極有機會同時體驗教師與學生兩種不同的角色任務，故也是發展其務實的專業實踐理論的重要階段。尤其實習教師在此正式進入現場深入體現個人專業理念之際，應更用心於教育理論的複習與精熟，為靈活的轉換教育理論為實踐行動做努力。因此，不管是大三、大四或是大五階段的實習教師，以學習為

主的角色任務仍是此階段專業發展的重點，並為如何成為一位稱職的正式教師做紮實的準備，實習教師千萬不能操之過急，罔顧許多基礎專業能力的養成。

　　至於教學實習模式中的實習教師在專業學習上，有哪些任務是其將來成為正式教師之前所應盡力且逐步完成的，根據作者擔任過教育學程及師院生實習的指導教授，以及相關的研究心得發現，實習教師為了能在成為正式教師後，減少教育現實所帶來的震撼，以及能在較短時間內，即勝任獨立承擔班級教學工作，在實習過程階段所應完成的角色任務，有下列幾項重點：

一、循序漸進進入現場學習如何教學

　　實習教師進入教學現場之前，應能審慎規畫教育實習期間的學習內容，掌握學習重點，以能展開一系列具系統性的專業學習與發展。在成為實習教師後，亦不必急於立即上台獲取教學經驗，而應先在教室內做直接而實際的教學觀摩，擔任實習輔導教師的教學助理，並開始為正式的上台教學做準備。其中教案的撰寫則不可過於輕忽，或以實習工作忙碌為藉口而加以省略，因為教案設計即是課前教學計畫的擬定，欠缺教案設計將容易流於思慮不周，導致實習教學的失敗。

　　教案的撰寫則適合在上課之前完成，並依據教案的內容，與「師傅」做課前的溝通、討論與適度的修正，以確保實習教學的品質。教案完成後，則可在大致上適應並掌握班級內師生的互動節奏

後，開始分擔一到兩節課的教學。之後，可視實習教師進步的情況，逐漸增加任課的時數，參與更多的教學活動。實習教師則漸由教學助理的角色調整為合作的教學者，與實習輔導教師進行各種合作的教學活動，包括協同設計教學計畫、發展課程、討論教學法、評鑑學生學習結果、交換個人理論……等（陳美玉，民 88a，195）。實習教師有能力成為協同的合作教學者時，則可進一步與「師傅」共同協商教學相關問題的解決及思考。此種角色任務的實踐，則可以一直發展到實習結束，唯互動的品質與議題，可以視實際情況而不斷地加深、加廣。

二、努力化解局外入侵者的角色壓力

　　實習教師在實習過程，無可避免地必須以一個「第三者」的身分，介入一個已具有相當默契師生互動模式的班級中。此一介入的動作，對於原已運作良好的班級，或是對於實習教師而言，不免皆產生「局外入侵者」的壓力，在教室內形成一種「非客人亦非主人」的互動氣氛。Minnis（1997）則以「邊陲角色」（marginal role）的名稱凸顯實習教師的尷尬角色，說明實習教師的的確確是闖入「別人的領域」（foreign territory），因此，在角色扮演上不但不易，而且常常顯得左右為難。故如何進行有效的角色調整與扮演（role-playing），則應是此階段極為重要的任務。

　　由於許多現實的條件對實習教師的專業學習而言，皆不甚有利，又極難完全避免，因而可能造成實習教師的學習挫折與壓力，

影響其深切地體驗一位正式教師教學經驗的真實性，此種現象乃更凸顯出一位好的實習輔導教師（師傅）對於實習教師專業社會化的重要性。另外，實習教師也應主動並勤於與師傅做好教學合作上的互動、溝通與協商，才能在角色不易拿捏且學習內容又相當繁雜的過程，獲得較優質的學習效果。

由此可見，教育實習相關人員能理解實習教師可能面對的學習困境，並盡量為實習教師營造一「局內人」的學習氣氛，讓實習教師充分感受到是「學校的一份子」，降低實習教師角色衝突與矛盾的不安感，則是協助實習進行更順利專業學習所不可避免的努力。

三、學習與他人進行合作的教與學

根據教育實習辦法之規定，實習教師在整個學習過程，隨時都要受到有經驗教師的協助，依據實習計畫的進度，逐漸從完全的教學助理的角色轉變成為合作教學者；並且逐漸加深班級活動的涉入程度，與實習輔導教師共同著手各種教學計畫的擬定、課程設計，以及教學活動的實施。

實習教師也應與實習輔導教師處在一種協同教與學的狀態，或是觀摩學校中其他經驗教師的有效教學原則與技巧的應用，並協助學校行政人員辦理各項活動。另外，也應在大學教授的指導之下，與同儕進行教學的相互觀摩、教育問題省思、集體討論，以及實習心得分享等。

實習教師首先則是一合作的教與學角色，與師傅發展成為合作

教與學的夥伴互動關係，共同發展新課程，並隨時針對教室內的知識與經驗，進行多面向的討論與回饋（葉學志，民 82；Schon, 1987），而不必急於立即成為獨立的教學者，發展個人獨特的教學風格。在合作的教與學中，實習教師可提供給師傅有價值的理論觀點與創新性的實踐構想，作為改進教學的參考。或與師傅共同探討教學問題，進行實際教學案例分析與討論（國立台東師範學院，民86），或是行動研究，尋求對各種教學問題形成更深層的詮釋理解與明智的因應。因此，雖然實習教師的出現對於師傅而言，難免會帶來一些壓力，但卻也是其獲得專業價值感與專業發展的重要機會，並能從中得到多方面的專業學習（陳美玉，民 88a；Johnston, Duvernoy, McGill & Will, 1996; White et al., 1997）。

四、強化批判反省能力

實習教師應特別著重批判反省能力的訓練與強化，而不僅止於教學技術與真實教師角色的模擬。換句話說，實習期間，實習教師應能更主動積極地探索平常被視為理所當然的教育現象，反省其本身的角色、任務及教與學經驗，而不是被動地接受專業知識的規範（王秋絨，民 80，286）。同時，也能努力發展一種兼融理論與實踐、知與行合一、知與行動中的反省相互連結的學習模式（Schon, 1987, 312），經由實踐中的反省，使理論與實踐能夠隨時進行動態性的統整。否則若將實習定位為完完全全的「實務學習」，則不免容易流於技藝性的職業訓練，或是在專業社會化過程，傾向產生順

應學校科層體制的「保守」作風以及「服膺現有教師文化」的弊病，失去師資培育的實質意義（王秋絨，民80，283）。

實習過程亦可透過與實習輔導教師、實習指導教授、同儕，以及學校其他教師的專業對話與集體省思，訓練敏銳的觀察力（Schon, 1987, 312），開展辨認、判斷問題的實踐智慧，增進個人日後處在獨特、不確定教學情境的因應能力。另外，實習教師不斷與實習同儕相互觀摩與討論的過程，都是促進批判反省能力的極有效途徑。

J. Goodman 和 M. Van Manen 的研究則發現，實習教師與經驗教師藉著參與輔導性質的研討會或是專業討論會，能促進彼此反省能力的發展（Millwater & Yarrow, 1997）。尤其實習教師與同儕間的相互學習、彼此觀摩、坦誠回饋、專業對話，以及情感上的相互支持，對於實習教師專業學習與批判反省能力的養成，皆有極大的貢獻（陳美玉，民89；Hawkey, 1995）。

基於實習教師在專業實踐能力上的不成熟，故不鼓勵其獨立行動。唯與教育實習工作相關的人員，都應了解實習教師的角色定位不易，以及實習工作繁複的辛苦，故舉凡實習指導教授、實習輔導教師及學校行政人員等，都應有責任提供必要的協助，並合力架構支持系統，以更貼切而有效地促進實習教師實踐反省能力的學習與發展，並有機會成為知行獲得高層整合的實踐智慧型教師。

五、逐漸發展個人的教學風格

不管現行的教育實習制度或是在師院體系實施的集中實習制

度，都會為實習教師安排一對一的實習輔導教師，俾便實習教師就近觀摩、問題討論與尋求協助等。在此帶有「師徒」關係的互動過程，實習輔導教師事實上已發揮了「角色楷模」的功能，實習教師亦常不經意地模仿「師傅」的上課風格，包括課程設計、教學方法、師生互動、說話與班級經營等方式。然而欠缺合作反省與理智對話的師徒制，皆不免趨向「技術本位」發展。

但是，由於教學是一種折衷的實踐藝術，教學行為必須配合個殊情境脈絡需求，以及個人的人格特質，發展出高度具個人色彩的教學模式，因此，實習教師不能將學習的重點僅停留在角色的模仿上。教育實習過程必須準備從各種變通性的想法、價值與方法當中，經由與實習輔導教師不斷的合作反省經驗、協商課程與試驗新的教育理念過程，逐漸發現與個人的專業實踐理論相符合的做法，發展個人獨特的教學風格。

相對地，實習輔導教師也不應刻意限制實習教師在教學上的呈現方式，應以開放、彈性的心態，尊重實習教師的專業思考方式，以及其嘗試創新性教育理念的高昂動機。同時，亦應鼓勵實習教師建立自我信心，從觀察、模仿、討論與合作教學過程，逐漸形成個人獨立的反省、判斷與作為（Johnston, Duvernoy, McGill & Will, 1996），不必與實習輔導教師的教學模式一致。

六、進行系統性的專業發展

教學實習乃是實習教師初次密集上場嘗試真實的教學，體驗個

人的專業實踐理論付諸實現的過程，而且實習教學、實習教師與學生互動成敗的經驗，皆會影響實習教師對自己的角色認定，以及其日後的專業生涯發展態度（陳美玉，民 89；賓玉玫、單文經，民89；Rushton, 2001），足以見得實習經驗對於實習教師的重要性。但是，實習的主要目的，並非在使實習教師成為使用某些特定教學技術的專業者，而是希望透過班級實務的系統性接觸、觀摩與實地運作，逐一檢證個人所建構的專業實踐理論，並找到最適合自己的實踐途徑。而且實習教師在實習過程也應獲得足夠的經驗，有機會嘗試多元的教學方法，體驗教師多面向的角色內涵，唯有如此，才足以建立專業信心，信賴自己的感覺，有把握在不同的情境中，進行成功的教學。

教師專業發展乃是一連續性的過程，並非仰賴某一特定階段的套裝式專業訓練即可完成，而必須在極有系統且有規畫的學習活動中，循序漸進地發展專業實踐理論，獲得理論與實踐進行動態的相互轉換與統整的能力。尤其是實習對於教師的終身專業發展而言，具有承先啟後的功能，更需要從專業生涯發展的角度加以處理，不應簡化為只為了學習某些特殊的技術與能力所安排的密集性訓練（陳美玉，民 88a，198）。

七、妥善處理因實習角色不明所帶來的焦慮與壓力

由於實習教師角色內涵不易界定，故在實習期間的權力與義務也極不明確，加上實習教師初次接受較密集式的教學挑戰，可能面

臨許多因經驗不足以及角色定位不明所帶來的困擾、焦慮與壓力。然而，這些壓力來源大多是可事先掌握與預測的，因此，實習期間必要先做好心理準備，並調整心態，降低實習過程可能干擾實習效果的壓力來源。

由此可見，養成處理與紓解壓力的能力，亦是實習教師專業發展重點之一，也是重要的過程性學習內容。這些學習絕非只是片面、著重總結性成果的學習，或幾種套裝式、淺性的經驗所能完全涵蓋。

八、轉化並檢證理論的真實意涵

實習教師將在師資培育機構所習得的教育理論，及其個人所發展的專業實踐理論帶進教學現場，進行理論的檢證與轉化的功夫，乃是極自然的事。因此，實習過程有必要在實習輔導教師的支持下，提供較開放的學習空間，支持實習教師展現個人理念與創新的教學行為，作為實習教師轉化與檢證理論真實意涵的舞台。

然而，由於實習教師帶進班級內某些新的實踐理論與作為，可能不甚成熟，但是對於實習輔導教師而言，卻是一個引發反省相當有價值的刺激來源。況且，實習教師的教學觀點、行動假設，以及在實踐智慧取向課程規畫培育下的實習教師，其轉換理論與情境應變能力，皆可能有極好的表現（陳美玉，民88a，199），對於實習輔導教師的專業發展，必具有極高的價值。

值得注意的是，良好「師徒」關係的建立與維繫，除了實習輔

導教師應具有高度的專業能力及熱忱之外，實習教師也應能具備良好的專業發展基礎，包括堅強的理論詮釋、觀察、批判反省與合作學習等能力。如此一來，實習教師的學習對於「師傅」而言，便不會形成過大的負擔，甚至是教學上的包袱；實習輔導才能成為所謂「互惠成長」的過程，而不是一方施與，另一方被動接受的施受性互動。

第六節　結語

對於教師專業訓練而言，教學實習乃是銜接理論與實務經驗不可或缺的一環，而且，師資生階段的教學實習亦不似其他教育專業科目一般，有較明確且嚴謹的知識結構，因此，在課程目標界定與內容規畫上難免顯得較為鬆散，也無固定的實施方式。加上許多師資培育機構將教學實習課程分散到三年級起即開始實施，使得教學實習淪為一門冗長且不折不扣的「軟性課程」，或因而被視為誰皆可以勝任的「非專業課程」，教育實習成效不如預期，的確可以從這些現象得到某種程度的說明。

畢業後教育實習中的教學實習，則容易受到來自行政實習的過度干擾，使原本屬最重要的教學實習反而變成整個實習活動的附庸，或是由於實施不夠切實，或是礙於實習指導教師、實習輔導教師與實習教師間鐵三角關係未能有效建立並發揮功能，皆容易造成教學實習內容的空洞化與實施過程的形式化，導致實習教師無法順

利地發展出有效教師的專業知能。

　　然而，正如其他課程一樣，教學實習乃是一門專業性極高的課程，因此，課程的安排與實施方式乃大大地決定實習教師的專業學習與發展的成效。但是，不可諱言的，教學實習效果不佳與課程目標、內容與實施方式，實習教師的角色意涵不明，以及其專業發展任務不易界定具極高的關連性。所以，欲協助實習教師成功而順利的過渡為正式教師，而且盡量減低所謂的「現實震撼」，則非先從省思並重新概念化實習教師的角色與專業發展任務不可；而且，配合各師資培育機構教學實習課程的調整，以及教育實習辦法的再修訂，使得師資培育機構、實習學校、實習指導教授與實習輔導教師在夥伴關係的互動上更有依據，且有更明確的努力方向。

　　本章為了強化實習教師的專業發展品質，乃分別從養成教育與導入教育兩種不同階段，重新釐清實習教師的角色意涵，定位為實習教師擔負著重要學習任務的未來教師，故應秉持著謙虛而開放的態度，迎接教學實習過程許多未定因素的挑戰。同時也界定實習教師應有的專業發展任務，包括循序漸進進入現場學習如何教學、努力化解局外入侵者的角色壓力、學習與他人進行合作的教與學、強化批判反省能力、逐漸發展個人的教學風格、進行系統性的專業發展、妥善處理因實習角色不明所帶來的焦慮與壓力、轉化並檢證理論的真實意涵等，都和理論與實踐相互結合及轉換的能力有頗大的關連性，也是一位實習教師發展成為準專業教師應有的先備條件與努力重點。

參考書目

王秋絨（民80）。批判教育論在我國教育實習制度規畫上的意義。
　　台北：師大書苑。

陳美玉（民 87）。經驗權威與師資生學習之研究。研習資訊。15
　　（3），40-55。

陳美玉（民 88a）。教師專業學習與發展。台北：師大書苑。

陳美玉（民 88b）。技職教師專業實踐理論發展之研究──以科技
　　大學之師資生為例。行政院國家科學委員會研究計畫（NSC
　　88-2413-H-020-003）。

陳美玉（民 89）。技職教師專業實踐理論發展之研究──以高職實
　　習教師為例。行政院國家科學委員會研究計畫（NSC 89-2413-
　　H-020-003）。

國立台東師範學院編印（民 86）。累積教學案例，促進教學專業
　　化，輯於新制教育實習面面觀。

葉學志（民82）。當前中等教育師資培育機構教育實習制度及其發
　　展模式研究。教育部中等教育司委託，國立彰化師範大學研
　　究。

賓玉玫、單文經（民89）。實習教師的角色認知。台灣教育，591，
　　2-7。

Bowers, R. S. (1993). A typology of cooperating teacher-student teacher
　　relationships: Perceptions of student teachers. In M. O'Hair & S. J.

Sandra (Eds.), *Partnerships in education: Teacher education year-book II*. Fort Worth: Harcourt Brace College Publishers.

McIntyre, D. J. (1993). Partnerships and collaboration in the contexts of schools and teacher education programs. In M. O'Hair & S. J. Sandra (Eds.), *Partnerships in education: Teacher education yearbook II*. Fort Worth: Harcourt Brace College Publishers.

Millwater, J. & Yarrow, A. (1997). Practernship: A theoretical construct for developing professionalism in pre-service teachers. *Teacher Education Quarterly*, 24(1), 23-36.

Johnston, D. K., Duvernoy, R., McGill, P. & Will, J. F. (1996). Educating teachers together: Teachers as learners, talkers, and collaborators. *Theory into Practice*, 35(3), 173-178.

Schon, D. A. (1987). *Educating the reflective practitioner: Toward a new design for teaching and learning in the profession*. San Francisco: Jossey-Bass Publishers.

第三章

課程實施的教學轉化要領

〈甄曉蘭〉

- ◑ 教師的課程構想與教學實踐的關係
- ◑ 教室運作課程的經營與課程的教學
  實踐過程
- ◑ 課程實施的教學轉化要件
- ◑ 從學生經驗課程的評估判斷課程教
  學轉化的成效

　　課程必須透過教學的轉化才能實踐其理想與目標。根據 Good-
lad（1985）的分析，課程實踐層級分為：社會層級、學校層級、教
學層級（instructional level）及經驗層級。但是，課程實踐在層層轉
換之間，卻無法預期在「意圖」與「結果」、「目標」和「行
為」、「政策」與「實施」間產生必然的發展。從專家學者所磋商
建議的「理想課程」，轉化到教育行政單位所認可及學校所採納的
「正式課程」，然後再轉化到教師對正式課程所詮釋產生的「覺知
課程」（perceived curriculum），其間，很可能因為決策者和實施
者觀點和詮釋的不同，而產生旨趣歧異、重點不同的課程轉化現
象。及至課程在教室內實際執行的情況，便產生了所謂的「運作課
程」或「實施課程」（operational/implemented curriculum），這時
候，教師「真正做的」，便成為課程教學轉化關心的焦點；當然，
教師的實際表現也極可能和他們所覺知的課程有所差距，而由課程
即學生的學習經驗來看，學生在課堂上所獲得的「經驗課程」（ex-
periential curriculum），更是探討師生交互作用中有意或無意的課程
教學轉化狀況所不可忽略的（McNeil, 1990；歐用生，民 82）。

　　近年來，愈來愈多課程研究開始關注到教室層級的課程決策，
注意到教師的課程籌畫與教學轉化角色（Clandinin & Connelly, 1986;
McCutcheon, 1997），也開始有強調人文實踐、社會變遷、超越個
人，以及重視師生共創知識、分享生活經驗的課程「轉化立場」
（Miller, 1987; Henderson & Hawthoren, 1995），使得課程的教學轉
化概念，不單是指不同課程實踐層級間的層層轉化，乃是深一層的
意指教室內教師、學生、材料、活動、經驗間的互動轉化。本章特

別從理念層面來釐清教師的課程構想與教學實踐的關係,進而分析教室運作課程的經營與課程的教學實踐過程、課程實施的教學轉化要件,以及如何從學生經驗課程的評估來判斷課程教學轉化的成效。

第一節　教師的課程構想與
教學實踐的關係

　　課程並不僅止於教科書中所呈現的內容,或是計畫好的學習經驗,其潛力有賴於教師的教學轉化來拓展。誠如 Walker（1990）所言,除非課程能在教室內生根落實,課程才會有「生機」,否則不過是計畫而已;除非課程能在教室內觸動學生產生心交神會,否則無法對學生的學習產生任何作用。教師必須要能了解其在整個課程的教學實踐過程中,所身負的關鍵地位與重責大任,才能審慎地設計教學計畫,轉化課程成為教學的實際,在充滿「生機」的教學實踐的過程中,幫助學生獲得知識、產生理解、培養技能、改變態度及涵養鑑賞力與價值觀。

　　一般而言,教師所覺知的理想課程,乃是教師心中對課程的看法（curriculum of mind）,不一定和學校所規定的正式課程一致,然而在整個課程轉化過程中卻深具關鍵性的影響地位,主要反映出教師心目中對「有價值的學習活動」的詮釋,及教師教學中對「有意義的學習活動」的安排。教師從最初課程的構想產生到學習機會

與課程內容的選擇及教學活動設計等等，無論是源自於學理基礎或教學經驗的靈感，其實多少都反映出教師個人的教育理念、課程信念與教學認知，包括教師對課程本質的認識、學科內容知識的掌握，以及教師如何進行教學、學生應如何學習等方面的信念；其間涵蓋了教師對課程目標的訂定、課程內容的選擇、課程組織的形式、教師與學生的角色、教學的活動流程與方法、學生的學習行為及教學成效的評估等層面的想法。

就當前所推動的九年一貫課程改革而言，其背後的基本教育理念深受Deway教育思想和當代解放建構論的影響，認為學校教育應涵蓋人生的生活經驗，應發展以學校為本位的課程設計和以學生為中心的教學活動，因為學生是認知的主體，課程與教學的設計必須從學生的生活經驗出發，讓學生主動參與知識的建構，才可能產生有意義的學習。教師若秉持如此的教育信念，其課程構想與教學目標便不會只是增加知識的量而已，而是著重於學生心智的開發，使之盡可能去創造與發現新的事物，建構知識與生活經驗間的意義。在課程設計與教材選擇方面會注意到與學生生活世界的關連，以引起學生的學習興趣；而在教學實施方面則會著重於引導學生利用舊有的經驗獲得新知，並且不斷開發學生潛能，讓學生在學習活動中神采奕奕、眼睛發亮。

欲討論課程的教學實踐，其重點並不僅限於傳遞知識的技巧或組織知識系統的形式，而是要注意到教師、學生、學習材料與資源，以及教學環境間「情勢獨特的互動」關係（甄曉蘭，民89）。教師如果要有較周全的教學計畫與實踐，就必須透過與情境的互動

來發展敏銳深刻的課程意識，不但能考量課程與教材的組織、教學流程、活動內容、情境等技術層面的因素，更能顧及師生雙方的能力、行動、思想的因素，以及師生彼此間的互動因素等等（Shulman, 1986）。

　　基本上，課程並不是一套待實施的計畫而已，而是透過一系列主動的實踐歷程而構成的，整合了「計畫」、「行動」與「評鑑」於具體的教學實踐過程中。教師的教學行動，實際上涉及了對現有課程材料內容的詮釋以及對補充材料與活動的創造，反映出屬於教師個人的課程理念與教學活動版本。教師必須具備敏銳的課程洞察力，深入地了解知識是如何被組織的、如何被安排在課程中或被捨棄於課程之外，也亟需了解語言、符號（code）等在課程中是如何被使用的，以及其意涵、指涉、外範用法等，然後再根據課程構想，考慮教學現場的實際學習狀況，在課程的慎思籌畫過程中，藉著釐清、反省「目的」與「手段」的適切性，尋求課程決策的合理性，進而做出最佳的抉擇，擬定較理想的教學實踐方案，創建教室運作課程中的教學轉化智慧。

第二節　教室運作課程的經營與課程的教學實踐過程

　　「運作課程」是教室中實際進行的教學實踐活動，這與教師覺知的課程想法不一定相同，常受到教室的生態文化與情境脈絡的牽

動而影響到實際的課程實施。在教學現場中，教什麼和怎麼教是很難分開的，課程在教室內的教學轉化，涉及「當下的」教學情境與互動關係中的一連串反應行動，其間所需顧及的教學效能、教學活動的周延性及機會延展性，遠超過教學行為原則、技巧及方法層面等；因此，要探究運作課程的真實面貌，需要深入了解教室活動的結構與運作過程，以及師生參與活動過程中所帶入或導出的課程詮釋（Doyle, 1992）。以下僅就教室運作課程的經營層面，提出教學實踐過程應有的相關思考。

一、從認識學生開始

　　學生乃是主動建構知識的認知主體，學習的產生並非決定於外在的刺激，而是決定於學生對環境刺激的知覺及其主觀的自願性抉擇。因此，教室運作課程的經營應以學生為中心，課程的規畫與教學的設計應從認識學生開始，重視學生的先備知識基礎、生活經驗與自然想法，以建立教學活動及其內容的生活關連、社會關連和知識的統整，讓學生產生有意義的學習。教師從教材的選擇、教學情境的布置，乃至於教學活動的實際進行，最好能以學生的觀點出發，時時掌握學生最新的認知發展，了解學生的學習興趣與學習態度，作為教師反省教學和設計教學活動的基礎。

二、建立支持性的學習環境

　　基本上，建立支持性的學習環境，對學生的學習與創作具有關鍵性的影響，除了可以幫助學生積極建立良好的學習習慣外，也可以避免不必要的學習干擾和教室分裂（classroom disruptions）。然而，營造支持性的學習環境的目的，並不是從方便教師班級管理的角度來看，而是從有效教學經營的需求來著眼。教師為學生所預備的學習環境，應該是「自由」、「開放」，並且是「安全和諧」、「值得信賴」的「合作學習」情境，是一種能接納、容忍與尊重不同意見的環境，讓學生敢於思考、勇於表達。至於在學生的學習空間與學習方式方面，則可視實際的需求以及配合教學資源的取得，而靈活地調整。

三、提供創造思考機會的學習活動

　　要鼓勵學生創造思考，老師就得先提供學生創造思考的機會。因為學生是問題的探究者，更是知識與意義的詮釋者與創造者，教師的角色宜轉為問題情境的設計者，以及協助學生建構知識的促進者。為了不讓學生的學習淪為知識的複製與記憶，教師在教學過程中，需提供高品質的對話、適量的相關補充材料，以及富有創造思考機會的學習活動，例如提供啟發性問題來刺激學生思考，鼓勵發揮想像力結合舊經驗來挑戰學生個人的創意，或兼顧擴散思考與聚斂思考來培養學生解決問題的能力等，讓學生充分發展好奇心、冒

險精神、想像力，以及認知思考方面的敏銳度、變通性與精進潛能。

四、鼓勵學生積極參與學習

學生的學習與知識的成長並非「量」的增加，而是一種「質」的改變，唯有學生主動參與學習，學習效果才會卓著、持久。在教學過程中透過討論和發表，有助於鼓勵學生勇於接受挑戰、樂於提出質疑與辯證，並且養成主動探究、積極思考的學習態度與習慣。基本上，教師扮演一位忠實、對學生作品有濃厚興趣的閱聽者，並且提供機會讓學生發表作品與想法，對鼓勵學生積極參與學習是相當重要的；因為透過討論、分享及欣賞，學生較有機會釐清觀念、相互學習，也比較能夠激起學生內發的學習參與動機與成就感。而教師也能透過學生的「發聲」，據以進行進一步的課程思考與教學計畫。

五、採用多元教學評量方式

為了強調學生的知識建構與創造，鼓勵學生積極參與學習、開發潛能、適性發展，教學評量必須從學生的學習歷程來看。評量的重點應設定在學生知識概念的轉變與心理能力的提升，教師最好能在教學過程中，採用更多元的評量方式，不斷地評估學生的學習發展，多方面了解學生的成長與進步情形，以作為調整教學方向或方

式的依據。通常教師的評量方式會影響或主導學生的學習方式，若要倡導合作學習與主動參與、鼓勵學生的創造思考、強調潛能的激發與情意價值的培養，恐怕傳統的紙筆測驗就不足以達到這樣的目標，教師必得在教學過程中採用多元評量方式，鼓勵、支持學生的適性發展，促成課程理想的實踐。

第三節　課程實施的教學轉化要件

課程的實施乃是以「課程即過程」（curriculum as process）概念作為基本前提，強調課程的教學轉化歷程，極其看重教師的個人實務理論（practical theory）與來自於經驗的知識（experiential knowledge）（甄曉蘭，民 86），並且相當強調學生的課程詮釋與教室文化（Doyle, 1992）。教師除了要精熟學科教學知識外，更要具備教導學習者的知識，充分了解與掌握學生的發展、需要及變化，才能統整各種專業知識基礎，帶出活潑有效的課程教學實踐。在進行課程的教學轉化過程中，Applebee（1996）所提出的有效「課程溝通」（curricular conversations）原則，對貫徹有效的課程實施方案具有相當的提醒作用，包括：

1. 品質（quality）：有效課程必須奠基於高品質的語言對話事件（language episodes of high quality）。
2. 數量（quantity）：有效課程需要適量的材料（appropriate breadth of materials）來維持延續溝通對話。

3. 關連性（relatedness）：有效課程的各部分必須是相互關連（interrelated）的。

4. 態度（manner）：課程要有效，教學必須要能夠配合協助學生參與課程的溝通討論。

　　課程的教學轉化是一門藝術，誠如 Shulman（1987）所指出，教學本身是個推理的過程，從理解開始，經過轉化、教學、評鑑、反省而達到新的理解。因為課程的教學轉化要件，包括⑴教材的準備與詮釋，⑵概念的溝通（藉類比、隱喻等方式），⑶教學方法與策略的選擇，⑷順應學生一般特質，以及⑸適合特定的學生需求等，教師必須具備相關的基本專業知識，包括學科內容知識、一般教學知識、課程知識、學科教學知識、對學生及其特質的了解、對教育環境的了解，以及對教育目的和價值及其史哲基礎的了解。畢竟，課程材料僅提供教學的起點而已，課程教學轉化的潛力、形式和豐富度，皆取決於教師的個人經驗、專業知識和實務理論，身為學校學習社群的核心主體，教師在教室層級的課程實施與知識建構歷程中擁有重責大任。為了讓教室學習經驗成為生動、富創意和具建設性的歷程，教師需體認「教師乃是課程潛力的主導者」，發揮專業知能，營造出趣味化卻富嚴肅性的教學轉化經驗。

　　課程的層層教學轉化之間，涉及一連串複雜的詮釋、籌畫、決策與實踐行動歷程。在整個歷程中，教師個人的專業知能則可透過轉化型課程領導而得以表露和展現出來。根據 Henderson 和 Hawthorne（1995）的分析，教師的轉化型課程領導至少包括三方面的行動

體現功夫，即實務性探究（practical inquiry）、教學想像力（peda-gogical imagination）與批判性反省（critical reflection）。而這三方面的行動體現乃是相互交感、彼此影響的。

就實務探究層面而言，涉及課程經驗分享，以及對其潛藏的價值與假設的檢視，教師需要有系統地觀察教室互動，分析所應用的教材，以及探究學校的常態與相關事務，並且需要對學生、內容、教與學的豐富知識及對教育美德的投入，盡最大努力激發學生的潛能與至善。就教學想像力層面而言，主要是為了強調無論是課程設計、發展、實施或評量，都必須富有顯著學科趣味的成分，使得教育活動在情緒和心智方面都能深具吸引力，能引人注目。如此，教師才可能有興致地教學，而學生也才可能積極主動地參與學習，建立有意義的學習。而就批判反省層面而言，包括闡明教育經驗的品質，以及分析潛藏於課程意識型態中的人文冷漠與社會不公的問題。教師於教學實踐過程中，若能秉持批判反省立場，將有助於挑戰傳統價值中立的課程假設，重新檢視課程是否反映社會現實與文化多元性，教學是否能鼓舞學生參與、具備相當內涵的教育品質（甄曉蘭，民 89）。

第四節　從學生經驗課程的評估判斷課程教學轉化的成效

課程從教師所覺知的課程轉化到教師所籌畫、在教室內實施運

作的課程，再轉化到學生所經驗到的課程，層層轉化之間，其成效如何？當然要透過對學生經驗課程的評估來予以釐清。所謂「經驗課程」是學生心中進行的活動，例如學生最感動的學習經驗、學生對課程的滿意度、教師內外事物對學生的影響等。在課程教學轉化過程中，亟需傾聽學生的意見，並允許學生分享教師用之於影響其教室生活的「權力」；藉由了解學生所經驗的課程，教師可以立足於學生的觀點，重新調整自己的觀點，重新釐清在學生課程經驗中「什麼是要緊的」（what matters）。畢竟，有效的課程教學轉化必須要覺察到學生所關心的事務、興趣及動機。

　　評估學生的經驗課程主要是以師生共同參與的課程與教學活動為主，評鑑課程設計與實施的成效，再加以檢討改進，期能有較均衡的課程安排與教學實踐，而獲致更理想的「教」與「學」的效果。其評估的方式主要採形成性評量方式，是在過程中邊教邊評量，教師隨時觀察和記錄學生的學習態度、學習習慣、學習方法、學習動機與興趣等方面的行為表現，了解學生在參與學習的過程中的認知成長與行為變化的情形。其評估重點在於學生的經驗與反應，教師透過來自於學生的「資料」與「觀點」，包括作業記錄、考核結果、意見回饋等等，確實省思所實施的課程對學生的意義，以及所進行的教學對學生的影響。而其評估指標必須涵蓋三個層面的學生學習成長，即(1)學習興趣的建立，(2)學習態度的改變，以及(3)學習能力的提升。

　　然而，目前有許多小班教學、多元智慧或統整課程方案的推動與實施，最弱的一環便在於課程方案評估的部分。或不知道如何實

施成效評估，或單就教師的觀點來判斷方案的利弊得失，或是僅能提出類似「學生很喜歡」、「學得很快樂」等較薄弱、空洞的評估結果，或把原本是「學習輔助工具」的學習單當成「學習成果證據」，很少能提出具有說服力的評鑑成果來反映課程方案的實施成效。通常在推動實施新的課程方案之際，若未能從學生的經驗與反應中獲得具體訊息，釐清學生學習興趣、學習態度及學習知能的成長，自然無法評估其課程方案的實施成效，也就較難獲得家長和其他相關人士的支持。

總而言之，課程與教學的對象是學生，實施新的課程方案、妥善處理教學轉化的功夫，為的是改善教學，幫助學生學習，所以課程的實施與教學轉化的成效，一定要從學生在課堂上所獲得的經驗課程來評估。透過學生課程經驗的回顧與學習滿意度的了解，教師才能掌握學生的觀點，用以交叉檢證課程對學生的意義，並且省思課程設計與實施的妥當性與周延性，藉以改進教學、增進教學的成效。

範例一　「文化學習與國際理解」的教學轉化構想[1]

　　雖然每個學生都可能有不同的社會文化認知，但在共通的文化生活經驗中，學生們仍擁有許多共享的知識，而這些部分，就是教師在著手培養「文化學習與國際理解」能力時的最好起始點；由學生所共同了解的事物開始，然後利用學生的信念與經驗進行交換討論，進而發現觀點或生活表現方式的歧異，並且適時引介新的事物、概念與價值，來幫助學生進行概念的重整與價值的澄清。

　　為了培養學生「文化學習與國際理解」能力，教師在進行教學時，要特別注意教學情境的設計與布置，以及學習氣氛的營造，多多使用教學媒體，透過文學藝術賞析、實物的接觸及影片的觀賞等，深入體驗不同文化的表徵與成就；教師也需要善用發問技巧，激發學生的討論與辯證，進而澄清個人與他人的信念與價值。戶外教學尤其是值得鼓勵推動的，當然並不是單指規規矩矩的參觀活動，而是製造不同的機會讓學生觀察人際間的互動溝通行為模式，接觸不同族群、不同文化背景的人物等，讓學生在身歷其境、親身接觸時，產生一種「感同身受」的學習。

　　在組織教學活動方面，教師可以先從概念的發展著手，連接學

1.本範例摘取自甄曉蘭於民國八十九年參與教育部委託之「國民中小學九年一貫課程基本能力規畫研究」案所負責之「文化學習與國際理解」部分的報告內容，或許可以提供教師參考，藉以了解教師在實施九年一貫課程之際，可能產生的一些思考和可以有的教學規畫。

生已有的生活經驗，挑戰平常認為理所當然的舊有概念，透過討論讓學生重新建構新的概念，特別用在處理一些文化的、生活的刻板印象時，特別需要如此。若是能舉例說明並且舉出反例來對照比較，將更有助於概念的釐清。在培養文化學習與國際理解能力方面，尤其需要提出一些文化差異上與國際合作間的爭議性話題，讓學生練習研究、思辨的功夫，透過批判、省思、質疑與辯證，讓學生學習包容，培養尊重、接納的態度，進而激發改造文化、增進和諧的社會行動力。

在整個文化學習與國際理解的學習過程中，以「同理心」的教導最為重要，因為，要了解社會現象，學生需要了解他們自身所不熟悉的人、事、物。而其中最重要的途徑就是透過同理心來理解，教師可以透過音樂歌曲、文學的賞析、角色扮演、默劇、布偶劇、情境模擬等方式，幫助學生建立同理的理解。唯有透過深刻「設身處地」的同理理解，才可能進一步激發欣賞尊重的情懷，培養包容接納的胸襟，帶出積極的社會參與行為表現。

另外，「文化學習與國際理解」最主要的目標就是要激發對本土及國際社會與文化的理解，進而鼓勵積極有效的社會參與行動。因此，「文化學習與國際理解」基本能力培養的最有效途徑，便是透過「探究過程」，鼓勵學生積極提出問題，並且主動尋找答案。而所謂探究過程並非傳統「老師問、學生答」的形式，而是要運用不同的教學策略與學習活動，如方案設計、角色扮演、討論等等，讓學生參與有系統的探索和學習。其流程重點大致如下圖所示：

至於在評量方面，則須與教學策略一起考量，並且融入整個教

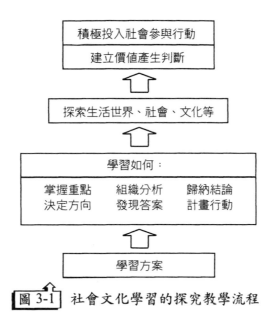

圖 3-1　社會文化學習的探究教學流程

學活動過程中。基本上,最好採目標導向的多元評量方式,兼顧知識概念的了解、價值的建立、社會技能的發展及社會參與行為表現等四個層面的評量。教師可以透過傾聽學生的觀點論述、觀察學生的行為表現、蒐集學生的作品與作業或測驗等等,將具體的資料彙集成學生的學習評量檔案,以便有效追蹤學生「文化學習與國際理解」基本能力的發展情形。另外,教師亦可以使用學習表現檢核表來評量、記錄學生的學習狀況,也以妥善利用契約簽訂方式,鼓勵學生達到自己所訂定的學習目標。無論採何種方式,最重要的評量重點與目的乃是在情意的陶冶與態度的養成,所以教師一定要適時給與學生評量回饋,好讓學生及時獲得提醒或肯定,了解自己進步

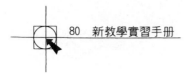

的情形，並能據之朝所預定的目標努力。

【教學案例一】

基本能力：文化學習與國際理解。

能力指標：1.認識文化生活的多樣性。

　　　　　2.欣賞自己的文化和他人文化。

學習領域：社會、藝術與人文。

活動名稱：多采多姿的新年。

適用年級：國小低、中年級。

活動內容：比較不同文化社會中的不同生活方式。

　　　　　1.學生介紹個人家中新年節慶時的慶祝方式。

　　　　　2.將方式較接近的同學分在一組，各組進行戲劇表
　　　　　　演。

　　　　　3.討論不同慶祝方式及其背後的意義。

　　　　　4.教師介紹不同國家慶祝新年節慶的方式。

　　　　　5.同學嘗試分析不同國家慶祝方式的意義。

　　　　　6.老師予以回饋並說明不同慶祝方式的緣由。

　　　　　7.由同學自由彩繪不同的新年慶祝圖畫，表現出食
　　　　　　衣住行育樂方面的差異。

【教學案例二】

基本能力：文化學習。

能力指標：1.認識文化生活的多樣性。

　　　　　　2.熱愛並發揚傳統文化遺產。

學習領域：體能與健康、藝術與人文。

活動名稱：交亮民俗技藝公開賽。

適用年級：國小中年級。

活動內容：欣賞體驗不同民俗技藝的特色與價值。

　　　　　　1.介紹示範不同的民俗體育項目。

　　　　　　2.就同學較有興趣者選出三項民俗體育，請教師來
　　　　　　　指導學生練習。

　　　　　　3.將學生分成兩大組，彼此競技比賽。

　　　　　　4.介紹不同民俗手工藝的製作過程與技巧。

　　　　　　5.就同學較有興趣者選出三項民俗手工藝，請教師
　　　　　　　來指導學生製作。

　　　　　　6.舉辦作品發表會，讓學生彼此欣賞並互評作品。

　　　　　　7.選出優良作品展示於學校中廊或川堂。

【教學案例三】

基本能力：文化學習與國際理解。

能力指標：1.分辨、釐清文化遺產的影響。

　　　　　　2.比較不同文化遺產的優缺點。

學習領域：數學、自然與科技。

活動名稱：讓數字說話。

適用年級：國小高年級。

活動內容：比較不同時代、不同社會的不同記錄方式。

1. 由老師說一段擬情的、稍具複雜性的以物易物的交易故事，並請同學詳細記錄交易情形。

2. 請同學發表他們的記錄方式，並歸納出不同的記錄類型予以比較討論。

3. 請同學蒐集古代中國、埃及、羅馬等有關數量的記錄方式與符號。

4. 讓同學發表展現所蒐集的資料之後，教師播放一段介紹古代不同國家交易記錄方式的影片讓同學欣賞。

5. 請同學比較討論各種不同數字表徵符號的優缺利弊。

6. 教師說明阿拉伯數字的由來與應用，並請同學討論阿拉伯數字對生活記錄的影響。

7. 請同學蒐集不同數字統計圖表。

8. 同學嘗試說明統計圖表中數字所呈現的意義。

9. 說明討論科技文明對記錄方式及資料呈現方式的影響。

【教學案例四】

基本能力：文化學習與國際理解。

能力指標：1.認識語言表達的多樣性。

　　　　　2.欣賞自己的語言與尊重他人的語言。

學習領域：語文。

活動名稱：雞同鴨講。

適用年級：國小高年級、國中。

活動內容：比較不同文化社會中的不同語言表達方式。

    1.請同學用自己的母語表達問候。

    2.同學彼此學習不同本土語言的問候語。

    3.將同學分組，讓同學用不同本土語言演示購物用語。

    4.交叉不同語系，演示以不同語言購物溝通的情境。

    5.教師指導同學彼此學習不同本土語言的購物用語。

    6.請同學回家蒐集不同外國語言的問候語與購物用語。

    7.同學發表演練所蒐集的外國問候語，教師從旁指導學習不同外國語言的問候語。

    8.同學發表演練所蒐集的外國購物用語，教師從旁指導學習不同外國語言的購物用語。

    9.以不同外國語言，同學分組交叉演示不同語言購物溝通的情境，並且彼此評量討論。

🌏 參考書目

甄曉蘭（民 86）。教學理論。載於黃政傑主編：*教學原理*。台北：
　　五南。

甄曉蘭（民 89）。新世紀課程改革的挑戰與課程實踐理論的重建。
　　教育研究集刊，44，61-90。

歐用生（民 82）。*課程發展的基本原理*。高雄：復文。

Applebee, A. N. (1996). *Curriculum as conversation: Transforming tra-
　　ditions of teaching and learning*. Chicago: The University of Chic-
　　ago Press.

Clandinin & Connelly (1986). Rhythms in teaching: The narrative study
　　of teachers' personal practical knowledge of classrooms. *Teaching
　　and Teacher Education*, 2(4), 377-387.

Clark, C. M. & Peterson, P. L. (1986) Teachers' thought processes. In M.
　　C. Wittrock (Ed.). *Handbook of research on teaching*, (3rd Ed.).,
　　(pp. 255-269). New York: Macmillan.

Doyle, W. (1992). Curriculum and pedagogy. In P. W. Jackson (Ed.).
　　Handbook of research on curriculum. (pp. 487-516). New York:
　　Macmillan.

Goodlad, J. I. (1969). Curriculum: The state of the field. *Review of Edu-
　　cational Research*, 39(3), 367-375.

Goodlad, J. I. (1985). Curriculum as a field of study. In T. Husen & T. N.

Postlethwaite (Eds.). *International Encyclopedia of Education*. (pp. 1141-1144). Oxford: Pergamon.

Henderson, J. G. & Hawthoren, R. D. (1995). *Transformative curriculum leadership*. Englewood Cliffs, NJ: Prentice-Hall.

McCutcheon, G. (1997). Curriculum and the work of teachers. In D. J. Flinders & S. J. Thornton (Eds.). *The curriculum studies readers*. (pp. 159-177). New York: Routledge.

McNeil, J. (1990). *Curriculum: A comprehensive introduction* (4th ed.). Glenview, IL: Scott, Foreman.

Miller, J. P. (1987). Transformation as an aim of education. *Journal of Curriculum Theorizing*, 7(1), 94-152.

Shulman, L. S. (1986). Paradigms and research programs in the study of teaching: A contemporary perspective. In M. C. Wittrock (Ed.), *Handbook of research on teaching*, (3rd ed.). (pp. 3-36). New York: Macmillan.

Shulman, L. S. (1987). Knowledge and teaching: Foundation of the new reform. *Harvard Educational Review*, 57(1), 1-22.

Walker, D. (1990). *Fundamentals of curriculum*. New York: Harcourt Brace Jovanovich.

〔本篇部分內容原載於甄曉蘭（2001）中小學課程改革與教學革新之第六章〕

第四章

教師應有的教學專業信念

〈甄曉蘭〉

- 教師專業生涯的認識與預備
- 什麼是教師應該知道而且能做到的？
- 教師應有的專業期許
- 結語

　　「成為教師」對許多人而言，認為是一個不錯的工作選擇，覺得教師的待遇還不錯、社會地位亦高、又有寒暑假，再加上工作穩定度高，所以從大學開始就積極爭取選修教育學分，好為畢業後的出路多預留一份選擇。但是，並不是很多人在預備「成為教師」時，審慎地思考「成為教師」的嚴肅性與專業要求，頂多只是在教學技術層面盡可能地增強自己的就業競爭力，但鮮少在教學專業信念層面來釐清自己對教學生涯的預備度與勝任潛力。畢竟，教育是「百年樹人」的大業，而教學更是有關「人的建造」工程，所以「成為教師」應該是一個慎重的抉擇，需要對教學專業有更深入的認識，好讓做出這樣的生涯抉擇背後有更紮實的信念基礎，進而才可能在未來的教學生涯中，帶出比較愉悅的教學實踐與比較深厚的專業投入度。基於此，本章首先討論教師身分與角色、教師的教學任務及教師的工作環境等，藉以對教師專業生涯有更深一層的認識和預備；接著介紹美國國家專業教學標準委員會對教師的專業教學標準所訂的五項核心主張，藉以說明什麼是教師應該知道並且能夠做到的；最後提出了四項教師應有的專業期許，包括成為教育專業內行人、積極參與教學研究、主動投入教育改革、不斷尋求專業成長與教學革新，作為彼此的勉勵。

第一節　教師專業生涯的認識與預備

　　自小到大的學習經驗中，有許多老師讓我們印象深刻，我們會

特別記得一些曾經關愛我們、啟發我們，其教學與對待學生的方式讓人有茅塞頓開、如沐春風感覺的老師；我們當然也會記得一些曾經看輕我們、羞辱我們，教學極其無聊又隨便敷衍學生的老師。於是，我們會根據學習過程中與老師互動的經驗，形塑出所謂的教師形象，隨著不同學習階段與不同類型的老師接觸的經驗，我們也會逐步調整自己心目中的教師形象以及對教師工作的看法。無論我們個人所形塑的教師形象為何，但一般而言，大部分的人會認為教師通常是比較奉公守法、循規蹈矩的，是比較有愛心、有耐心的；教師工作是比較穩定、有保障的職業；其工作環境是比較單純的；而其工作內容就是一些看似規律的講課、出功課、考試、批改作業、回應學生問題、糾正學生行為等等。這些形象和看法多少都反映出對教師及其工作的刻板印象，大都是從教師教學的外在表現面向來看，而非從教師教學的專業內涵來理解。因此，本節先從教師的身分與角色、教師的教學任務、教師的工作環境三方面，來探討教師專業的內涵與現實，好讓我們對教師專業生涯有進一步的認識與預備。

一、教師的身分與角色

有的人視教師為一份有不錯收入的穩定工作（job），教學也不過是「討生活」的方式，以致很容易變成「照本宣科」型、被動執行教學任務的教師；有的人視教師為一份具有相當社會地位的職業（occupation），為了滿足學校要求與社會期許，會盡本分認真教

學，但未必有教學熱忱與使命感；有的人則視教師為一種專業（pro-
fession），並不是什麼人都可以當教師的，強調身為教師就必須具
備相當的專業知能，教學表現上必須要達到應有的專業標準，才能
成為勝任的教師。當然，還有人更進一步視教師為一種事業或志業
（career or vocation），認為成為教師除了是一種生涯選擇之外，也
是一種神聖的呼召（calling），而願意終身無怨無悔地委身教育工
作。Hansen（1995）便根據 vocation 的拉丁字根 vocare 含涉了被選
召出來服務（bidding to be of service）的意思，因而主張「教學是一
種志業」（teaching as a vocation），認為教師在教學上必須表現得
「專業」之外，還應該加上一些由內而外的「使命感」，因為教師
的教學其實是肩負著激發社會價值的公眾責任以及個人的自我實現
兩個層面。

　　的確，我們怎麼看待「教師」身分，關係著我們會扮演怎樣的
一個教師角色、會有什麼樣的教學表現。Danielewicz（2001）特別
從教師身分認同（identity）層面指出，如果我們要預備自己成為一
位能有效「教育」年輕學子的勝任教師，就必須要先釐清、認知自
己所擁有的「教師」身分，並且對之產生身分上的認同、接受與投
入（engagement），正視自己的教師身分、也活出教師的身分，讓
別人肯定我們的教師身分。Danielewicz 認為成為好老師的首要條
件，並不是由教學方法或意識型態來決定的，也不是由外在教學表
現來衡量的，而是要由內在認知到外在身體力行地「做」一個老師
（"being" a teacher）；也就是說「表現」得像一個老師（to act like
a teacher）還不夠，而是要在每一天的教學實踐中「成為」老師

（becoming a teacher），讓教學不只是專業行為表現而已，而是一種教師專業生命存有的狀態（a state of being），是全人的投入。無可否認地，教育的對象是學生，是有生命、有潛力的「人」，所以「成為教師」，不僅是要成為有技巧的「經師」，更應該要成為有智慧的「人師」，在「傳道、授業、解惑」的過程中，建造他人、實現自我。

二、教師的教學任務

教學是極其複雜的專業活動，充滿了許多挑戰、不確定性及價值衝突情境，教師每天面對各式各樣的學生，以及大大小小的課程與教學實務問題，例如選擇什麼材料？採用什麼方法？運用什麼資源？怎麼引起動機？如何維持興趣？怎麼解說清楚？怎麼處理常規？怎麼進行學習輔導？怎麼評量？出什麼作業？怎麼回饋？等等，需要不斷地透過分析情境，考量教學目標及學生、教材、知識、能力等各種因素，審慎細密地規畫教學方案，並且試著在變化莫測的教室中，付諸行動實踐。面對這樣的任務挑戰，教師需要具備對學生的同理心、學科專門知識、了解學習是如何發生的、將構想轉化為實際教學設計的能力，以及評估教學是否需要調整和如何調整的能力（Danielewicz, 2001）。另外，教師每天置身於複雜多變的教學現場，所要處理的事務，常常需要在分秒之間做出當下的判斷與抉擇，所以不可忽略教師持續地事前設想及隨機應變的能力，以及能有說服力地領導學生和有效運用時間的能力等。

　　教學絕對不能簡化為講講課、出出作業、考考試，因為教師所身負的任務絕對不是趕進度、改考卷、交成績而已，教師其實對學生負有：告知和啟發（to inform and inspire）、訓練和束縛（to discipline and discomfort）、評鑑和鼓勵（to evaluate and encourage）等不同層面的教學使命（Bogue, 1991）。其最主要任務乃是學生的學習輔導與生活輔導，過程中有教導、也有訓練，好讓學生在知識、情意和技能方面都能有所成長。而這些也就是教師教學的最大挑戰，因為每個學生的背景、起點行為、先備知識基礎、學習態度與興趣、個性、知能等都有所不同。在一個三十到四十人的班級中，面對這麼多個別差異，再加上同儕互動中所激發的各種狀況，教師如何維持秩序、經營一個鼓勵學習的良好教室氣氛，讓每一個學生都能產生學習，真的不是一件容易的事。何況在很多時候，當認真投入學生學習輔導和生活輔導時，會發現許多學生的學習表現或行為問題，其根源並不單純在學生個人而已，很可能涉入了複雜的家庭因素和人際因素；一旦要幫助學生改變習慣、態度或行為，又絕對需要長時間的心力投入。所以說，教師的教學任務遠超過教科書內容知識的解說和學生學習表現的評分，其所投入的時間也絕對不是以每節課四十五或五十分鐘、每週二十二到二十四節課來計算的，要做到什麼程度？端看教師個人願意付出多少心力和時間；而能做到什麼程度？則需要依賴教師的專業判斷與行動智慧。

三、教師的工作環境

　　教師的工作環境並不是想像中那麼單純，雖然是以處理學生事務為主軸，但學校畢竟是一個由人組成的組織運作體系，有其任務目標，亦有其績效責任，教師在教學之餘，還是有可能要忍受學校內既存的科層體制（bureaucratic system）和其他倫理議題上的妥協狀況（Danielewicz, 2001）。教師每天除了負責自己份內的教學輔導工作之外，還需要與其他教師協調合作，或分工完成學校行政單位所交付的工作任務，或一起承擔改善學校教學品質所必須有的工作規畫，有時是一次學校活動的安排（例如特別節日的展演、校慶運動會、戶外教學等等），有時則可能是長期的任務編組（例如各科課程規畫小組、課程發展委員會或合作社理監事等等）；彼此間若理念接近，則能愉快合作，若觀念不同，則常常是落得相互計較、心懷不平。因為每個學校有不同的生態環境、不同的校風與傳統，而每個學校的校長與行政人員的領導風格也不盡相同，所以在不同的學校服務，可能會有完全不同的工作感受。

　　另外，年輕初任的教師常常需要兼任一些行政業務職責，處理許多繁雜的瑣事，可能是教務處的課務安排、學生學籍的管理、推動九年一貫課程的相關工作事務，也可能是訓導處的一連串學校活動規畫，也有可能是總務處的設備維修與管理的工作，甚至還有可能要負責合作社的買賣營運等等，不但占掉許多時間、花掉許多精神和體力，且或多或少會影響到應有的教學品質；一旦堅持自己所負有的「專業」角色與任務時，難免會陷入一些兩難，開始懷疑身

為教師的工作價值。再加上還要常常與學生家長溝通和社區人士互動的部分，更是充滿許多不可掌握的變數。在這樣充滿挑戰的工作環境中，教師如何在心智交戰過程中，肯定自己的教師身分、確立自己的教學使命，進而琢磨出實務智慧，確實是需要花一些時間、付出一些代價的。

第二節　什麼是教師應該知道而且能做到的？

身為教師應該具備怎樣的專業知能？抱持怎樣的專業信念？成立於一九八七年的美國國家專業教學標準委員會（National Board for Professional Teaching Standards, NBPTS），主張藉由加強教師教學來改善學校教育品質，特別訂定了政策立場，建立了嚴謹的教師教學標準，藉以清楚說明什麼是一位勝任盡責的教師必須知道而且能做到的；另一方面，這些標準也反映出教師教學中所應看重並持有的信念。該委員會針對教師的專業教學標準，提出了以下五項核心主張（NBPTS, 1991, 13-15）：

一、教師應委身於學生和學生的學習

勝任盡責的教師應致力於讓所有學生都能獲得知識，相信所有的學生都能學習，平等地對待每一位學生，並且覺知學生的個別差

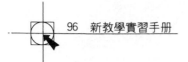

異,從而根據學生的興趣、能力、知識基礎、家庭狀況、同儕關係等等,適度地調整教學方法,以達到因材施教的效果。

　　勝任盡責的教師能了解學生的發展學習,能將當前重要的認知理論與多元智慧理論應用於教學當中,努力開發學生的認知潛能與學習的興趣,並且也能覺察到環境和文化對學生行為的影響,致力於培養學生的自我尊重、學習動機、人格特質、公民責任,以及尊重個別文化、宗教和族群差異等。

二、教師應熟知所教的學科內容,而且知道如何將這些學科知識教給學生

　　勝任盡責的教師能充分了解他們任教學科的內容,也能充分掌握其學科內容知識是如何產生、組織的、與其他學科的關係,以及如何應用於實際生活當中。在忠實地呈現文化中的集體智慧與維護學科知識中的價值之際,也能同時培養學生的批判與分析能力。

　　勝任盡責的教師能善用專門知識有效地將學科知識教授給學生,能覺察學生在不同學科所持有先備概念與背景知識,也能覺知有助於學生學習的教學策略與教學材料,不但了解學生可能產生的學習困擾,而隨之調整教學來幫助學生學習;而其整個教學設計,更允許其創造不同的路徑來幫助學生學習學科內容,以及教導學生如何提出和解決自己的問題。

三、教師對經營和指導學生的學習有責任

　　勝任盡責的教師能有效地運用時間，能不斷地創造、充實、維持和改變教學情境來贏得並保持學生的學習興趣，也擅長讓學生和其他成人來協助他們的教學，並且引入其他教師的知識和專長以補自己的不足。

　　勝任盡責教師能善用各種教學技巧，能分辨什麼時候、什麼情況下，哪種教學技巧是適用的，而且能適時地使用；在致力於提升教學品質之際，能覺察哪些教學方式是沒有效果、甚至是會妨害學生學習的。

　　勝任盡責的教師知道如何讓各組學生維持一個有秩序的學習環境，而且能有效地組織教學計畫，達到學校為學生所訂的學習目標。他們擅長安排學習情境，讓學生之間或師生之間有良好的社會互動，知道如何引起學生學習動機，即使碰到一些挫折也能保有學習興趣。

　　勝任盡責的教師能評估個別學生的進步情形，以及全班學習的情況，能應用多元評量方式來評估學生的成長與認知理解，並且能清楚地向家長解釋學生的學習表現。

四、教師應有系統地思考他們的教學並且從經驗中學習

　　勝任盡責的教師能夠以身作則，對所要求於學生的美德，諸如好奇、容忍、誠實、公平、尊重多元、欣賞文化差異等，以及期望

學生所發展的心智成長要素，諸如理解力、多元觀點、創造力、冒險精神、實驗與問題解決取向等，自身都能有好的示範。

　　勝任盡責的教師能根據他們對人的認知發展、學科內容與教學方面的知識，以及他們對學生的了解，來對自己的教學是否理想做出基本的判斷。他們的教學決策的依據，並不只是來自研究文獻的建議，也來自於個人的經驗判斷。誠如他們鼓勵學生成為終身學習者，他們亦能投入終身學習。

　　為了不斷加強教學，勝任盡責的老師能批判檢討個人的教學，以期能拓展教學經驗內涵、豐富知識、加強判斷力及調整教學，來嘗試新的發現、新的想法和新的學說理論。

五、教師是學習社群中的成員

　　勝任盡責的教師在教學政策、課程發展和教師專業成長方面，都能與其他專業人士合作，來促成學校效能的提升。基於對國家和地方教育目標的了解，他們能評估學校教育的成效以及學校資源的分配情形。他們熟知有哪些特殊學校和社區資源能有助於學生學習，並且也能善用這些資源。勝任盡責的教師能發現不同的方式有創意地與家長合作，使之有建設性地投入學校的事務。

　　綜而言之，什麼是教師應該知道而且能夠做到的？分析美國國家專業教學標準委員會所訂的五項核心主張，可以看出教師應該對學生、學科知識、教學資源、學習環境、有意義的學習、多元認知

途徑、學生社會技能發展、評量、教學省思、親師合作及同儕合作等方面，有充分的理解和掌握（NBPTS, 1998）。身為教師應該相信所有的學生都能學習，而且不斷地在教學過程中表現出這種信念，嘗試透過各種各樣的方法，使所有的學生都能學習知識。在做課程和教學的決定時，教師應結合他們自己的知識和學生心智發展的程度，並且能夠辨識學生的個別差異，在他們的教學設計中考慮這些差異。非常重要的是，教師必須要對學科知識有寬廣及深入的了解，而且也知道如何將學科知識有效地教授給學生，能夠建立並維繫一個好的教學情境，提升學生的學習興趣與學習成就；在教學的時候，能有目的地使學生勇於接受挑戰、能主動探索和了解重要的概念和問題；在評量方面，能利用多種正式和非正式的方法評量學生的進步情形，並且鼓勵學生自我評量。另外，教師需經常自我省思，藉以改善教學的品質和效率；積極和學生的家庭合作，一起幫助學生達成教育目標；也樂於和同事共同合作以改進學校教育品質，並且努力地促使自己的教學知能不斷地提升、進步。

第三節　教師應有的專業期許

　　教師的知識、技能和實務智慧，是隨著其教學生涯而逐步發展的，教師教學的本質需要持續不斷地成長，才能在變遷社會中滿足不同學生的需求。根據 Hargreaves 和 Goodson（1996, 20）的分析，當前教師專業具有以下幾項特點：

1. 在教學、課程及關注學生相關議題上發揮自由判斷的機會和權責加增。
2. 期望處理教師教學及課程和評量內所含涉的道德、社會目標和價值問題。
3. 在協同合作的文化中與同儕共事，一起應用專長解決教學實務的問題。
4. 以工作上的集體主權取代個人的自主權，來與社區學生及家長合作。
5. 主動關懷學生而非被動解決學生問題，兼顧教學的情緒和認知層面，了解有效關懷所需具備的技能與素養。
6. 自我導向地尋求與個人專長及專業有關的學習，而不是順服他人所要求的義務。
7. 認知並善於處理高階層任務的複雜性。

　　基於此，教師無論具備了怎樣的專業訓練背景，都更應該是永遠沒有結束點的專業學習者，常常懷抱著更高的自我期許，在教學生涯中一直抱持前瞻性的思維，主動有恆地充實自己的專業知識、加強自己的專業技能，並且擴展自己的專業視野。而這些對自我的成長要求，或許可以從以下幾個專業期許層面來努力：

一、成為教育專業內行人

　　教育既是一種專業，教師便應該成為專業的內行人（teacher as

professional）。根據最新的研究指出,具有高度專業能力的教師必須要能夠:(1)發展詮釋課程的教育理念,(2)熟悉教學方法,(3)明瞭一般教學知識基礎,(4)積極回應不同背景的學生需求,以及(5)應用科技於教學實踐中(Barone et al., 1996)。因此既然選擇成為教師,就要積極培養專業素養,除了熟悉教材內容、教學原理和方法、班級經營技巧及具備正確的教學信念外,還要廣博地吸收知識,隨時進修研究,充實自我的專門及專業知能,在行動實踐中堅定教育信念,履行專業倫理,做一位稱職的教育專業內行人,散發出教育工作者的專業自信。換句話說,如果教師要成為專業的內行人,必須持續地發展足以跟得上時代的專業知能,並且在專業信念和專業實踐力方面不斷地成長。McKernan（1996）認為,教師成為教育專業的內行人的最重要特質,在善於透過嚴謹的系統化探究,對自己的教學實踐進行自我評量與自我改進。教師身為學校教育第一現場的專業人,最了解教室教學的問題與學生的興趣需求,最熟知學生的生活世界與學習狀況,也最有機會在自然情境中,獲得第一手的資料,來建構實務教學理論改進教學,紮紮實實成為教育專業的內行人。

二、積極參與教學研究

　　教學要獲得真正有效的改進,必須要實地研究,才能針對問題提出有效的改進策略。近年來教育界普遍在推廣「教師即研究者」的概念,強調教師的工作不僅要被研究,而且要由教師自己來研

究，對自己的課程與教學實踐進行研究（Stenhouse, 1975; Schon, 1987）；其主要目的是為提升教師對教室教學問題的探究自主性（autonomy of inquiry），讓教師清楚知道、明確理解自己在教室中，做了些什麼？缺少什麼？影響如何？以及如何改變？等問題，藉以改進自己的課程計畫與教學行動。為實踐「教師即研究者」的理念，教師必須嘗試三方面的努力：(1)更新既有的想法與態度，改以研究與教學互濟互惠的方式，投入教室的課程與教學活動，系統地質疑自己的課程與教學實踐，作為改進教學實務的基礎；(2)不斷地充實自己，培養具備研究自己教學的技能，並且能夠利用這些研究技能在教學實務中來考驗理論（Stenhouse, 1975）；(3)願意和其他教師互相觀摩教學，攜手建立所謂的「學習社群」（learning community）或教師成長團體，彼此切磋琢磨，做公開、真誠的教學反省與檢討。如此，教師便可以在自身的教學研究基礎之上，彌補理論與實際之間的差距，發展並轉變教師的課程與教學實務，進而增進教師的教育專業理解與專業智能。

三、主動投入教育改革

面對當前種種教育改革政策與措施，教師乃是課程與教學改革成敗的關鍵人物，在教育改革過程中扮演最重要的角色。因此，教師必須要積極主動地參與改革過程，了解方案的精神，加以實施，並且同時進行教學研究和評估活動，才能真正達成革新的理想。就以當前九年一貫課程改革來看，專家所擬定的課程綱要或教科書只

是一種手段、一種「理想課程」，而教師和學生一起在教室中建構出來的實際經驗，才是真正的「經驗課程」；教師必須透過自己對教材的詮釋，或和其他教師一起分析、討論的結果，然後在教室中加以實驗、檢測和改進，原本所意圖達到的課程理想和教學革新才可能得以落實。畢竟，課程改革與教學革新並不是參加幾天的研習、看幾次的教學演示，就能獲致成功的，教師必須拋開消極接受者的角色，一反傳統由上而下的被動執行模式，激盪出由下而上的主動探究模式，直接參與課程改革與教學革新的研究行動，與同事和學生一起建構出具有脈絡意義的教育經驗，如此，教師方能成為具影響力的教育實踐者，主導教育改革的方向與實施策略（甄曉蘭，民 90）。

四、不斷尋求專業成長、改進教學

成功的教學不僅有賴於專業與專門知識的活用，更需要有批判反省、質疑辯證的教學探究精神與態度，不斷地尋求教學改進。基於此，Stenhouse（1975）以「擴展性專業」（extended professional）概念，鼓勵教師藉著系統性的自我探究方式，來達到專業自主性的自我發展（self-development）。Stenhouse 認為，教師需要延伸一般的基本專業知能與素養，從較廣泛的學校、社區和社會脈絡來看自己的工作；透過積極參與各種專業活動，如學會、教師協會、研討會，關心理論與實務的連結，以及投入不同形式的課程理論與評量模式的探究等，讓自己的專業不斷獲得提升和成長。

　　一般而言，教師的專業成長與教學改進是密切相關的，教師在
尋求專業成長和教學改進最有效的方式，必須是要對所謂的好的教
學或理想的教學形塑出一個清楚的願景（vision），另外也對自己目
前的教學狀況有充分的理解，才能知道如何透過不同的管道與資源，
幫助自己超越目前的教學現狀達到理想的狀況（參見圖 4-1）。當
然，教師所形塑的理想教學願景並不是固定不變的，而是會隨著教
師的專業成長不斷地向上提升。在超越目前現況達到理想教學狀況
的過程當中，教師在實際教學中領導、省思，以及積極參與研習進
修活動，都有助於加強教師的實務覺察力與教學改進的知能；而援
引正式知識和教師個人的知識和實務經驗更是不可忽略，因為教師

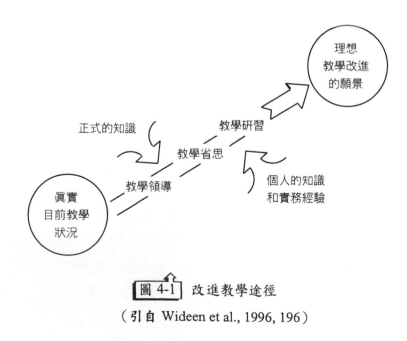

圖 4-1　改進教學途徑

（引自 Wideen et al., 1996, 196）

絕對要讓自己置身於「資訊豐富」（information rich）的環境中，才比較能覺察現實與理想的落差、知道自己的不足，也才會積極尋求成長和改進，並且也比較能夠掌握有效資源和管道幫助自己達到理想。

第四節　結語

記得在師院任教的時候，擔任導師班的學生在畢業之際，請我寫一句話送給他們，好放在畢業紀念冊中作為紀念；想了好些時候，寫下了「教育是用智慧開啟智慧、用生命感動生命的事業」，作為我對他們投入教師專業生涯的期許與勉勵。會有這樣的勉勵，主要是有感於教師投身於教育工作，若能將之視為一種「希望工程」、一種有開發潛力值得投資的事業，通常比較能夠抱持積極的心態與熱忱，從事教學工作。另外，也深感教師的教學必須要有紮實的專業知識基礎、必須要能全人地投入，才能在與學生的互動過程中，用自己的行動智慧來啟蒙學生，讓學生的知識增長、智慧開竅，並且用自己的生命經驗來觸動學生，讓學生的經驗拓展、生命改變。

教師生涯中的最大挫折，常常是來自於學生，而最大的回饋與欣慰，也常是來自於學生。「成為」一位教師，可以是一份職業選擇，但「做」一位教師，不是一件輕鬆容易的事。其身分的定位與價值，是在教學生涯中每一天的認同與形塑，然後決定我「是」怎樣的一位教師。

🌐 參考書目

甄曉蘭（民90）。*中小學課程改革與教學革新*。台北：高教（原台北：元照）。

Barone, T., Berliner, D. C., Blanchard, J., Casanova, U. & McGowan, T. (1996). A future for teacher education: Developing a strong sense of professionalism. In Sikula, J. (Ed.). *Handbook of teacher education* (2nd ed.). (pp. 1108-1145). NY: McMillian.

Bogue, E. G. (1991). *A journey of the heart: The call to teaching. Blooington*, IN: Delta Kappa Educational Foundation.

Danielewicz, J. (2001). *Teaching selves: Identity, pedagogy, and teacher education*. Albany, NY: SUNY Press.

Hansen, D. T. (1995). *The call to teach*. New York: Teachers College Press.

Hargreaves, A. & Goodson, I. (1995). Teachers' professional lives: Aspirations and actualities. In I. F. Goodson & A. Hargreaves (Eds.). *Teachers' professional lives*. (pp. 1-27). London: Falmer Press.

National Board for Professional Teaching Standards (1991). *Toward high and rigorous standards for the teaching profession: Initial policies and perspectives*. (3rd ed.). Washington, DC: NBPTS.

McKernan, J. (1996). *Curriculum action research: A handbook of methods and resources for the reflective practitioner* (2nd ed.). London:

Kogan Page.

National Board for Professional Teaching Standards (1998). *Early adolescence/generalist standards (for teachers of students ages 11-15).* Washington, DC: NBPTS.

Schon, D. A. (1987). *Educating the reflective practitioner: Toward a new design for teaching and learning in the professions.* San Francisco: Jossey-Bass.

Stenhouse, L. (1975). *An introduction to curriculum research and development.* London: Heinemann Educational.

Wideen, M. F., Mayer-Smith, J. A. & Moon, B. J. (1995). Knowledge, teacher development and change. In I. F. Goodson & A. Hargreaves (Eds.). *Teachers' professional lives.* (pp. 187-204). London: Falmer Press.

第五章

教學設計原理及其應用

〈李咏吟〉

中小學教師通常被賦予多重的角色，傳統上教師主要扮演的是知識解說者和學生行為管理者，但是在新的教育生態裡，教師的角色轉為學生學習的催化者、輔導者和教學設計者等之角色。尤其在當今注重教師專業自主和學校本位課程發展的趨勢之下，教師往往需要自己或與他人合作設計教材教法。因此，教育學中的教學設計（Instructional Design，或ID）概念與技術在隨著行為學派的式微而沉寂一段時間後，又成為現今頗受重視的學理。因為隨著世界教育改革的開放趨勢，教師自主發展課程和設計教學的機會大增。本章的主要目的在簡要介紹教學設計的基本概念、古典的教學系統化教學設計後，將重點放在新世紀學校教育中能夠應用的情境式和建構式的教學設計原理，以供有意加強教學效能教師之參考。

第一節　教學設計的源起、定義和功能

教學設計概念源起於二十世紀中葉之教育工學（educational technology）研究。工學除了探討如何根據學習理論、人類發展理論評量學等以選擇最佳呈現教材的媒體外，亦注重探討教學系統化分析原理，找出發展適性教學的系統控制流程，因而在此時出現了為數不少但頗相似的教學設計模式。

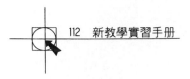

一、教學設計的定義

在教育上，設計的意義在於改變現存的狀況，根據決定理論、訊息管理科學及人工智慧科學等找出最有效的法則，以決定課程單元的教學活動。設計的過程主要包括尋求和實驗那些最有效法則之不同途徑（Glaser, 1976）。因此，在教學上講求設計的應用，其所要加強是教學活動實施過程中能根據重要的學理依據找出有效的行動依據規準。以下為較具代表性的定義：

服裝設計、建築設計、髮型設計等等是一般人常接觸的名詞，設計（design）在 Random House Dictionary 中解釋為預備工作計畫的起始草圖（preliminary sketch），或如藝術、建築工作等主體成分之細節或外貌的結構資料。在教育領域上，則常聽到課程設計、教學設計等名詞。

教學設計是產生理想的「教學藍圖」的知識，這些知識包括各種教學方式的認識，統整使用以及教學模式的適用情境等（Reigeluth, 1983）。

教學設計說明教學活動流程中的整體架構和輪廓、各份子的排序及普遍性的形象等（Seels & Glasgow, 1990）。

教學設計的定義為「為促進大單元和小單元的學科學習，建立發展、評量和維持與情境相關層面的逐步規畫之科學」（Ritchey, 1986）。

教學設計是一種根據特定程序產生的課程方案、教學計畫或各種教材，其整體目的是為有效且符合經濟效益地解決教學問題

（Martin & Clemente, 1990, 引自楊美雪，民86）。

在上述定義之下，教學設計的產物通常告訴我們在計畫教學時所依循的重要成分，以及這些成分之間的關係，例如Glaser（1965）指出，設計教學最重要的成分及這些成分依序的步驟為：⑴分析預期能力表現的目標，⑵診斷或預估學習前的狀態，⑶設計促進教學的程序或條件，⑷評量學習結果等工作。以圖示說明如下：

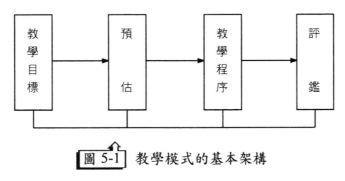

圖 5-1 教學模式的基本架構

綜言之，教學應像許多其他行業一樣進行工作前的縝密設計，其最重要的目的在於統整相關學理，建立處方性的模式，以提高教與學的效能或成功機會；而就當時產生的時代背景而言，因為科技概念和產品（媒體）紛紛出現，提供教學設計在於希望教師能在教學活動發展階段適時考慮教學媒體的應用，以解決過去狹隘的教師為主的單向溝通模式和適性教學欠缺的問題。

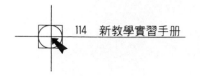

第二節　早期代表理論：系統化教學設計

Gustafson 和 Tillman（1991）指出，教學設計概念在協助從事教學工作者知覺教學是一個完整的系統，其中各元素的相關是有條理、有順序的；各元素之間相互影響，如情境或其中一元素產生變化，將影響整體的運作，然而亦促進了教學工作上的彈性和分析。教學的系統性也可說是教學設計最重要的本質，在第二次世界大戰時，美國軍事機構採用系統化教學設計（systems design instruction）從事教育訓練工作，獲得了相當良好的效果，使新兵很快獲得特殊需要的技能；因此，在戰後學校亦積極採用系統化教學設計的原理，希能加強教學的效率和速率。

基本上，系統化教學的工作室發展一組有順序的教學活動和教材規畫之程序，以活化和支持每一個學生的學習效果（Kemp, Morrison & Ross, 1993, 3-5）。以下為兩個代表性的模式：

一、Dick 和 Carey 的系統取向模式

美國佛羅里達州立大學教學系統科技系教授 W. Dick 提出早期著名的系統化的有效教學模式（Dick & Reiser, 1978），見圖 5-2：

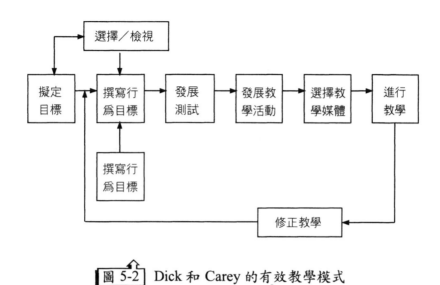

圖 5-2　Dick 和 Carey 的有效教學模式

　　此一系統的特色在注重擬定單元目標和具體目標後，依序進行
計畫、工作之編擬評鑑目標、選擇教材、發展教學活動、選擇媒體
等後，進行教學，再根據評量結果必要時修正教學。Dick 和 Reiser
並在此一著名的模式建立之後，經長期的修正而建立一學校和工商
企業界皆能應用的新模式：

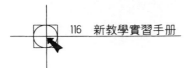

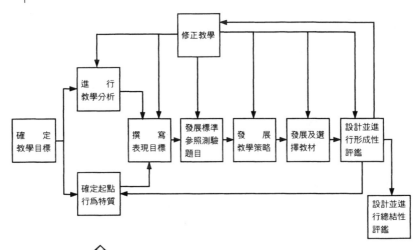

圖 5-3　Dick 和 Carey 系統取向模式（1996）

　　圖 5-3 是一九九六年的模式，茲進一步說明如下（張春興，民 83）：

㈠確定教學目標

　　教學設計時的第一步工作是確定所教課程的教學目標，目標的確定一般是根據課程需要、學生的能力與個別差異及教師的經驗（對學生的學習情形）。

㈡進行教學分析

　　此為設計的第二步驟，與第三步驟的檢查起點行為兩者並列，可同時進行。所謂教學分析（instructional analysis），是指在教學目標之下，對達成目標的過程中學生學習所需要的表現力的分析。

㈢確定起點行為特質

為了解學生是否確實具有學習新單元的先備知識與先備技能，設計者必須先行檢查學生的起點行為。起點行為（entry behavior），是指學習新經驗之前必須具備的基礎性經驗。教師應先了解班級學生個別差異的大概情形，然後才決定如何教他們學習。

㈣撰寫表現目標

表現目標（performance objective），是指教學設計者或教師對學生預估其在教學後學得知識技能的具體表現，並訂出學習成敗的標準。

㈤發展標準參照測驗題目

學習之後的測試題目必須以表現目標為範圍，宜採用標準參照評量的命題工作，才能從測驗結果中確實反映出每個學生的學習情形。

㈥發展教學策略

教學策略包括諸如教材的講解、教學媒體的使用、問題及解答方式、測試及回饋原則、師生間與同學間互動功能之運用等。

㈦發展及選擇教材

教學策略之運用自然是以教學內容為範圍。教學內容主要是指學校規定的教材以及補充教材。

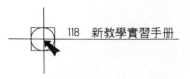

㈧設計並進行形成性評鑑

形成性評鑑是指在學科教學未結束前，為了解學生學習與進步的情形所做的評量工作。教師如果能預先考慮形成性評量的時機及進行方式，有利發展學生的學習困難及補救教學。

㈨設計並進行總結性評鑑

總結性評鑑是指在學科教學結束之後，為了解學生學習結果是否達到預期標準，是否符合教學前所訂的教學目標及作業目標所做的評量。

其實，此一模式雖然結構元素較多，然與原模式對照，其實變化並不太大，僅是「撰寫行為目標」改為較不行為取向的「撰寫表現目標」，「發展教學活動」改為根據許多後期學習的和教學的多元研究所發現之「發展教學策略」，另「發展及選擇教材」的位置後移，並同時注重形成性和總結性評量。

二、Gagne 和 Briggs 的系統化教學設計模式

此模式提出一理想的教學設計，步驟有四（Gagne & Briggs, 1977, 1985）：

1. 對於要界定的表現目標，特別強調應以行為的形式敘述。
2. 設計教學的進程應以學習層次及工作分析（task analysis）作為依據。

3. 籌畫教學事件（instructional events），擬定教學活動或學習的內
　外在因素的具體辦法，或選擇學習結果的學習條件之設計（參考
　表 5-1）。

4. 評量學生的表現，決定評量方式、標準及工具。

表 5-1　學習類型與內在、外在條件之關係

學習類型	內在條件	外在條件
認知策略	回憶相關的原則和概念	● 連續呈現（通常需經長時間）尚未被學生找出的新問題的解題辦法。 ● 由學生示範解題辦法。
語文訊息	回憶有意義的情境脈絡	● 在較大的情境脈絡下提供新訊息（即精緻化訊息）。
態度	回憶與學習對象行動相關的訊息和認知策略	● 發展或回憶對來源（通常是人）的注意或尊敬。 ● 透過直接的或替代的觀察，獎勵對象的行動。
動作技能	回憶一連串動作鍊的份子	● 發展或回憶附屬規則。 ● 整體技能的傳習。

　　R. Gagne 是二十世紀後葉美國相當著名的教育心理學家，尤其
是以其所提出的學習層次（learning hierarchies）和工作分析（task
analysis）等概念著稱。工作分析在於辨別所需學習的特殊行為之內
容要素，以及規定每一特殊行為之前需行為，由此所發展的學習目
標層次，能保證學生可以經由低層次目標的學習而促進高層次目標

的學習。

當工作分析應用於教材教法設計時，Cagne 主張以書寫行為目標的方式敘述每一框格中的內容，如此便於教師設計練習或測驗的教材內容，以下列圖 5-4 和圖 5-5 說明之（Coleman & Gagne, 1970；引自李咏吟，民 77）。

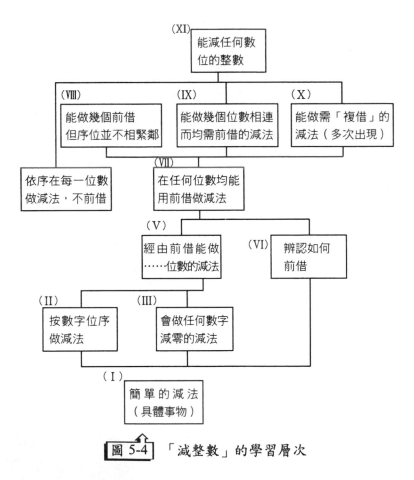

圖 5-4 「減整數」的學習層次

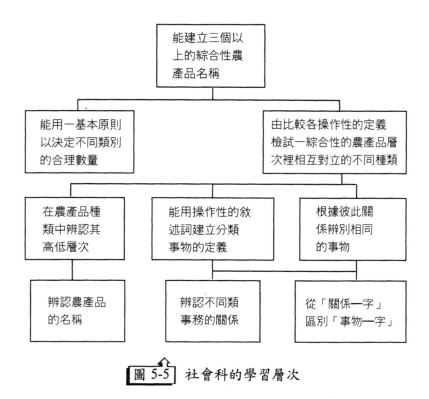

圖 5-5 社會科的學習層次

　　簡言之,工作分析是一種代表學習活動或單元的層次圖,通常
包括水平和垂直的層次,其敘述常以一種行為目標的寫法呈現,目
的在改變過去教材分析的形式,而以一種代表心理活動歷程的敘述
取代之。

　　學校學習較低的類型為刺激—反應學習,較高層次的學習依次
為概念學習、原則學習、問題解決學習。而原則學習有賴概念學習
做基礎,問題解決學習又有賴概念學習與原則學習做基礎,此種關
係即為學習的內在條件(internal conditions)。就學校教育的學習

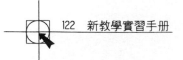

結果而言，Gagne 另提出了五種學習結果類型，包括智慧（intellec-
tual skills）、認知策略（cognitive strategies）、語文訊息（verbal
information）、動作技能（motor skills）和態度（attitudes）；教師
如果希望教學有效、學習有成，應注意所期望的學習結果目標所配
合的學習之內在和外在條件（Gagne, Briggs & Wager, 1979）。

第三節　晚近認知取向的教學模式

　　有別於傳統的教學設計模式是技術─理性（technical-rational）
取向，近二十年的教學設計理念由於知識論的改變發展成為建構主
義取向（constructivism）。傳統的教學設計，假設教師可以根據學
習目標提供一套按部就班的詳細步驟呈現教材，並安排系統性的練
習，依此線性（linear）的規則可以達成同一知識範圍或同一組群學
生的學習。然而，建構主義卻認為知識或真理是變動的，個體對知
識的理解常因所處的情境脈絡（如個體學習時的特殊時空及其主動
建構知識的狀況、與他人一起學習的對象……等）而不同，因此在
教學設計上與其注重教師的講課計畫，不如努力設計學生的學習情
境，以幫助他們有效地組織有意識的知識。以下介紹兩個以建構主
義為基礎的教學設計模式：

一、Wills 和 Wright 的新 R2D2 模式

J. Willis 於一九九○年代中期提出了建構取向的教學設計發展模式，稱之為 R2D2（Recursive and Reflective Design and Development），即循理的和反省的設計和發展模式。三個 R2D2 的基本元素包含⑴界定（define），⑵設計與發展（design and development），和⑶散播（dissemination）。然而，此三元素並無線性的關係，沒有特定的起點和終點，視設計過程的需要而定，而且具有循理的、反覆省思的特色。此模式和使用者能夠有溝通的機會；計畫目標的決定不一定在發展的初期就預先決定，而是在整個過程中逐漸產生和修正。在「界定」環節注重創造—參與性的團隊，設計者、實施者在「設計和發展」環節的特色是設計和發展為「統合」的活動，不明顯劃分為兩個階段，早期設計和發展的焦點有四（Willis, 1995）：

1. 選擇發展的環境（設計的工具和程序）。
2. 媒體和形式的選擇。
3. 評量的程序。
4. 產品的設計和發展。

然而 Wills 和 Wright 於西元二○○○年提出修正的模式，由於新世紀的學習環境偏向開放的、情境的或問題導向的，故教學設計的步驟被假設如下：

1. 建立關係：創造一個工作團隊，不僅包含設計者和專家，也包含如教師和學生等的使用者。

2.情境探究：透過面談和觀察以了解教材被使用時的情境脈絡。

3.腦力激盪：在不受批判下，小組盡量去想教材如何被發展。

4.故事板和情節：小組發展圖文並茂的腳本。

5.環式設計：小組應用故事板以建立雛形，並由教師和學生測試與評量，再據以修正雛形。

　　在「散播」環節，主要的工作包括最後教材產品包裝、擴散和採用等。R2D2 注重產品要能配合地區性教師和學生的情境需求而做調整，故其注重蒐集有關學習過程中教材被使用的狀況及成效等資料，較少依賴總結性評量。由於建構式學習鼓勵學生自己發展目標和多元化的學習活動，因此，評鑑方式不完全依賴客觀性測驗，積極採用如日記、計畫、檔案或活動站（activity logs）等。

二、Gagnon Jr.和 Collay 的建構式學習設計

　　由於傳統的教育偏向學習者被動的接受和記憶知識，如此非但不能保證學習者真正理解及應用所學，也不能發展後現代社會所需的問題解決和批判性思考的能力。Gagnon Jr.和 Collay（2001）根據建構主義教育所強調的知識變動性、真實情境學習、反思抽象概念的重要等特性，而提出「建構教室的學習元素」之架構，鼓勵老師所設計的學習活動應是讓學習者自己去解釋學習的主題，而非由專家口頭或書面告知，並透過與他人合作以發展更清楚的概念。學習者必須先準備和分析所要學習的概念，再與專家的概念比較對應。

Gagnon Jr.和 Collay 所提出包括情境（situation）、分組（grouping）、搭橋（Bridge）、發問（Questions）、展示（Exhibit）和反思（Reflections）等六元素的教學設計模式，如圖：

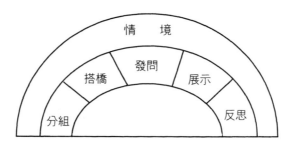

建構式學習的實際教案設計通常以雙向式的表格呈現，以下為一以數學科內容的單元例子：

程度：Middle School（中間學校，大約相當於國內六到八年級）

學科：Mathmatics

主題：Base Block（以積木學基數）

情境 （一星期）	此單位的情境是提供學生對 10 以外的基數結構有更深一層的數字概念與位值認知，學生小組一起操作從基數至基數 7 的不同型態，使用加、減、乘、除展示他們如何解題。每一小組被要求以行動代表問題、解決方法，以及問題和解法的關係。
分組 （十分鐘）	A.學生組成六組，並將全班從 1 號開始編號，然後除以六，之後以餘數、1、3、4、5 形成小組。 B.小組排積木，以餘數多 2 形成基數模組；餘數 0 的小組以基數 2 排積木，餘數 1 的小組以基數 3 排積木，以此類推。

（連續見下頁）

搭橋 （三十分鐘）	分別給學生每人一張紙，上面標示著從1～100的任何一個數字，並且要求各組同學必須採用他們的餘數基數當作計算的基礎，將這樣的數字以他們的基數方程式呈現出來。當每一小組完成他們的計算之後，他們從一大堆積木當中，蒐集他們這個基數所需要的積木群；學生做完一部分 100 以內的基數模型之後，教師檢視各組的位值，並對不同基數的次方的指數做說明。
問題 （分成二至三個階段）	為學生搭建學習橋樑般的問題：「我們如何使用我們的基數計算呢？」 教師：當我們在十進位的第一個位值（指 1 的位值）填滿格的時候，我們會在十的位值上填上什麼樣的數字呢？ 提供學生以下的四個問題，請他建立問題的模式及解答，並了解兩者之間的關係。 1.羅莎莉到便利商店去買一罐 43 分美金的飲料，一根 34 分美金的糖果棒，她總共花了多少錢？ 2.羅莎莉付給店員一塊美金，她會找回多少零錢？ 3.羅莎莉走出店外，當她喝完飲料的時候，她的弟弟儸米向她要了她的空罐。他將這個空罐子，和 11 個他和他朋友曾經蒐集的罐子放在一起，每個空罐可以從資源回收者那裡獲得 7 分美金。請問他們可以獲得多少錢？ 4.傑米將獲得的錢和其他 3 個一起蒐集罐子的朋友平分，每人平均可以獲得多少錢？
展示 （每個問題十至十五分鐘）	當每一組都有機會嘗試使用他們的方式呈現學習的問題、解決的方案，以及兩者之間的關連性之後，我們讓每一組都有機會可以「讓其他組看看他們所整理出來的學習成果」。這樣的方式讓每一組都可以向其他組展示他們的積木模型，並解釋他們是如何進行的。
反省	教師和全班討論剛剛學習的基數的計數概念，然後我們請學生將他們共同討論的結果寫在索引卡上面。

　　茲將各元素概念要點與教學設計原則說明如下：

㈠情境

　　一個情境是有目的安排學生如何共同思考以完成學習，它是有特殊目的的、任務開放的、具挑戰性的、符合多數學生發展特質的，以及學識與真實世界經驗結合的。以下為一個國中階段科學課程主題「月球聯想」的情境內容設計：

情境 九十分 鐘	此情境的目的是提供機會去調查很少被成人了解的基本概念，也常被誤解的有關地球在月球投射陰影的問題。學生組成小組去決定太陽、地球和月球外貌的變化，每一個小組被要求用圖解說明該組的想法。

　　情境設計的來源可以是實際生活經驗，由例子引導規則、安排學生在讀課本前先探索相關概念、發展、假設等，例如高中生可詢問家人、朋友或鄰居關於他們所喜歡的詩、作者或文學類別，又如小學生試著以他們所蒐集的釦子去整理規則，或者要求學生對蘭嶼原住民的狀況形成一些假設，然後再去了解真相。

㈡分組

　　將學生分組是教學設計上必要的考慮，分組可由兩人一組到含二、三十人的大班級，依情境的設計到教材的選擇而定。建構取向的教學建議分組的學生人數不宜太多，而讓學生有積極思考和分享見解的機會，以下為一高中階段第二外語課程的分組設計：

分組 第一天	高中：外語——西班牙文 A.學生根據他們西班牙名字的字母編組，每組不超過四人。 B.每一組需要一 CD 錄音機和可上網的電腦。

㈢搭橋

　　搭橋意指將學習者的已知與新學習連結，它與傳統的教法不同之處在於後者對一課的起始活動，設計者是教師，而前者的目標是在引出學習者相關的舊經驗。採合作學習本身具有搭橋功能，因其能建立學生交換理解、字彙、資料等合作的學習社群關係。茲舉一小學階段閱讀課的搭橋例子：

搭橋 十二分 鐘	小學：閱讀——重說灰熊的故事。 教師展示新書的內頁，學生試著回想動物跑到哪裡和動物在看了其他動物後吃了什麼，教師和學生腦力激盪和繪表寫出每種動物行動、去的地方和吃什麼食物。

㈣發問

　　教師藉著設計發問的問題，其目的在作為啟動、擴展或綜合學生的思考和反應，不同的問題類型具有不同的功能，有僅鼓勵學生反應的簡單記憶性問題，有促進學生澄清或比較知識的問題，有欲了解學生是否有錯誤概念的問題，有促進批判性思考的反駁性問題，也有常用於小組學習後期的統合性問題（integrating questions）。發問不僅用於此建構教學設計的特殊時候，也可用於其他

情境、搭橋、反思任何階段。以下為採用於國中的例子，可延續前述主題「月球觀點」。

發問 二十分 鐘	國中：科學——月球 小組被要求畫一圖說明太陽、地球和不同週期的月球面相之圖解，月球不同週期的面相為何？月球上的曲線是否由地球的陰影所造成？在白天我們看到的月亮是什麼樣子？人們所看到的另一半月亮和其他人所看到的是否一樣？為什麼當地球在太陽和月球之間時，月球不是永遠是遮蝕月？月亮在太空的哪裡？當月球和地球比較時，月球有多大？月球離地球有多遠？

㈤安排展示

　　學生根據情境的任務，透過小組合作發展可公開展示的學習作業，能夠改變過去評量是個人的、隱私的事件。其實，人類天生喜歡與他人結交、常模仿和觀察他人而學習，因此由小組成員合作、互動，並透過展示而有解釋、回答問題的機會，而增加學習的深度。以下為高中階段外語課的安排展示例子：

展示 二天	高中：外國語文——西班牙文 小組以英文唱他們翻譯的西班牙歌，用西班牙語說明他們所發現的西班牙音樂風格如何影響美國的主流音樂。

㈥鼓勵反思

　　反思是一統整知識的學習過程，當學生自己是學習的主動設計者，他們會來回檢查學習任務、找尋和澄清相關的重要概念，也會

記錄他們的資料。教師在此階段亦要引導學生共同認識學習主題，蒐集個別學生的理解程度，也需幫助學生連結學習主題與大概念或錯誤概念之間的關係。教師透過發問、師生討論、學後心得等活動進行。以下為小學和高中教師設計反思的例子：

反思 五分鐘	小學：閱讀課——重說故事 你們對一起寫故事的感覺如何？你們如何選擇描述動物的字詞？假如你們重寫一次，會如何改變動物的顏色和動作？

反思 最後 一天	高中：商業教育——創造展紙（spreadsheet）* 教師引導全班思考各組展紙設計的異同。哪些項目是你預期會有最高收入或耗費最多的？你最感到意外的班級消費或收入是哪些？你如何用展紙以平衡支票簿？

*二面向分析圖，即橫次和直次各有一些小項。

　　以上包含層面的建構學習設計（constructive learning design, CLD）提供教師系統化的思考以促進理解的教學計畫，並已被許多美國中小學的教師所採納。評估 CLD 的效果是持續的工作，不僅重視教師檢視每一階段的實施狀況，亦重視學生在通過美國州或聯邦政府標準化評量的表現。

第四節　結語

　　教學設計是工業革命後所發展的教育學理論之一。由於過去統編教科書和升學主義，教師忽略了扮演自主設計者的角色，以致我們學校的教學較趨向單一化及缺少適性教學措施。在面對二十一世紀社會的變遷及資訊時代，整體主義（holism）、歷程取向（process oriented）、多元性（variety）等掛帥的特色下，教學設計是否應從講究系統性而轉為建構取向的設計？值得教師思考。然而，如果一個教師在職前訓練就未精熟早期系統化的教學設計經驗，是否會對其應用較建構式的教學設計的興趣和能力有所阻礙？其實，系統化教學設計所提供的工作分析、學習的內外在條件的觀念，仍能夠幫助教師設計更好的教學策略以提高教學效能。總之，就台灣目前教師的專業智能而言，無論是系統化教學設計或建構取向的教學設計，均是亟需加強的。

🌏 參考書目

李咏吟（民 77）。葛雷塞折衷派的個別化教學設計模式，載於**教學原理**，台北：遠流。

李孟文（民 81）。**教學精緻理論及其在國中數理科教學之應用**。國立台灣師範大學教育研究所碩士論文，未出版。

李宗微（民 86）。教學設計。載於黃政傑主編：**教學原理**。台北：師大書苑。

Colman, L. T. & Agne, R. M. (1970). *Transfer of learning in a social studies task of comparing-contrasting*. In R. M. Gagne (Ed.) Basic studies of learining hierarchies in school subjects. Berkeley, CA: University of California.

Dick, W. (1996). *The Dick and Carey model: Will it survive the decade*? Educational technology and research development, 44(3), 55-63.

Dick, W. & Reiser, R. A. (1988). *Planning effective instruction*. Englewood Cliffs, NJ: Prentice Hall.

Gagne, R. M. (1977). *The conditions of learning*. (3rd ed.). New York: Holt, Rinehart and Winston.

Gagne, R. M., Briggs L. J. & Wager, W. W. (1988). *Principals of instructional design*. (3rd ed.). Florida: Holt, Rinehart and Winston, Inc.

Gagnon, Jr. G. W. & Collay, M. (2001). *Design for learning: Six elements in constructivist classrooms*. Thousand Oaks, CA: Corwin Press,

Inc.

Glaser, R. (1977). *Adaptive education: individual diversity and learning*. New York: Holt, Renehart and Winston.

Reigeluth, C. M. (1983). Instructional design: What is it and whyis it? *In instructional design theories and models: An overview of their current status*. Hillsdale, WJ: Lawrence Erlbaum Associates.

Reigeluth, C. M. (1999). What is instructional-design theory and how is it changing? In *Instructional design theories and models: A new paradigm of instructional theory, Vol. II*. (Ed.) Mahwah, WJ: Lawrence Erlbaum Associates.

Ritchey, R. (1986). *The theoretical and conceptual bases of instructional design*. NY: Nicols Publishing.

Seels, B. & Glasgow, Z. (1990). *Exercises in instructional design*. Columbus, Ohio: Merill Publishing Company.

Wills, J. (1995). A recursive, reflective instructional design model based on constructivist-interpretivist theory. *Educational Technology*, 35 (6), 5-23.

Wills, J. & Wright, K. E. (2000). A general set of procedures of constructivist instructional design: The new R2D2 model. *Educational Technology*, March-April, 5-20.

第六章

教學計畫的內容與選擇

〈李咏吟〉

◗ 教學計畫的意義、功能和類別

◗ 教學計畫的成分

◗ 有效能的教師應掌握哪些計畫原則

◗ 教學計畫的格式

◗ 因應不同功能的教學計畫實例

◗ 結語

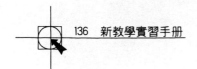

　　教學工作專業化的特徵之一是教師應像建築師一樣，在課堂教學之前建立一「藍圖」，即教學計畫（lesson plan），以確保實際實施時的成功。如果一個教師在上課前能擬定一個好的計畫，則能安排引發學生注意力和促進學習效果的活動，達到「預防勝於治療」的相似功能。諺語亦云「好的開始是成功的一半」，教師在教學前如有周詳的準備，則較能有概念地維持教學進程的流暢，並騰出精神去注意學生上課時的理解狀況或行為問題，因此，教學計畫是確保教學實施和學習成果皆獲得成功的先決條件。

　　其實，教師花費很多時間在決定與學生學習相關的事情，並做了很多計畫，而這些計畫的產出不僅發生在教學前段、教學中段或教學後段，如 Peterson、Max 和 Clark（1978）即指出，教師在上課時平均每兩分鐘即做一次與學生學習相關的決定，這些決定大多屬於教學內容與呈現方式的問題，如採用講述和非講述的時間應多長？教材應以哪些為重點？學生學習不順利時應如何轉換策略？然而，如果教師能在事前的教學計畫即考慮到這些，則能收到事半功倍之效，對上述問題的教學前之思考計畫通常占去教師所有工作時間的百分之十至二十。尤其對初任教師而言，教學計畫所預備的往往在還未下課前即告竭，因此，擬定教學計畫的能力是教師專業發展的一項非常重要能力。

第一節　教學計畫的意義、功能和類別

一、定義

　　教學計畫是一個教師常掛在嘴邊且被認為不難理解的概念。以下為兩個定義：

1.計畫是決定學生學什麼與應如何學的歷程。
2.教學計畫是教師決定如何選擇和組織最佳學習經驗，以達到教師和學生高度的成就和滿足。

二、功能

　　教學計畫又稱教案或單元活動設計，其範圍繁簡不一、長短不齊，教學計畫雖然可以是內隱地存在教師的腦海中，但通常是書面的，作為教學者設計教學目標、把握教學要點、進行有系統的教學及評鑑的依據。

　　教師事前擬定教學計畫有以下的效益：好的教學計畫能影響教師的教室行為，以及學習受教的本質和結果，因此是教學成功的重要前置變項。此外，好的教學計畫也能使教師思考學生的個別差異如何解決，使學生在精緻的計畫構思下更感樂趣，也更願意學。

三、性質

　　教學計畫的形式會受到教育思潮、社會器物及學生特性等因素的影響，例如二十世紀末葉心理學從行為學派導向改變成認知學派導向，使教師在擬定目標和教法的設計發生質變，社會上流行使用計算機和電腦時，教導學生機械數學計算的活動隨之減少。當學生每日有機會接觸多元媒體的訊息時，教師在教學時也使用了各式各樣的視聽軟體資源。就教學計畫的性質而言，以下歸納兩類不同的計畫組型：

㈠結果取向計畫—對比—歷程取向計畫

　　結果取向計畫是教師對於教學的進程已擬定好目標達成的按部就班順序，也決定好什麼概念能教，什麼時候發問什麼問題讓學生做什麼練習等等，均了然於教師心中。歷程取向則在目標上較注重發展學生高層次的思考和問題解決的能力，教學過程的設計較具彈性和隨情境的狀況而調整，較能給與學生自主學習的機會；然而，這種取向的教學計畫反而需在教學前做更仔細的思考。

㈡長期計畫—對比—中期計畫—對比—短期計畫

　　長期的教學計畫是指一學年或一學期的計畫，這是教師在訂定中期和短期計畫前首先要考量的。擬定長期計畫應根據兩個標準：一是時間因素，包含整理假期、考試日、典型學科教學時數等；另一是教材的內容因素，涉及概念廣度和教材長度等的考量。

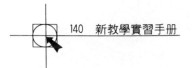

　　中期的教學計畫是指一個大單元或主題如何能被有系統地劃分為小單元或區塊，例如一學期包括四個大單元或十二課等。

　　短期的教學計畫是指每週或每日的課業計畫，所根據的標準包括教師擬定的課業計畫目標、內容和呈現方式等等。

第二節　教學計畫的成分

　　究竟哪些是教學計畫應包括的重要成分內容，委實眾說紛紜，但從其中仍可找出最共通的成分，如目標、活動、資源及評量等。茲以三例作為對比，A 例較行為學派取向，B 例和 C 例較認知學派取向：

A：Gallahan（1971）	B：Hunter（1985）	C：Shanker（1980）
1.課程主題	1.目標	1.計畫教學的順序
2.一般目標	2.心向（set induction）	2.提供學習動機媒體
3.特殊目標	3.導入和示範	3.形成清晰的問題
4.導入介紹	4.檢查理解和引導性練習	4.呈現從簡單到複雜的例子
5.內容	5.獨立練習	5.複習方式
6.活動		6.提供個別化策略
7.教材		7.形成有價值的作業
8.總結		
9.評量		
10.作業		

　　茲進一步說明常見的教學計畫成分的內容（李咏吟，民86）：

㈠目標

　　對學生學習完成後將達到的學習成果或表現做明確的陳述。

㈡學習者特性

　　分析所教對象的先備知識和技能，這一部分通常包含了一些不尋常的事物，如對某一學生的特殊指示及班級的管理態度、能力和個別差異狀態等。工作分配即是常見的內容。

㈢主題內容

　　將教材內容重要的概念原則或訊息篩選出來，以簡約方式敘述，可選擇條列式或圖構式。

㈣教學策略

　　教師必須透過許多活動來達到教學目標，而這些活動標題和內容都應該依照教學進程依序列出，如發問、討論或分組，亦包括引起動機的活動及學習高潮的活動設計，甚至一些評鑑成果的活動均可包括在內。

㈤教學資源

　　其為配合教學策略所需的設備、教具或教材。其實學校或其他教同年級的教師往往已存有一些教學資源，教師應事先了解和參

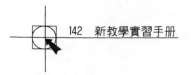

考，否則應進行製作或尋求外援。

㈥指定新的作業

　　教師亦應事先決定所要指定的作業，包括課本內及課本外的作業，否則常會忘了交代。

第三節　有效能的教師應掌握哪些計畫原則？

　　通常新手教師雖然有較詳細的教學計畫，但往往發現不是計畫的活動提早用盡，就是因教室的臨時狀況而無法依照計畫執行，這種困窘較少發生在有經驗的老師身上。Leinhardlt（1989）比較老手教師和新手教師在計畫和執行每課的能力，發現老手教師有更完善的「心理摘要稿」（mental notepads）和書面提綱，他們在教學過程中會應用更多檢查點以了解學生的理解狀況。

　　Joyce 和 Hantoonian（1964）指出，有經驗的教師重要的教學計畫成分中，其實並不把焦點放在教學目標上，而更重視所要教的內容和特殊的教學活動設計。

　　Housner 和 Griffey（1985）曾研究老手教師和新手教師在計畫和做決定方面的差異。研究對象共十六位體育的老師，八位老手教師界定為已有五年以上經驗者，新手教師則是大五實習老師，研究方法包括蒐集他們的書面教學計畫、教學現場錄影，以及回看錄影

帶時報告他們的思考和決定。以研究的結果發現，有經驗的教師較能事先設計適應不同學生需要的活動，而無經驗的老師在計畫中則偏重發展活動的規則，也放入很多他們在教學中要說的話。此外，在教學進行中，有經驗的老師較注意學生的反應，也較努力引導學生朝預計的教學目標努力；相對的，新手教師則較關心學生有無興趣，同時對學生教材學習的引導較屬一般性的，欠缺目標導向。

第四節　教學計畫的格式

　　學校通常會提供教師一些計畫表格，以便教師計畫課業時使用。這些表格包括對整學年的課程計畫和對較短程的大單元或每日計畫，並以後者最為多見。

　　將計畫配合日程及新的形式是非常重要的，因為教學計畫往往被學校監督者當作審查課程是否適當的標準。此外，在臨時需要代課員擔任時，又可作為教學的基礎，對一個代課員來說，如無每週計畫表，將無所遵照，將無所憑藉去設計教學環境，而可能束手無策，使得班級的學習大受影響。台灣現今所用的教學計畫格式通常採用式樣㈠，其實尚有其他形式的教學計畫表，如式樣㈡和式樣㈢，統整課程的教學計畫表格如式樣㈣。

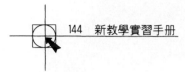
式樣㈠

單元名稱			班級		人數	
教材來源			指導老師		時間	
			設計者			
教學資源						
分析起點						
教學目標	單元目標			具體目標		

教學活動				
目標活動	活動過程	時間	教學資源	評量

式樣㈡

單元	科目	日期
單元主題		
目標		
介紹		

內容	主要問題

摘要

教材

作業

式樣㈢

單元主題＿＿＿＿＿＿＿＿＿＿ 日期＿＿＿＿＿＿＿＿＿＿

班別＿＿＿＿＿＿＿＿＿＿ 年級＿＿＿＿＿

1.單元目標

2.內容

3.步驟

4.教學材料

5.評量

式樣四

週次	單元活動主題	節數	單元學習目標	相對應能力指標	六大議題	評量方式或備註

第五節　因應不同功能的教學計畫實例

　　數十年來，台灣大部分的教師均用第四節所介紹的式樣㈠、㈡等設計教學，而且在修習師資培育課程時，花很多時間練習教案的計畫，然而現實教學環境中教師很少發展詳案，故以下介紹數個傳統的，以及近期認知取向的、統整課程等之優良簡案設計，案例較長者乃因附學習單的關係，茲介紹如下：

範例一 英語單元計畫

單元：What's that?　　　　　　　教師：覃筱安

時間：四十分鐘　　　　　　　　班級：二年三班（國小）

教學目標：1. 學生會聽與說下列單字：a marker, a pencil, a book, a ruler, an eraser.

2. 學生看圖會說出正確的英語字彙。

3. 學生會聽與說課本中的句子：Is this/that a/an ____?

Yes, it is./No, it isn't.

4. 學生會認、讀字母 A-L，並能讀出自然發音。

Targets（主題）	Methods（教學方式）	Time	Material（教具）
Review-Letters & Phonics 複習字母和自然發音	1. Review the letters fm A to L. 複習字母和自然發音 2. Practice them with the maganet letters. 用字母磁鐵來練習認讀和發音	15 mins	Maganet letters 字母磁鐵
Presention-Vocabulary and scentence pattern 字彙與句型呈現	1. Introduce the vocabulary with the F/Cs 用閃示卡介紹新字彙 2. Introduce the scentence pattern with scentence card. 用句型條介紹新句型	10 mins	F/Cs 閃示卡 Scentence card 句型條

（連續見下頁）

Practice 練習	1. Practice the words with "volumn box" 用「音量箱」活動來練習字彙 2. Practice the scentence pattern. 用「問句圖」活動來練習句子	10 mins	F/Cs 閃示卡 "？"問句圖
Wrap-up 總結	1. Listen to the CD on the book p.30 聽課本第 30 頁 2. Listen to the chant on the book p.73 聽念課本韻文	5 mins	Chant Poster 韻文圖

範例二 歷史科單元計畫

單元名稱	西亞文明	班級		人數	
教材來源	國中歷史課本	設計者	陳郁菁	時間	九十分鐘
教學資源	鐘錶、圖片（掛圖）、幻燈機、西亞文明古蹟之幻燈片				
分析起點	學生已學過史前時代之人類與文化				
教學目標	單元目標		具體目標		
	一、認知方面 1 能知道西亞文明起源地的自然環境。 2 能簡單了解西亞文明的發展。 3 能了解西亞文明的社會文化。 4 能了解西亞文明對後代至現在的影響。 二、技能方面 1 能指出西亞文明的發源地及其範圍。 三、情意方面 1 能體會西亞文明的精神與特色。		一、認知方面 1-1 能指出西亞文明的發源地。 1-2 能說明兩河流域的氣候特徵及其對人類的影響。 2-1 能寫出在兩河流域上先後扮演著重要角色的各個民族。 2-2 能簡單描述各民族發展的特色至少三點。 3-1 能寫出當時社會的三種階層。 3-2 能指出當時使用何種文字。 3-3 簡單描述當時的藝術品或建築的特色至少二點。 4 能舉出影響後代至現代的文物至少三種。 二、技能方面 1 能在西亞的地圖上，畫出西亞文明的發源地的重要河流及附近的山脈、海域。 三、情意方面 1 能用五百字的短文描述西亞文明的精神對現代人類生活有什麼影響與改變。		

教學活動				
目標標號	活動過程	時間	教學資源	評量
	一、準備活動			
	引起動機			
1.1.1	1.講述六十進位法的應用與由來。	5'	時鐘或錶	
	二、發展活動			
	講述法			
2.1.1	1.講述兩河流域的地形及氣候。	5'	掛圖	
2.2.1	2.講述相繼出現在兩河流域重要民族的發展概況。	15'		
	幻燈片講述			
2.3.1	3.講述兩河流域之社會文化，包括社會階級、文字、藝術、建築等。	10'	幻燈機，西亞古蹟之幻燈片	
	合作學習			
2.4.1	4.小組以學習單複習上列1～3。	20'	學習單	分組填達100％正確
	討論法			
2.5.1	5.提問問題：			
2.5.1.A	A 假設你是一位帶團至中東參觀西亞文明的導遊，你要如何簡要介紹西亞文明團員知道？	10'		全班合議三個特色以上
2.6.1	6. 學生報告：			
2.6.1.A	A 西亞文明時期人們的生活概況。	10'		
2.6.1.B	B 學生個別在地圖上畫出兩河流域的範圍及附近山脈、海域。			80％正確
	三、總結活動			
3.1.1	1.分小組討論與報告：			
3.1.1.A	A 西亞文明的各民族在各時期占了什麼樣的重要地位？	5'		至少三人每人報告三分鐘
3.1.1.B	B 西亞文明的特色及其影響至今的精神何在？	5'		
3.2.1	2.交代作業：寫一篇五百字的短文描述西亞文明的精神對現代人類生活有什麼影響。	5'		五百字內

範例三 合作學習單元計畫

科目：電工原理（高工一年級單元）

單元主題：電路元件　　　　　　　　　　　設計者：劉仁昌

教學活動 實施流程	時間	活動內容	準備教材	備註
全班授課 （講述法、 問答法）	三十分	1.課文簡介 2.講授大綱 (1)講解電工原理、一般概念、歐姆定律、功率計算公式。 (2)講解用電安全注意事項。	知識單 投影片 家電圖片	
分組討論 （討論法）	二十分	1.各組利用生活經驗提出所見過之電器 2.依工作單進行討論	工作單 答案單	
各組報告 （框架法）	十五分	將各組討論之電器種類，依電壓、形式（電熱類、照明類、旋律類等）分類，利用框架表現出來	框架表	包括教師、學生對框架表的回饋
引導分類 （詢問法）	十五分	將無法明顯分類之電器，利用詢問法引導分類		
驗證理論 （發現法）	十分	將所分類之各種電器利用所教授之定理、定律加以驗證，並誘導學生分辨其異同		
測驗	十分	1.學生個別測驗 2.老師立刻批改	測驗卷 答案單	先寫完的同學可以先交

範例四 多元智慧的教學設計

主題：能源　　　　　　　　　　　設計者：陳昇飛、李咏吟

一、教學目標

㈠認識目前人類所使用的能源

㈡討論使用能源對環境所造成的影響

㈢體會能源對人類的重要性

㈣發展節約能源的計畫

二、教學活動

㈠教師講述（1節）：內容包括⑴能源定義，⑵能源種類，⑶能源與環境的關係。

㈡分組活動（3節）：除了自然觀察的活動外，學生從其他七種智慧活動中選擇一種智慧的活動，並形成小組，進行分組活動。

三、多元智慧教學活動內容

智慧	活動
語文／語言	蒐集有關能源危機的文章並摘述要點。
數學／邏輯	1.上網查詢有關能源消耗的數據。 2.計算家裡和學校的能源消耗指數。
視覺空間	1.將上述數據畫成圖表。 2.播放能源使用的影帶。
肢體／動覺	演出節約能源的行動劇。
音樂	蒐集有關能源的音樂或歌曲，並聆聽一二。
人際	小組討論合理運用能源的方法，並分享彼此的觀點。
內省	寫出自己可以從事節約能源的具體辦法或事項。
自然觀察	走訪鄰近的北山發電廠，觀察與記錄。

範例五 統整課程計畫：社會科

設計者：洪幸如、吳其鴻

一、適用年級：國中二年級，第二學期。

二、上課節數：三週，每週一節，共六節課、270 分鐘。

三、主題：眾神的國度概念構圖

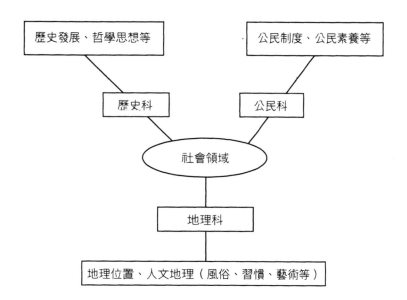

四、教學活動內容大綱

社會領域		
歷史科	地理科	公民科
教師領導 一、全文概覽 二、課文深究 　請學生嘗試發表課文中有關希臘城邦、思想文化與亞歷山大帝國等相關知識。 三、討論發表與活動 1.希臘時代的思想及文化成就。 2.亞歷山大帝國。 3.希臘化文化。 4.其他有關希臘的主題。	一、全文概覽 二、課文探究 　與學生共同討論南歐之地理位置及其國家之間類似之氣候、風俗、人文等狀況。 三、討論發表與活動 　教師事前設計學習單，並於課文概覽與探究之後發予學生練習。	一、全文概覽 二、課文探究 　針對雅典與斯巴達城邦進行明確且深刻的了解，並介紹柏拉圖的哲人王思想，為選舉暖身。 三、討論發表與活動 　活動名稱：「民意論壇肥皂箱」，為使學生體會民主國家的言論自由，老師請學生輪流站上箱子發表意見，並適時引導。
學生主導 1.歷史話劇自導自演： 　由學生角色扮演希臘時代雅典人民與斯巴達人民的交往情形。 2.希臘三哲之鄉： 　蘇格拉底、柏拉圖、亞里斯多德的生平事蹟、著作思想、地位與對後人的影響等，由其中一組選擇資料蒐集與報告。	1.希臘之旅： 　使一組學生擔任旅行社的工作，負責設計一趟希臘旅遊的行程，從行前規畫準備到介紹希臘各城市特色等等。 2.希臘神話饗宴： 　除了美術、建築、音樂、體育等希臘藝術人文特色之外，最著名的便屬流傳久遠的希臘眾神的故事，讓一個小組自行選取有興趣之神話故事，向他組同學進行講解與分享。	1.地球國大選策畫： 　為使學生了解選舉的過程，進而促進學生民主素養，教師設計一活動情境，場景為未來地球國，由其中一個小組組成選舉委員會籌畫選舉事宜，其他小組也須推舉出候選人共襄盛舉。

五、主題式課程統整計畫

主題	能力指標與課程目標		課程統整	融入議題	評量方式
眾神的國度：希臘	能力指標	1.增進學生利用各種資訊技能，進行資料的蒐尋、處理、分析、展示與應用的能力。 2.培養學生以資訊技能作為擴展學習與溝通研究工具的習慣。 3.了解性別角色發展的多樣化與差異性。 4.了解人權存在的事實、基本概念、價值等相關的知識（認知）。 5.發展自己對人權的價值信念，增強對人權之正面感受與評價（情意）。 6.培養尊重人權的行為及參與實踐人權的行動力（行為）。	歷史科 國二歷史第四冊，第一章第四節：希臘與希臘化時代。 地理科 國二地理第四冊，第一章：南歐。 公民科 國二公民與道德第四冊，第一章：民主的政治。	資訊教育 性別教育 人權教育	評量項目有： ●口頭報告 ●團隊合作學習 ●學習單 ●蒐集資料 ●實作（道具、器材） ●課堂參與 評量方式有： ●教師評量 ●過程評量 ●學生自我評量與小組成員相互評量
	課程目標	1.了解本土與他區的環境與人文特徵、差異性及面對的問題。 2.充實社會科學的基本知識。 3.培養對本土與國家的認同、關懷與世界觀。 4.培養民主素質、法治觀念及負責的態度。 5.發展批判思考、價值判斷及解決問題的能力。 6.培養表達、溝通及合作的能力。 7.培養探究之興趣，以及研究、創造和處理資訊。			

六、學習單設計

A.學生主導小組活動之一：歷史劇自導自演

活動名稱	我是編劇家：歷史劇自導自演	適用年級	國中二年級	設計者
年級班別	年　　班	組別	組	活動日期

在上完希臘與希臘化時代的課程之後，相信大家對雅典與斯巴達城邦一定了解不少，如果有一天你一覺醒來，發現時光倒溯至西元七五〇年左右，你（妳）是雅典或斯巴達的人民，妳（你）將如何與對方交談並辯論各自的生活方式與政治思想呢，請自編一齣以希臘時代人民交往為背景的戲劇，戲劇形式不拘，例如布袋戲、皮影戲、話劇、布偶劇等等，現在就請小組成員腦力激盪來編一編劇本，演一演戲⋯⋯。

活動一：討論一個成功的劇本應具備至少哪幾項條件，（請分組討論，並記錄下來和同學分享與報告）

活動二：一個劇本必須具備哪些項目，（請分組討論，記錄下來並和同學們分享）

活動三：編劇企畫（與希臘有關的題材）

一、劇名：＿＿＿＿＿＿＿＿＿＿＿＿＿＿＿＿＿＿

二、表演方式：＿＿＿＿＿＿＿＿＿＿＿＿＿＿＿

三、角色：＿＿＿＿＿＿＿＿＿＿＿＿＿＿＿＿＿＿

四、服裝：＿＿＿＿＿＿＿＿＿＿＿＿＿＿＿＿＿＿

五、道具：＿＿＿＿＿＿＿＿＿＿＿＿＿＿＿＿＿＿

六、配樂：＿＿＿＿＿＿＿＿＿＿＿＿＿＿＿＿＿＿

活動四：編劇（劇中動作、表情、對白，全劇約十五至二十分鐘）

一、劇名：＿＿＿＿＿＿＿＿＿＿＿＿＿＿＿＿＿＿

二、發生時間：＿＿＿＿＿＿＿＿＿＿＿＿＿＿＿＿

三、地點：＿＿＿＿＿＿＿＿＿＿＿＿＿＿＿＿＿＿

四、人物：＿＿＿＿＿＿＿＿＿＿＿＿＿＿＿＿＿＿

活動五：角色分配

一、＿＿＿＿＿＿＿＿飾演＿＿＿＿＿＿＿角色

二、＿＿＿＿＿＿＿＿飾演＿＿＿＿＿＿＿角色

三、＿＿＿＿＿＿＿＿飾演＿＿＿＿＿＿＿角色

四、＿＿＿＿＿＿＿＿飾演＿＿＿＿＿＿＿角色

五、＿＿＿＿＿＿＿＿飾演＿＿＿＿＿＿＿角色

六、＿＿＿＿＿＿＿＿飾演＿＿＿＿＿＿＿角色

七、＿＿＿＿＿＿＿＿飾演＿＿＿＿＿＿＿角色

評量：

B.學生主導小組活動之二：希臘三哲之鄉

活動名稱	希臘三哲之鄉之小小記者	適用年級	國中二年級	設計者
年級班別	年　　班	組別	組	活動日期

　　希臘人對「人」的世界特別有興趣。他們的文學有歌詠英雄的史詩，也有取材於現實人生的悲劇與喜劇。連神話中描述的眾神也像人一樣，活在嫉妒、爭鬥與悲歡離合之中。此外，希臘更孕育出許多著名的哲學家，如蘇格拉底（Socrates）、柏拉圖（Plato）與亞里斯多德（Aristotle）等。他們的作品中，充滿了對社會的關懷與對人生理想的追求。此三哲人更對後世的哲學、教育等思想產生了潛移默化的功效。

　　假如你是一位記者，請以希臘三哲人為對象，任選一哲人做深度的報導與剖析。請小組自行決定所欲呈現的方式與內容，並在報導完之後，提供給他組同學一些相關之文獻、圖片或電影等等，以供作有興趣者自行參考的依據。

活動一：欲報導之希臘哲人是＿＿＿＿＿＿＿＿＿＿＿＿

活動二：哲人的生平事蹟

　　　　(一)＿＿＿＿＿＿＿＿＿＿＿＿＿＿＿＿＿

　　　　(二)＿＿＿＿＿＿＿＿＿＿＿＿＿＿＿＿＿

　　　　(三)＿＿＿＿＿＿＿＿＿＿＿＿＿＿＿＿＿

　　　　(四)＿＿＿＿＿＿＿＿＿＿＿＿＿＿＿＿＿

　　　　(五)＿＿＿＿＿＿＿＿＿＿＿＿＿＿＿＿＿

活動三：報導的方式為＿＿＿＿＿＿＿＿＿＿＿＿＿＿＿

活動四：開放讓同學問問題＿＿＿＿＿＿＿＿＿＿＿＿

活動五：提供與分享有關這位哲人的參考文獻

評量：

C.學生主導小組活動之三：希臘神話饗宴

活動名稱	希臘神話饗宴		適用年級	國中二年級	設計者
年級班別	年　　　班		組別	組	活動日期

　　希臘莊嚴宏偉的神殿式古典建築是非常著名的地方特色之一，而其豐富的古蹟遺址與劇場表演也是認識希臘人文風情時不可錯過的！不過，說到希臘的人文藝術，便很容易使人想到許多讓人回味無窮的神話故事，例如前幾年迪士尼動畫電影「大力士」就是一則非常有名的希臘神話所改編而成。

　　假設你們這個小組是一個電影片片公司的規畫小組，因為前幾年迪士尼推出的希臘神話電影大為轟動，所以公司希望你們蒐集其他值得改編成電影的希臘神話；另外，這部由希臘神話改編的電影即將以眞人演出，所以除了蒐尋適合的神話故事之外，也請你們推薦適合擔任片中角色的明星，國內外皆可，但請說明適合演出該角色的原因。

活動一：神話故事推薦。

　　　　1.＿＿＿＿＿＿＿＿＿＿＿＿＿

　　　　　原因：＿＿＿＿＿＿＿＿＿＿＿＿＿＿＿＿＿＿＿

　　　　2.＿＿＿＿＿＿＿＿＿＿＿＿＿

　　　　　原因：＿＿＿＿＿＿＿＿＿＿＿＿＿＿＿＿＿＿＿

活動二：演員推薦。

　　　　角色1：＿＿＿＿＿＿＿＿。推薦演員：＿＿＿＿＿＿＿。

　　　　　適合之外在因素：

　　　　　適合之人格特質：

　　　　角色2：＿＿＿＿＿＿＿＿。推薦演員：＿＿＿＿＿＿＿。

　　　　　適合之外在因素：

　　　　　適合之人格特質：

　　　　角色3：＿＿＿＿＿＿＿＿。推薦演員：＿＿＿＿＿＿＿。

　　　　　適合之外在因素：

　　　　　適合之人格特質：

　　　　角色4：＿＿＿＿＿＿＿＿。推薦演員：＿＿＿＿＿＿＿。

　　　　　適合之外在因素：

　　　　　適合之人格特質：

　　　　角色5：＿＿＿＿＿＿＿＿。推薦演員：＿＿＿＿＿＿＿。

　　　　　適合之外在因素：

　　　　　適合之人格特質：

評量：

D.學生主導小組活動之四：希臘之旅

活動名稱	希臘之旅		適用年級	國中二年級	設計者
年級班別	年　　班		組別	組	活動日期

　　曾經有一位詩人以他敏銳的筆觸將他的希臘之行以文字記錄下來，到底希臘引人入勝的地方是什麼？讓我們藉由詩人的筆來體會：

　　當希臘的海洋　　出乎意料的平靜時

　　太陽也不在頂峰

　　流瀉出光芒，你的額頭似乎與天空

　　在地平線上交會，有時

　　你可潛水

　　自浮圖　橋台　或石岬

　　透過驚動的水面

　　將你投入的身影留住

　　擁有古老文化的希臘，除了她的古典氣質之外，最吸引人的地方就屬她那碧海藍天的美貌了！於是，位在愛琴海濱（哇！連海名都那麼美呢！）的希臘便成了許多浪漫主義者夢想要踏上的國度。

　　假如你們的小組是旅行社的策畫人員，旅遊的旺季又將要來臨，剛好台灣又吹起一陣希臘的旅行風，所有的旅行社無不絞盡腦汁地設計豐富的希臘行程招攬旅客，在激烈的市場競爭之下，您要如何設計一套令人印象深刻的希臘之旅，以獲得遊客的青睞呢？

活動一：廣告刊登。參閱報紙上的旅行社廣告，並蒐集希臘旅遊相關的資
　　　　料，設計一篇吸引人的廣告刊登在報紙上。

活動二：行前規畫。包括訂機票、飯店、行李準備與注意事項等，愈周詳愈
　　　　好。

活動三：行前說明會一。將班上同學當作報名參加旅遊的旅客，並向他們簡
　　　　介希臘的歷史、地理、人文風情，請準備充分的資料、照片才能使
　　　　說明會順利的舉辦，說明會也請清晰且精彩。

活動四：行前說明會二。在出發之前，向他們介紹這一趟旅程行經的路線與
　　　　地方特色，最後還要提醒大家旅程中的注意事項。

評量：

E.學生主導小組活動之五：地球國大選策畫

活動名稱	地球國大選策畫		適用年級	國中二年級	設計者
年級班別	年　　班		組別	組	活動日期

　　近數十年來，隨著各大帝國的崩散和極權政府的瓦解，君主專制或極權政治的時代已逐漸遠去，現在世界上大多數的國家所實施的都是民主的制度，人民是一國的主人，可以有言論及思想等方面的自由，治理國家的政府官員、甚至是一國的領袖都可以由國家的公民投票選出，而現今的民主政治潮流可以遠溯到古希臘時期的雅典城邦。

　　假設有一天，地球上兩百多個國家都結合成一個大國──「地球國」，而剛成立的地球國將要選出第一任的地球大總統，請你們這一組成立一個「總統大選委員會」，籌辦大選的相關事宜。班上其他的同學包括老師都是選民，過程中也必須和其他組（扮演各地區代表）合作，請各組推出各自的候選人。

活動一：選前準備工作。在這個時期應宣導總統大選應具有的民主素養。

活動二：提名候選人。不分地方、性別、種族，甚至是古人或是班上的老師
　　　　同學等等，都在被提名之列，這階段的工作有：
　　　　1.各組提供候選人畫像或圖片
　　　　2.各組提供候選人之政見

活動三：投票事宜策畫。這階段的工作有：
　　　　1.選票製作
　　　　2.投票處布置
　　　　3.投票、開票工作分配與進行

活動四：就職典禮之就職演說。

評量：

第六節　結語

　　總而言之，一個具體可行的課業計畫，在教學過程中是不可缺少的，一個良好的課業計畫必須符合下列幾個原則：

1. 課業計畫要使學生能達到認知、情意、技能三方面的目標。

2. 教師應使用教學計畫模式之表格，將目標、教法、教材與評量加以緊密連結，並在上課前將課業計畫的流程想像一番，試探其品質。

3. 課業計畫最後一定要有一個總結，如為學生複習，或向學生提出問題，或是做一個小小的測驗，使得學生統整一下這堂課所獲得的新知。

4. 若是使用分組學習、問題解決、調查等上課方式，則需要一日以上的課業計畫；若是講解性的課業，則以每日課業計畫較為恰當。

5. 在課堂中最好按照教師原訂的課業計畫進行，因它總是經過長期而縝密的思考，但上課針對學生臨時反應能做彈性的調整也有必要的，這才能使教學彈性化。

　　由於教學計畫是課程計畫的一環，因此學校當課程結構改變時，教學計畫的重點也應隨之改變，例如當今統整課程盛行時，兩位以上的教師協同計畫；規畫主題與學習領域的架構圖；考慮能力

指標與單元目標、教學活動之關係；應用長時段排課等，均是過去傳統的計畫所沒有的，也使得教學計畫成為更大的工程。因此，現代的教師要能根據其課程教學的需要，擬定具功能性和變通性的教學計畫，此為教師專業能力的重要指標。

🌐 參考書目：

李咏吟（民 86）。*教學原理*。台北：遠流。

Housner , L. D. & Griffey, D. C. (1985). Teacher cognition: Differences in planning and interactive decision making between experienced and inexperienced teachers. *Research Quarterly for Exercise and Sports*, 56, 312-323.

Joyce, B. & Hartoonian, B. (1964). Teaching as problem solving. *Journal of Teacher Education*,15, 420-427.

Leinhardt, G. (1989). Math lessons: A contrast of novice and expert competence. *Journal for Research in Mathematics Education*, 20, 52-75.

Peterson, P. L., Marx, R. W. & Clark, C. (1978). Teacher planning, teacher behavior and student achievement. *American Educational Research Journal*, 15, 417-432. *Research Quarterly for Exercise and Sport*, 56, 45-53.

第七章

教材的評鑑與選用

〈甄曉蘭〉

- ◑ 教科書開放所帶來的實務挑戰
- ◑ 理想教材的基本要件
- ◑ 教材評選的程序
- ◑ 教材評選的規準

　　基於教育改革呼籲中的鬆綁理念與權力下放訴求，新頒布的「國民教育階段課程總綱綱要」清楚地賦予學校發展課程的彈性空間（教育部，民87），使得國民中小學得肩負起更多的課程決定權責，包括學校的課程發展、教科書的評鑑與選用等等。學校不僅要調整組織生態促進教師專業知能的檢視與成長，還要規畫成立課程發展委員會，投入學校整體課程材料的評鑑、選用、調整與研發，而教師則是要積極提升課程發展概念與課程評鑑知能，使具備課程設計及教學材料（包括教科書）的評鑑與選用能力。

　　從實務運作的層面來看，學校課程發展的任務包括現有材料的評鑑、現有材料的選用、現有材料的調整及新材料的研發（張嘉育，民 88）。面對嶄新的課程改革，要有效地推展學校課程的設計、實施，以及教學材料的評鑑與選用，並非易事，對學校行政人員與教師而言，都是前所未有的極大考驗。基於此，本章首先討論當前全面推動教科書開放政策之下，國民中小學教師在教材選用方面所面對的實務挑戰；然後，為了幫助中小學教師能夠勝任教材評鑑與選用的任務，本章特別介紹理想教材的基本要件，進而介紹教材評選的程序、教材評選的規準，並舉例供教師參考，希冀能對教科書的評鑑與選用有所幫助。

第一節　教科書開放所帶來的實務挑戰

　　回顧國內教科書政策，早在民國五十七年實施九年國教以前，

是統編本與審定本並行；為配合九年國民義務教育的實施，自民國五十七年開始，國民中小學教科書的出版與發行全部由國立編譯館負責，變成為統編本的形式。然而，在解嚴之後，國內政治生態環境有極大的改變，連帶著在許多教育政策上也產生了極大的變革，而教科書逐漸開放為審定制度，也就成為教育政策的重大改革之一。首先，在民國八十年開放國小與國中藝能科為審定本；隨之在民國八十五年全面開放國小的課程為審定本；而這幾年的九年一貫課程改革，也就更進一步促使國中的課程自民國九十一學年度起也全面開放為審定本。如此一來，教科書的選用權責便全然落到學校層級，也就是落到教學第一線的任課教師身上了，教師當然也就必須要具備教科書的評鑑選用知能，才能為學生選擇適用的教科書。

　　開放教科書市場，改為審定制度，由學校教師來選用適當的教科書，當然是一個正確、合理的教育專業發展方向。根據國立編譯館館長藍順德（2002，8）的分析，教科書開放審定有其積極的意義與目的，包括(1)維護國家社會基本價值，指導保護兒童及青少年；(2)提升教科書編輯水準，改進教科書品質；(3)帶動教科書研究風氣，促進教材研究發展；(4)發揮教師專業自主，增進教師教學知能；(5)提供民間參與機會，廣納社會資源，提升全民文化水準；(6)導引社會大眾認識教科書的意義，建立教科書在教學歷程中正確的地位。另外，將教科書的評選權責轉移到教師身上，亦有其重大的意義，畢竟，教師最清楚知道學生的需求為何？學生的能力在哪裡？最能夠判斷教材內容編得理想不理想？能不能滿足學生的需求？符不符合學生的認知發展？教師的確應該積極承擔教科書的選

用權責。

　　然而，就在這樣一個快速的課程改革過程中，卻產生了許多教科書開放後的過渡現象，不但民間教科書出版業者沒有做好教科書發展的準備，相關教育決策單位和學校也都沒有做好因應的準備。先撇開教科書出版商的複雜教科書發展過程與品質問題不談，單就教科書的評鑑與選用層面來看，便存在著許多嚴重的問題，以下僅就審查標準與評選規準、教師教材評選知能與經驗，以及實際評選過程與運作機制等三個層面來分析：

一、審查標準與評選規準方面

　　就審查單位而言，看不到明確的審查制度與審查標準；就學校選用單位而言，也沒有發展出學校的評選制度與規準。雖然許多縣市教育局提供了選用規準給學校參考，但都是屬於一般規準，比較傾向於審查標準，而不是選用標準。因為學校是要選用適合學校學生使用的教科書，而不是查核教科書是否通過審查，所以就教科書審查標準與學校選用規準來看，兩者之間雖有相似的部分，但基於目的和任務的不同，學校應該就實際需求，發展出不同於教科書審查的教科書評選指標。

二、教師教材評選知能與經驗方面

　　教科書開放讓教師直接參與課程決定過程，做成教科書的評選

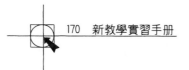
決定，雖是鼓勵教師發揮專業判斷、建立專業自主，但對中小學教師而言，因為是新的任務託付，所以也產生極大的實務衝擊，許多學校教師在選用教科書的能力和觀念方面，似乎還沒有被激發或培養出來，還沒有意識到教科書的評選是教師專業實務中極重要的權力與義務。根據前幾年國小教科書開放後，國小評選教科書的經驗來看，許多學校都缺乏做需求評估，多半是從主觀的教師本位觀念去看教科書。常常在時間壓力下，還有教師本身負擔過重的情況下，因此在面對教科書選用的時候，較少看到所謂理性決策模式，許多教師決策的考慮可能比較偏重於印刷好不好看、內容好不好教、指引清不清楚等表面效標。換句話說，通常學校所提供的評鑑表只是一個參考而已，教師比較關心的實際問題是：在使用上是不是能夠對教學提供最大的幫助？是不是和學生的生活經驗能夠切合？如果切合的話教師就比較容易教，學生也比較容易懂；另外，教科書本身有沒有充分的教具供應？教具要不要另外花錢買？再者，文字印刷的物理屬性看起來如何？教學指引或教師手冊以及習作設計得如何等。

三、實際評選過程與運作機制方面

另外一個普遍現象，就是通常在選用教科書的時候，時間都很匆忙，常常是在一次兩到三小時的評估會議中，就要在七、八個版本中做出選擇。而在教科書相關資料的蒐集方面，大部分學校也都是比較被動的，書商送什麼資料給學校，老師就看什麼；所以教師

在選教科書的時候，比較偏向於樣書的翻閱，很少真正做到教科書內容的分析與比較，也很少會分析教科書商的發展背景資料及編輯人員的專業背景資料，常常是看教科書商所提供的服務和套裝的教材教具贈品，來決定教科書的版本。就教科書評鑑表的使用而言，亦有許多評鑑表的設計是有問題的，譬如說分項細目的計分，未依據其項目的重要性而有不同的比重加權，或者說未有其他文字描述說明的設計等。許多學校在選用教科書以後，會聽到一些教師或家長埋怨所選的教科書不適當，卻又沒有一個反省檢討的機制，來做教科書評選過程和使用情形的整體評估，以致未能有效地改進學校教科書的評選過程和結果。

　　由上述教科書開放後的各種現象與問題來看，教科書及教學材料的評選對中小學教師而言，並不是一項想得容易、做得輕鬆的任務，若要認真負責地評選，還真得要有清楚的理念與完善的規畫。以下先介紹理想教材的基本要件，然後在這些重要的條件基礎上，再進而釐清教材評選的程序與規準。

第二節　理想教材的基本要件

　　教學材料（尤其是教科書）常常是教師教學活動的主要依據，也是學生學習的主要參考資源，教師所選用的教學材料品質，不但影響到教師的教學成效，更影響著學生的學習興趣與學習成果。換句話說，一套完好理想的教學材料，不但易於參考使用，有助於教

師的課程思考與教學設計；更具潛力與吸引力，有益於學生的認知發展與學習興趣。畢竟，教學材料是要用來幫助學生學習的，所以教學材料不能只是資料的堆砌，或只是方便老師的使用，而是要從支援學生學習的立場來想，要便於學生的使用、要對學生有吸引力、能夠有助於學生的理解與心智的發展。誠如 Chambliss 和 Calfee（1998）所指出，教材（教科書）必須要審慎、周全地設計，使之容易理解（comprehensible）、呈現出完整的課程範例（exemplary curriculum），並且鼓勵以學生為中心的教學（student-centered instruction）。以下便根據 Chambliss 和 Calfee 對教材設計所持的觀點（參見表 7-1），來探討理想教材的基本要件。

一、元素正確、連結適當、主題明確

教學材料的設計必定有其層次與風格，但基本上，都是透過文字內容的陳述，來溝通知識內涵與訊息，什麼得先陳述？什麼放在後面？什麼是不可或缺的？什麼只是附加點綴的？任何一份教材設計，都需要審慎周延地考慮其內容的組成元素與組織方式。通常一份好的教材設計，會有正確清楚的內容元素（特定話題內容和技能），然後應用適當的連結（由例證、事實、活動等擬成的內容組合），來形成完整、明確的學習主題（含涉較寬廣的意義、有目的地反映問題的本質要素），一方面能呈現完整的知識概念圖像，另一方面又能掌握簡單明確的原則。畢竟，過多材料的堆砌或毫無重點的延伸話題，都只會造成混亂和混淆。有些教材雖美其名是要提

供豐富的材料，**讓讀者產生整合的效益**，這對專家而言可能適用，但對學生甚或生手教師而言，反而是一種過大的挑戰和負擔。

二、文字內容易於理解

文字內容的理解度是理想教學材料的首要條件。當教材所使用的文字是熟悉的、有趣的，並且文字結構嚴謹有一致的組織系統，比較容易讓讀者理解內容，而不至於產生含糊不清、無趣或混亂的感覺。其中，文字內容的「熟悉度」（familiarity）是為了讓學生容易理解，是要藉由連接學生既有的知識與經驗來產生的，必須要藉由學生熟悉的語言（字詞）來介紹新的概念，或用合適的類比或隱喻來連結具體的經驗與抽象的概念；文字內容的「趣味性」（interest）則是為了吸引學生的注意力，學生對教材內容是否產生興趣，也大大地影響學生對教材的理解，所以文字內容的描述是否能激起學生的興趣、好奇，吸引學生專注地投入閱讀與探索，也是很重要的考慮因素；至於文字內容的「結構」（structure），則是透過不同的功能性設計（functional devices）或修辭類型（rhetorical patterns），來連結整個教材設計內容，因為無論是句子和段落的組織，甚而整個文章的呈現，都關係著學生的理解度，對學生的學習和思考有極大的影響，所以無論是敘事題材（narrative）或解說格式（exposition），都一定要從有助於學生理解的角度來思考其組織方式。

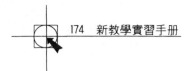

三、課程範例符合專業要求

　　一套理想的教學材料，單單達到易於理解的要求並不足夠，還必須是一套符合專業要求的課程範例，其內容規畫必須反映出課程專家和學科領域專家所關注的重要主題，涵蓋重要的解說模式、相關理論和原理原則。在內容材料元素的選擇方面，也能夠同時兼顧學生在知識、技能、態度三方面的發展需求，也就是其內容能助於達到一般所謂認知、技能、情意三方面的教學目標。至於在整體的課程架構上，亦能有完整一致的連結，對教材內容的順序安排、連貫性和統整性都能有縝密的思考，不但有助於教師的教學計畫與實踐，更有助於學生建立完整、統合的知識概念。

四、教學設計鼓勵以學生為中心的學習

　　因為學生是學習的主體，更是知識與意義的詮釋者與創造者，一套理想的教學材料設計也必須要以學生為中心，能夠連結學生的知識、興趣與技能，來幫助學生組織內容，鼓勵學生反省所學，而且幫助學生將所學的延伸擴展到其他的情境脈絡之中。在教學設計方面，能符合建構教學理念（constructivist approaches），提供富創造思考機會的學習任務，鼓勵學生藉由合作學習（collaborative learning）來建構知識、共創知識，並且提供啟發性問題來激發學生的思考，藉由不同的焦點（zoom lens）鼓勵擴散性思考、聚斂性思考及反省性思考，培養學生解決問題的能力，建立所謂的探究學習

社群。為了強調學生的知識建構與創造，鼓勵學生積極參與學習、開發潛能、適性發展，整體的教學設計是相當具有彈性，是從學生的學習歷程來架構相關的學習活動建議與評量建議，供教師做判斷與選擇，讓教師在教學過程中可以有多元的方式，來鼓勵、支持學生的適性發展與學習。

表 7-1　教材設計的要素

	主題	元素	連結
理解度	熟悉的內容 有趣的內容 一致的結構	單字 句子 段落 文本	功能性設計 修辭的類型
課程範例	專家的看法 模式 原則	知識 技能 態度	順序 描述
教學設計	學生為中心 探究社群 建構主義 變換焦點	關連 組織 反省 擴充	彈性

（引自 Chambliss & Calfee, 1998, 21）

　　掌握以上所述理想教學材料的要件，至少有助於教師在評選教材時，知道要問哪些基本問題，例如教材內容是否有合理程度的熟悉感？是否能引起學生的興趣、吸引其注意力？其內容的組織是否連貫、有系統？其內容是在教什麼？所教的內容是否能讓學生擴充應用相關概念與資訊到其他的情境之中？教師若能掌握這些重要的

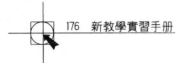

基本問題，或多或少就比較能夠有參照依據，進一步發展出適切的教材評選的詳細規準。接下來，便來詳細討論教材評選的程序與評選的規準。

第三節　教材評選的程序

在美國因教科書市場開放已久，所以在教材的評選方面，各州都已各自發展出完善且行之多年的教科書和教學材料評選制度，但各州的做法不盡相同，大部分的州政府是交付地方由各學區自行評選（local selection），如科羅拉多、伊利諾、愛荷華、緬因、密西根、密蘇里、紐澤西、紐約、俄亥俄、華盛頓等二十七州及華盛頓特區；有的州則是州教育局採用、地方學區由州所提供的書單中選擇（state adoption; local choice from State list），如佛羅里達、夏威夷、內華達、維吉利亞等四州；有的州則是採州教育局與地方學區雙重評選方式（dual selection），如加州與西維吉利亞兩州；但也有不少州採中央集權，由州政府教育局進行選用（State adoption），如阿拉巴馬、亞利桑那、喬治亞、路易斯安那、密西西比、新墨西哥、奧瑞岡、德州、猶他等十七州（Educational Research Service, 1976）。當然，近年來各州教育局在教科書與教學材料的評選制度上，都不斷地有所調整和改進，但無論是採中央集權（以州為決策單位）和地方分權（以學區為決策單位）方式進行評選，在整個評選程序上都已累積了幾十年的經驗，絕大部分都能符合民主、

公平、公正、公開，以學生利益為優先的原則。

　　在台灣，因為國民中學教科書才剛開放，而國小教科書開放也才實施六、七年之久，不但經驗上不足，在制度層面也未臻理想，除了教科書的出版與審查機制有待改善之外，各校在教材選用的程序與評選規準的建立方面亦有待加強。一般而言，教材評鑑與選用的運作程序，可分為準備、分析、決定和評鑑四個階段（藍順德，2002），但基本上有幾個不可忽略的重要步驟，包括：

1.組織教材評鑑選用委員會——通常是以年級為單位，教務主任擔任召集人，召集教學組長、設備組長、學科研究召集人或是各科對教材教法有深入研究的教師，以及家長代表來組成委員會。

2.進行需求評估——教材的選用不同於教科書審查，是要根據學校的課程發展特色與學生的需求，進行教材的評選，所以委員會在訂定評選規準之前，一定要先進行需求評估，並提出需求報告，以作為建立教材評選規準的參考依據。若能認真地做好需求評估，就比較能夠建立起客觀的選用規準，清楚知道學校到底需要怎樣的教科書。

3.建立教材評選規準——教材評鑑規準的建立是整個評選程序中最重要的一環，除了要參照學校需求來定出選用規準外，更要注意到一些客觀規準，包括內容、教學設計、印刷等等，尤其是要特別關注所訂定的規準是否能有效地呈現教學材料內容的適切性（下一節將針對此做詳細的介紹）。

4.規畫教材評選人員與相關機制——實際參與教材評選的人員是所有任課教師或用代表制，每個學校可能因為學校規模大小，而有

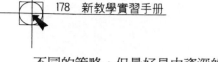

　　不同的策略，但最好是由資深的優良教師並且熟悉相關科目教材教法的教師擔任，而且各校也能定出詳細的辦法與作業程序，規畫好相關的監督機制，以避免關說、人情、利益輸送等弊端的發生。

5.蒐集資料、進行評選——由負責教師先蒐集有關的版本，分析教材屬性（如內容屬性、物理屬性等）、學校需求與預算，填寫評選表，然後交付評選委員會討論，一起做成最後決定。

6.公布評選結果、進行採用作業——為達到評選作業公正、公平、公開的原則，是有必要公布評選結果，以召公信，建立良好的市場選用機制。另外，也有助於書商改進教材品質，形成良性的競爭循環。根據評選結果，下一步自然是進行議價與訂購作業，而相關細節，學校也都需按照相關規定，依法辦理。

7.反省檢討評選作業流程與品質——選完教材之後，教材評選委員會的任務，其實還沒有完全結束，還需要對整個評鑑和選用過程和決策品質，做一通盤的檢討反省，以作為第二年評選教科書的參考；如果可能，最好能建立長期的追蹤檔案，以確實了解教材的使用情形，供日後教材選用的參考。

　　以美國加州洛杉磯學區為例，其在職教育合作委員會（Cooperative Council on Inservice Education）早在一九五〇年代，就定出了教科書評選手冊供學校教師參考；在教材選用程序中，還特別區分行政人員的職責與實際選用人員的注意要領兩方面，提出了許多實用的建議（參見 Committee on Textbook Selection of the CCIE, 1953,

42-44），雖然許多流程相當細碎繁雜，但其中有許多細節足以提供我國中小學學校行政人員和教師參考，茲摘錄如下：

一、行政職責

1. 準備並印製有關教材評選的政策和程序之聲明文件。
2. 指派一位負責教材的召集人或任命一位熟悉整個教材評選過程的負責人。
3. 確定蒐集到所有將被評鑑的教材範本。
4. 告知出版商有關未定的需求和最後的選用決定，並且建立一套教科書銷售員訪談教材評選委員會委員的流程。
5. 持有並印製當前學校所使用的教科書清單，並設計不同的方式讓教師能獲得相關的資訊。
6. 在各校建立民主的程序來選出教科書評鑑委員以及教材選用委員。
7. 建立評選程序的時間表。給與評選委員會至少一學期的時間，評鑑教材範本並做出決定。
8. 獎勵參與教材評選委員會的教師，如果可能，可因為參與評選作業而減少授課鐘點。
9. 發展必要的表格供系統性的教材評選之用，包括⑴評鑑計分表，⑵新教學材料的申請表。
10. 建立已選用教科書的使用期限（許多學區定為七年，然後重新進行評選）。

11.定出無須經正式選用程序，學校可採購相關教學用書籍的最高上限數量。

12.建立明顯的教科書評選管道以及其他教學用書採購管道。

13.定時向教育局呈報所推薦採用的教科書。

14.告知學校教師與相關人員最後所採用的教材。

15.提供教師進修機會，幫助教師提升選擇和使用教學教材的能力。

16.持續告知委員會有關教學材料選用的政策和流程。

17.將所有教科書及相關資料能建置妥當，讓有興趣的社會大眾能獲得相關訊息。

18.直到有效的更換理由被提出之前，應維持教育人員對教科書及其他教學材料所做的決定。

19.分擔所有教學材料相關決定的責任。

20.任何批評均需提交合適的委員會以便重新評估有問題教材，並根據可獲得的所有資訊做出最後的判斷。

二、教材評選要領

1.熟悉學區（教育局、學校）所定出來的教材選用政策與程序。

2.熟悉並了解學校用來評選教材的一般規準及其原因。

3.根據特定課程發展出特定的規準，以補充學校教科書評選的一般規準。

4.決定評選教材規準的重要性與優先順序。

5.送交對新書的要求清單給負責教材的召集人請其轉交出版商。

6.定出明確項目以判斷書本是否符合所定的規準。

7.對所有樣書進行初步評鑑，刪去明顯不適合的教材。

　⑴使用簡單的評分表。

　⑵應用快速便捷的方式來檢閱樣書。

　⑶當需要其他判斷的時候，詢問教師、學生及一般人士的意見。

8.審慎分析經初審通過、有可能被選用為教材的書本。

　⑴使用較詳細的評分表。

　⑵對所相關規準都獲得詳實的答案。

　⑶檢核作者群的資格與能力。

　⑷從任課教師獲知哪些書籍較能滿足需求。

　⑸從學生獲知哪些書籍較易理解、較能引起學生興趣。

　⑹從學習目標來做判斷，如果可能，也可以判斷閱讀的難易度以及對有問題學生的適合性。

　⑺如果有所質疑，可以在教室裡適用看看。

　⑻就內容效度方面尋求有權威的非教育人員的意見。

　⑼確定至少有三人就最有可能的選擇進行完整的閱讀。

　⑽透過小組討論在選擇意見上達成共識。

　⑾鼓勵訪談出版商代表。

9.將最後選擇的書目與評鑑摘要送交教材評選召集人，並將學校不需繼續使用的書目亦一併提出。

10.常常關注新的教學構想以及有助於教室實施新教學構想的新書。

11.認知教材評選工作的重要性，並願意承擔此重要職責。

第四節　教材評選的規準

　　教師所選用的教學材料是學生學習的主要媒介，尤其是教科書，更是對學生的知識概念有深遠的影響，不可不審慎選擇，所以建立有效的教材評選規準便是教材評選程序中相當關鍵的任務。針對教材評鑑規準的項目方面，與課程評鑑的規準似乎有些相似（參見黃政傑，民76），但卻更為具體，除了要增加對作者和出版商的專業性與背景有所了解、評估外，其他規準則不外乎內容屬性與物理屬性兩大層面。Young和Riegeluth（1988）便建議，教科書評選規準應包括五個層面：(1)學科內容，(2)社會題材，(3)教學設計，(4)可閱讀性，及(5)出版品品質等；前三者屬於內容屬性，後兩者則屬於物理屬性。

　　就內容屬性來看，必須要評估內容是否符合學校課程目標？是否能滿足學校課程特色？內容是不是呈現完整的知識結構？是否適合學生的認知發展需求？會不會太深？能不能引起學生的興趣？而Young和Riegeluth特別提及社會內容，當然有其必要性，主要是因為教科書常潛藏著國家信念與偏見及時代價值等，從以前到現在，教科書都是塑造學生態度與價值信念的重要工具（Black, 1967），所以，教科書社會內容是否能反映多元性、時代性？是否呈現多元族群、性別、社經地位、城鄉背景等因素？是否提出平衡、無偏見、不扭曲的事實與觀點？都是相當重要的問題。至於有關教學設

計的適切性、教學指引與習作的周全性，以及物理屬性的相關排版、字體、印刷、紙質等指標，也都是教師極為關心的問題，但卻是教師比較容易掌握與判斷的。

　　針對如何改進教科書評選過程，Young 和 Riegeluth（1988）特別就(1)學科內容，(2)社會題材，(3)教學設計，(4)可閱讀性，及(5)出版品品質等五個層面，提出教科書評選所應顧及的「一致性」（uniform）及檢核「符合不符合」（match/mismatch）的相關規準要素（參見表 7-2），對學校教材評選委員在建立評選規準方面，深具參考應用價值。

表 7-2　教科書評選規準檢核表

	符合／不符合	一致性
學科內容	・技能、知識、態度：與國家課程綱要、地方授權課程、基本學力測驗、教師對學生需求的判斷一致。	・準確：作者及顧問的證照、內容的評定。 ・通用：與以往的版本比較、內容的評定。
社會題材	・價值：與當地社區、學校及教師價值一致。 ・爭議性議題：與任何以往的挑戰議題一致。	・價值：與憲法及一般社會價值一致。 ・無偏見的對待各種族、倫理、宗教、職業／工作、政治、社經地位、家庭、身心障礙、年齡及性別角色。 ・反映國家的多元族群特色。 ・對差異性抱持正向支持態度
可閱讀性	・閱讀等級（無論是怎麼訂定的）。 ・前備知識：以往的課程、技能評定。 ・文化及社會的適當性。	・適當性：前備知識、文化觀點、社會觀點。 ・連結性：連接詞的使用，清晰的指示。 ・統一性：配合目的／目標的論

（連續見下頁）

	・資訊提供的比率。	述，反覆使用新字彙並避免出現過多新字彙。 ・結構：以不同字體標示標題，主題及主要的意見層次列印分明。 ・文字順暢：具體、明確的語言，運用主動語句，多樣性的句型，避免贅詞，簡短但非支離破碎語句。
教學設計	・配合教師的風格及方法：精熟法、探究法、個別教學、實際操作等。	巨觀層級 ・分析內容目次、章節摘要、起始段落、索引及註解；評估對範圍及順序相關討論的教師版本。 ・排序：由簡至繁，循環式的。 ・綜合與回顧：概念圖、概覽、總結、綜論、註解、索引。 微觀層級（分析所有的輔助材料） ・例行成分：文本及附屬資料包括成果展現、練習及回饋。 ・學習層級：成果展現依據記憶、理解、應用或高階技能層級而不同。 ・教學支援：運用記憶術、類比方法、改變呈現方式、焦點問題等。 ・目標與內容的配合：在文本及輔助材料能顧及目標的認知層級與學習層級的配合。 內容呈現的設計 ・標示：使用斜體字、粗體字、箭頭、框線、色彩來強調，但避免過度提示。 ・視覺感：貼切、不太複雜、聚焦在一個訊息、標示說明清晰。 ・適切地運用內容標示來呈現文本。

（連續見下頁）

		引起動機的策略（注意力、關連性、信心、滿足感） ・視覺上：明確、活潑。 ・示例：適切、實際的個案範例。 ・練習：由簡入繁順序，以建立信心。 ・學習者主動參與：激發思考的問題。 ・將抽象概念與熟悉的情境連結。
出版品品質	・堅固的封面、裝訂、紙張：與使用目的配合。 ・印刷：尺寸、形式、色彩及行距能適於學生的年齡層。 ・價格：依教科書及輔助材料的使用目的而定。 ・尺寸：便於攜帶，依使用者的使用而定。	・印刷品質：無印刷不良、裁切不良版面。 ・格式：行距及排版不致擁擠。 ・色彩：層次分明。 ・紙張：不反光刺眼。

（整理修訂自 Young & Riegeluth, 1988, 34-37）

　　從檢核表所列舉的細目來看，可以看出在訂定教科書評鑑規準應該是愈明確愈好。一般而言，任何通過審查的審定本教科書，在學科知識內容的組織與設計方面，應該都沒有太大的問題，學校教師在評選教材的時候，當然就會特別加強評估教學設計的部分。Young 和 Riegeluth 很詳細地就巨觀層面、微觀層面、內容呈現的設計及引起動機的策略等，再區分出評估的細目，應有助於教師建立明確、周全的評鑑規準。至於各校在設計評鑑表的時候，則可根據教師所列出的規準，進行項目歸類整理，並排出優先順序和決定合理

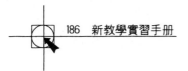

的評比方式；然而無論是採怎樣的設計，都要留有空間讓教師寫下文字意見，讓評選委員會能充分參考不同的意見，做出最後的選擇。以下僅列舉兩份評鑑表範例，作為設計參考。

範例一 加州洛杉磯學區教材評鑑表範例

評鑑指引：依下列項目，以五分等級來為每本書評等：

　　　　1－不滿意；2－差；3－適中；4－佳；5－優越

年級：＿＿＿＿＿＿＿＿＿＿＿　科目：＿＿＿＿＿＿＿＿＿＿＿

	標號1	標號2	標號3	標號4	標號5	其他
作為教學材料：						
本書是否充分地探討學科內容？						
材料的編排組織是否可以促進有效學習及滿足課程的需求？						
字彙及內容呈現的方式是否適合使用的學生？						
內容是否精確及新穎？						
所呈現的材料是否有助於學習的過程？						
學習輔助教材和教具、建議活動、參考書目及其他教學輔助材料是否合適？						
在規格形式方面：						
使用的紙張是否能持久？						
字體是否清晰、可閱讀及具吸引力？						
整體的外觀呈現是否適宜？						
書本的大小是否適合學生？						
在一般教育目標方面：						
本書是否鼓勵自信及尊重國家的理想與制度？						·
作者所做的歸納分析是否有可信賴的資料及邏輯演繹作為依據？						
對於民主的學習，如何兼顧到民主成就與相關問題？						
教材內容是否提供了手段與方法來解決這些問題？						
在處理人民個體與政府間的關係，是否兼顧義務與權利的關係？						

（連續見下頁）

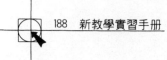

教材是否有助學生發展成熟的分析構想方法，使之能適用於任何情境狀況？					
若納入爭議性的議題，所呈現的觀點是否客觀公正地涵括及處理？					

評語：＿＿＿＿＿＿＿＿＿＿＿＿＿＿＿＿＿＿＿＿＿＿＿＿

＿＿＿＿＿＿＿＿＿＿＿＿＿＿＿＿＿＿＿＿＿＿＿＿＿＿＿＿

＿＿＿＿＿＿＿＿＿＿＿＿＿＿＿＿＿＿＿＿＿＿＿＿＿＿＿＿

推薦的優先順序：

(1)＿＿＿＿＿＿＿＿＿＿＿＿＿　　(4)＿＿＿＿＿＿＿＿＿＿＿＿＿

(2)＿＿＿＿＿＿＿＿＿＿＿＿＿　　(5)＿＿＿＿＿＿＿＿＿＿＿＿＿

(3)＿＿＿＿＿＿＿＿＿＿＿＿＿　　(6)＿＿＿＿＿＿＿＿＿＿＿＿＿

日期：＿＿＿＿＿＿＿＿　　評鑑者：＿＿＿＿＿＿＿＿＿＿＿

（本範例引自 Committee on Textbook Selection of the CCIE, 1953, 45）

範例二　課程發展與補充教材委員會評鑑摘要 —— 社會科學教材

出版者：＿＿＿＿＿＿＿＿＿＿＿＿＿＿＿＿＿＿＿＿＿＿＿＿

標題（項目及系列）：＿＿＿＿＿＿＿＿＿＿＿＿＿＿＿＿＿＿

出版商等級：＿＿＿＿＿＿＿＿＿＿＿＿

教材的描述：

基本材料＿＿＿＿＿＿＿＿＿＿補充材料＿＿＿＿＿＿＿＿＿

教材種類：教科書□主題叢書□套書□工具書□視聽材料□

　　　　　教師手冊／版本□雙語的□其他＿＿＿＿＿＿＿＿

綜合描述＿＿＿＿＿＿＿＿＿＿＿＿＿＿＿＿＿＿＿＿＿＿＿＿

＿＿＿＿＿＿＿＿＿＿＿＿＿＿＿＿＿＿＿＿＿＿＿＿＿＿＿＿

目的與目標＿＿＿＿＿＿＿＿＿＿＿＿＿＿＿＿＿＿＿＿＿＿＿

＿＿＿＿＿＿＿＿＿＿＿＿＿＿＿＿＿＿＿＿＿＿＿＿＿＿＿＿

方法論＿＿＿＿＿＿＿＿＿＿＿＿＿＿＿＿＿＿＿＿＿＿＿＿＿

＿＿＿＿＿＿＿＿＿＿＿＿＿＿＿＿＿＿＿＿＿＿＿＿＿＿＿＿

涵蓋的評量＿＿＿＿＿＿＿＿＿＿＿＿＿＿＿＿＿＿＿＿＿＿＿

＿＿＿＿＿＿＿＿＿＿＿＿＿＿＿＿＿＿＿＿＿＿＿＿＿＿＿＿

教師手冊／版本＿＿＿＿＿＿＿＿＿＿＿＿＿＿＿＿＿＿＿＿＿

＿＿＿＿＿＿＿＿＿＿＿＿＿＿＿＿＿＿＿＿＿＿＿＿＿＿＿＿

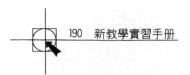

一、根據教育法規 60045 分析[1]

㈠請勾選適合的代碼空格，指出教材切合於需要的程度。「5」代表教材高度切合規準，「1」代表教材不切合規準。

此教材內容是否：

	1	2	3	4	5
正確					
客觀					
符合時代					
切合該年級學生的需求與理解能力					

㈡指出教材中哪些頁、行的內容不符事實，並描述其不正確的地方。（若空間不敷使用，請另紙書寫附上。）

二、遵照教育法規要求之適當的社會內容

㈠請勾選適合的空格，指出教材是否切合下列需要：

　1.適時正確地呈現人類在生態體系中的定位及保護環境的必要性（60041a 項）。

　2.適時正確地呈現菸草、酒精、麻醉劑（毒品）、管制性的危險藥品及其他危險物質對人的身體所造成的影響（60041b項）。

　　　　　　　　　　　是□　　否□　　NA□

㈡指出教材中哪些頁、行內容未遵守上述的需求，也未描述其違反的情形。（若空間不敷使用，請另紙書寫附上。）

――――――――――――――

1.本範例是美國的教科書評選的例子，所以是根據美國教育法規來分析評定，若是應用於台灣中小學教科書的評選，則可改為依據課程綱要的規範來分析評定。

三、依據歸準分析

㈠教學目標：下列各項社會科學教育的目標應在學生及教師的材料中能反映出來，參酌各項重要的子題，作為最後評定的依據。（NA 表示所訂規準不適用於教材的本質。）

1.幫助學生根據資料、通則及從不同社會科學所衍生的跨領域概念來增進理解：

⑴運用資料來建立通則及檢測假設。

⑵了解各種學科發展概念的過程。

⑶將運用概念於人類經驗。

⑷呈現概念之間的關係。

⑸根據概念架構發展態度及價值。

1□　2□　3□　4□　5□　NA□

2.幫助學生發展與練習各種社會科學所適宜的知能與工作探究技能：

⑴發展並運用批判思考的技巧。

⑵發展並運用評價的技巧，來辨認及闡明問題，並管理及解決它們。

⑶發展並使用富創意的方式來解決問題。

⑷逐漸趨向自我導向學習。

1□　2□　3□　4□　5□　NA□

3.鼓勵並使學生能了解並尊重個別的、文化上的差異與相似性：

⑴了解所有團體，包括本地人或移民，對於美國的生活皆有獨特和明確的貢獻。

⑵覺察所有團體，包括在地人或移民，在他們生活中所存有的正

向道德價值。

(3)研究不同族群、國籍及文化團體的發展。

(4)不存偏見地接受在行事、品味、宗教、信念（包括人類起源的
主張，如進化、創造等）及生活標準上的差異。

(5)了解不同團體互動的結果，是限制或增強了對社會、經濟或政
治的選擇。

1□ 2□ 3□ 4□ 5□ NA□

(二)學習者的材料：指出這些材料所符合的程度：

1.鼓勵學生批判思考與使用問題解決技巧。

1□ 2□ 3□ 4□ 5□ NA□

2.滿足不同的學習類型、興趣與成就。

1□ 2□ 3□ 4□ 5□ NA□

3.納入學生做獨立研究的建議，並有研究設計能讓學生進行研究。

1□ 2□ 3□ 4□ 5□ NA□

4.要求學生在新的情境中運用所學。

1□ 2□ 3□ 4□ 5□ NA□

5.提供機會讓學生做決定並為決定辯護。

1□ 2□ 3□ 4□ 5□ NA□

6.對主要議題呈現出不同權威人士所表達的不同觀點。

1□ 2□ 3□ 4□ 5□ NA□

7.兼顧主要及次要的資源。

1□ 2□ 3□ 4□ 5□ NA□

8.提供分析爭議性議題的不同方法。

1□　2□　3□　4□　5□　NA□

9. 適度納入信念系統（例如宗教）對形塑道德與族群戒律的重要，及宗教對文學、藝術、音樂、法律及道德的貢獻。

1□　2□　3□　4□　5□　NA□

10. 適度納入普遍接受的正向道德價值的範例，而這些價值已在不同文化情境中生活與奮鬥的男性與女性驗證過。

1□　2□　3□　4□　5□　NA□

11. 適度使用公定的測量標準。

1□　2□　3□　4□　5□　NA□

12. 當合於學生的理解時，納入獨立宣言及美國憲法。

1□　2□　3□　4□　5□　NA□

㈢教師的材料：指出這些教材所符合的程度：

1. 有意義的學生活動能增加興趣與參與。

1□　2□　3□　4□　5□　NA□

2. 列出系列學習中各階段的學習經驗，及學習經驗與概念發展及社會科學領域間的關係。

1□　2□　3□　4□　5□　NA□

3. 針對有助於概念與技能發展的不同教學策略提出有效建議。

1□　2□　3□　4□　5□　NA□

4. 補充性資料及背景資訊。

1□　2□　3□　4□　5□　NA□

（本範例引自 Keith, 1981, 40-43）

參考書目

張嘉育（民88）。**學校本位課程發展**。台北：師大書苑。

教育部（民87）。**國民教育階段課程總綱綱要**。台北：教育部。

黃政傑（民76）。**課程評鑑**。台北：師大書苑。

藍順德（2002）。九年一貫課程教科書的審定與選用。**中等教育**，53（3），4-18。

Chambliss, M. J. & Calfee, R. C. (1998). *Textbooks for learning: Nurturing children's minds*. Malden, Mass: Blackwell.

Committee on Textbook Selection of the Cooperative Council on Inservice Education (1953). *Guide for textbook selection: Procedures and criteria*. Los Angeles, CA: Office of the County Superintendent of Schools Division of Secondary Education, Los Angeles County.

Keith, S. (1981). *Politics of textbook selection*. IFG Project Report No. 81-A7.

Young, M. J. & Riegeluth, C. M. (1988). *Improving the textbook selection process*. Bloomington, IN: Phi Delta Kappa Educational Foundation.

第八章

問題教學法

〈李咏吟〉

　　我們在生活中經常面對有待解決的問題情境，小的問題如配合天氣應該穿什麼衣服，買東西的選擇；大的問題如交友、婚姻與職業的選擇等。尤其現代的社會環境愈趨複雜化，似乎每個人所面對的問題更是層出不窮，因此提升學習者解決問題的能力是目前教育目標不得不加以重視的。此種解決問題的教導不能僅透過單純知識的灌輸，而是要加強學習者過程導向的學習經驗，因為「知識是一種過程，而非產品」，如讓學習者主動探索問題的性質，分析事物的結構和找尋解決問題的方法，則他們能變得思考敏慧、自信且獨立，對解決未來生活中面對的各方阻力與問題，將大有助益。

　　「使每一位學生都能成為優秀的問題解決者」是世界各國學校教育的重要課程目標，我國亦不例外。在近年九年一貫課程改革的目標中，強調培養學生獨立思考及問題解決、主動探索、規畫組織與實踐等高層次的能力（教育部，民90）。然而，由於過去升學主義和聯考制度的牽制，教師在教導解決問題相關的內容時，往往未能採用適當的方法，而把這些內容當作和其他知識類型無異的材料，因此究竟有多少學生透過學校教育而成為高能力的問題解決者，實在令人不敢樂觀，不過這也確定了從事教育者努力的方向。本章將針對問題解決的定義、範圍、問題解決的學習，以及問題解決的教學策略依序加以闡述。

第一節 問題解決的界定及其學習特徵

問題解決似乎是一非常口語化的名詞，然而在教學心理學上，它具有特殊的意義，Allen Gagne（1985）描述，通常一個問題（a problem）的出現是指個體設定了一個目標，但尚未找出達到目標的方法。問題解決（problem solving）則是指個體能辨識和應用其知識和技能以成功地達成目標。Mayer（1992）則認為一個問題的存在包含了三個要素：一為起始狀態（initial state），二為目標或答案狀態（goal state or solution），三為困難或障礙（obstacles or barriers）；問題的解決是個體克服了問題的障礙而將起始狀態改變成目標狀態的過程。

學校學習的課程包含了很多問題解決的學習內容，如就解題過程的特性加以分類，可分為實驗的解題與非實驗的解題兩大類。實驗的問題解決，涉及以「科學方法」的解題過程，其特性為以假設－驗證（hypothesis-testing）為導向，而非實驗的解題則涉及以非實驗的程序達成解題的目標（楊文金、熊召弟，民 84）。前者通常包含在自然科目和數理科目之中，如要求學生實驗紅豆和綠豆的發芽和生長速度的差異、不同金屬的導電性，或數學題如「在幾何證明題中教導學生畫出輔助線」。非實驗性的問題解決情境如「如何淨化台灣的選舉？」「讀書和娛樂的安排如何才能恰當？」「指出你最喜歡的唐朝詩人，為什麼？」影響學生解決問題的因素很多，如

個體本身的心智能力和相關的學習經驗，問題是良好結構（well-structured）或是不良結構（ill-structured）的呈現，以及問題的難度和可解性等等。有時學生不能解題並不是他不會，而是問題本身的題意不清，屬不良結構型。

在學習的內容上，相對於一般語文的、動作的、原理原則等的刺激材料，問題解決的學習是高層次的學習。如根據 Robert Gagne 對學習層次（Learning Hierarchies）的闡釋，問題解決能力是一種應用原則去解題的智慧技能（intellectual skills），是學校學習的重要目標；因為個體的解題練習是一種思考行為的新經驗，能夠將此能力類化到相似的或完全未遭遇過的問題情境中。這種高層次的習得能力超越了其他較低層次的智慧技能，由高至低分別為連結技能、辨別技能、概念學習技能和原則學習技能（Gagne & Briggs, 1985）。

通常，當個體面對一問題解決的學習時，他會試著思考與這個問題有關的知識，並判斷解題所需的重要概念和規則；如果個體無法回憶重要的相關規則，或無法根據一些附屬規則（subordinate rules）以組合成一種更複雜的規則型態，則個體無法解決問題。以上即是 Gagne 所謂的解題學習之內在條件（internal conditions），也就是個體本身心智能力的條件，例如一數學題「甲數的 7 倍是 4，乙數的 5 倍是 8，丙數的 4 倍是 3，問甲、乙、丙三數哪個最大？」當個體面對此一問題時，必須先判斷這是一個與分數和最小公倍數相關的問題，解此題的重要數學規則一為根據題目敘述中的所謂幾倍為一特定數值（如甲數的 7 倍是 4），這個數值應做為分子，幾

倍應作為分母；另一數學規則是找出這三個分數的分母之最小公倍
數。當個體能將解題的相關概念和規則做一新的統整以面對問題情
境時，則獲得學習上的成功。Gagne 另指出問題解決學習的外在條
件（external conditions），乃是只促進成功解題的外在輔助性安
排，當個體在解題時，教導者盡量減少語言的提示，由個體自己發
現解題的高階規則（higher order rule），是最佳外在條件的安排
（Gagne, Briggs & Wagner, 1988）。

　　心理學者一直對代表人類高智慧的問題解決之心理機轉相當有
興趣，然而由於問題解決的思維歷程具有相當的複雜性及不確定
性，並高度依賴學習者的後設認知能力及相關的知識基礎與解題經
驗，故欲理解人類所使用的問題解決策略和訓練方式均是相當困難
的。然而經過心理學長期的研究，已發現不少問題解決的特徵。茲
以 Krulik 和 Rudnick（1987）的模式說明如下：

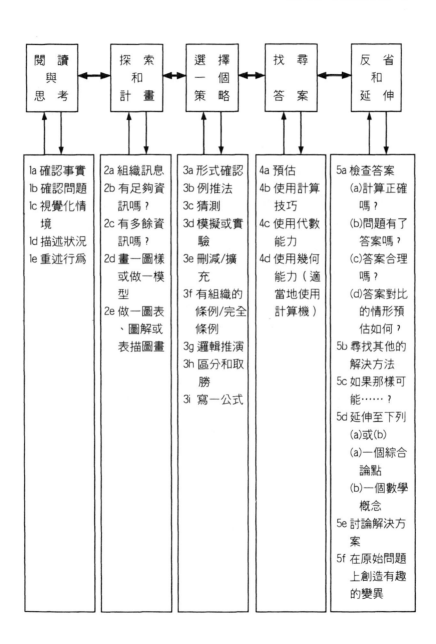

閱讀與思考　←→　探索和計畫　←→　選擇一個策略　←→　找尋答案　←→　反省和延伸

1a 確認事實
1b 確認問題
1c 視覺化情境
1d 描述狀況
1e 重述行為

2a 組織訊息
2b 有足夠資訊嗎？
2c 有多餘資訊嗎？
2d 畫一圖樣或做一模型
2e 做一圖表、圖解或表描圖畫

3a 形式確認
3b 例推法
3c 猜測
3d 模擬或實驗
3e 刪減/擴充
3f 有組織的條例/完全條例
3g 邏輯推演
3h 區分和取勝
3i 寫一公式

4a 預估
4b 使用計算技巧
4c 使用代數能力
4d 使用幾何能力（適當地使用計算機）

5a 檢查答案
　(a)計算正確嗎？
　(b)問題有了答案嗎，
　(c)答案合理嗎？
　(d)答案對比的情形預估如何？
5b 尋找其他的解決方法
5c 如果那樣可能……？
5d 延伸至下列(a)或(b)
　(a)一個綜合論點
　(b)一個數學概念
5e 討論解決方案
5f 在原始問題上創造有趣的變異

第二節　學習者常用的問題解決策略

　　Wickelgren（1974）曾對成人如何解決文字敘述的問題做過研究，並歸納以下五種成人所採用的方法：(1)根據問題的條件推衍某種轉換的概念（transformed conceptions）；(2)編排行動的順序，而不是隨機的選擇；(3)針對問題的特性選擇朝目標接近的行動；(4)辨別問題的條件和目標之間的矛盾；(5)將整個問題分解成一些「部分」；(6)從目標的敘述反向操作。上述的方法均可從測驗成人智力的問題或數學的代數題、幾何題中發現。

　　受制於成熟和經驗，一般而言，兒童的問題解決能力比成人差些，兒童不能使用較複雜的或適機轉換的策略，他們最常使用的問題解決方式，是嘗試在每次的移動中增加立即目標及最終目標間的配合程度（Klahr, 1985）。兒童間的問題解決能力亦隨發展階段而有差異。相關的研究發現，小學二年級以前的兒童不會自動自發的使用假設，他們形成假設時易受刻板化印象的影響，即使他們獲得回饋，告知有錯誤，這些年幼兒童仍然堅持使用同一個假設（Eimas, 1969; Gholson, 1980）；而小學四年級兒童在問題解決中已有百分之八十的比例能自發地使用假設，六年級兒童則有百分之九十五的比例能使用假設，也能使用「不規則改變」或「局部一致性」原則，而小學二年級以後的學生逐漸發展出向度（dimension）檢查法、聚焦策略等去解決問題。

　　心理學者一直對代表人類高智慧的問題解決之心理機轉相當有興趣，然而由於問題解決的思維歷程相當複雜，不易找到適當的科學方法加以研究，至今已採用的方法有二：一為利用電腦的人工智慧（artificial intelligence）加以模擬該歷程，如果我們將一問題輸入電腦，透過我們所偽設的認知結構和運作，電腦的輸出能正確的解決問題，顯示答案，則偽設成立。另一個方法是比較專家和生手在解題過程中的差異，並由他們以放聲思考（talk aloud）的方式描述其認知狀態，經由這種比較的方法也可讓我們了解人類的解題思維。

　　在心理學上，普遍被大家接受的解題運思包括五個步驟：覺知問題的存在、了解問題的本質、組合相關的訊息、形成和執行解答的方法，以及評量解題的方法。個體的問題解決能力與其訊息處理能力有密切相關。首先，外在訊息由知覺組織輸入大腦，在此階段，個體注意力的選擇和廣度、對刺激特性的解析、避免刻板化反應，以及是否能採用「不規則改變」的規則等，均影響個體的問題解決能力。當訊息進入記憶組織（包含短期記憶和長期記憶）時，個體轉化外在訊息成為內在表徵（編碼）的能力、記憶的容量、訊息處理的程序和策略等，更是影響個體能否解題的因素。

　　個體長期記憶中的陳述性知識（declarative knowledge）和程序性知識（procedural knowledge）的條件將影響其解題的能力。當個體面對一問題時，其所回憶的相關陳述性知識愈豐富，愈能幫助個體解題，因其有助於個體找到較多的相關線索，不論是相關的符號、概念或原則，也因而有助於個體建立問題的內在表徵。例如一

個數學問題「小華有五百元，他先用全部錢的二分之一買參考書，再用剩下的錢買了一支三十元的自動鉛筆，小華還剩下多少錢？」顯然這是一個應用程序性知識為主的問題，以及回憶是否做過類似問題與程序等的陳述性知識，並作為程序性運思的基礎。

程序性知識是指個體知道操作事物的活動步驟，事物內容可能是實驗性的解題或非實驗性的解題，前者如計算一個容器的容量，後者如根據自己的經濟能力實現一春節旅行計畫。個體會採用許多不同的思維形式進行問題解決，主要的方法被分為兩大類：定程式法（algorithm）和捷思法（heuristics）。定程式法是人類問題解決時最常採用的策略，亦即按部就班地依序採用「如果－就」的程序；而捷思法則是運用問題的訊息較省時省力地找出正確或可能的途徑，被人類常用的捷思法包括類比法（analogical analysis）、假設法（subgoaling）、目的－手段分析（means-ends analysis）和繪圖法等。Mayer（1992）曾舉例說明一個問題可用不同解題途徑，如採定程序法則有以下的步驟：

問題：有一家建築器材行出售每邊 25 公分正方形的磁磚，每片 25.8 元，如果有一長為 5.5 公分，寬為 4.4 公分的長方形要貼磁磚，要花多少元？

針對此題的答案，不同的解題策略如下：

假如目標是轉換公分至公尺，則將有公分的數字除以一百。

假如目標是找出正方形的面積，則將邊長平方。

假如目標是找出長方形的面積，則將長邊的指數乘以短邊的指數。

　　走迷宮的學習也是定程式法的例子。然而，由於現實世界問題的複雜性，採捷思法解決問題的機會更高，以下是捷思法的一些重要例舉：

類比法：舊問題的解法用來引導新問題的方法。

・以時鐘的時針與分針的關係用來了解電腦巢狀迴圈。

・以人的生命了解地球的生命。

・用新學到的植樹問題解法去解其他問題。

目的－手段分析：找出目前的狀態和目標（或次目標）的差異，並使用一些方法來減少差異。

・有名的河內塔（tower of Hanoi）問題，則必須利用次目標來解決。如圖所示（Glass, Holyoak, & Santa, 1977；引自鄭麗玉，民82）：

　　幾個在Ａ椿的碟子必須移至Ｃ椿，規則是一次只能移動椿上最上面的碟子，而且小碟子不可以在大碟子下面。

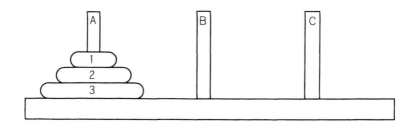

圖 8-1 三個碟子的河內塔問題

想要解這個謎題需要先將最大的碟子（碟子 3）放在 C 樁，所以首先建立將碟子 3 移至 C 樁的次目標。碟子 3 要能移動，必須將碟子 1 和 2 先移開，所以移開碟子 1 和 2 是進一步的次步驟。

假設考驗法：提出假設和思考變項之間的關係。

・如何解決非洲國家的糧食短缺問題之高效率步驟，依序為：

　　1.列出不同問題假設或解決問題行動清單。

　　2.蒐集資料。

　　3.綜合資料、評估假設和選擇行動路徑。

　　4.做出結論。

第三節　問題解決的教學策略

　　由於問題解決學習的特殊性，究竟這種高層次的複雜學習能否透過教學而增進？悲觀論者認為不容易教導，因為即使學生習得一般性的策略如次目標分析，可能無法類化至實際的問題上；然也有樂觀者認為，可以透過直接教導或間接教導以增進學生的問題解決，如同前述學者 Gagne 即認為，教導者透過針對解題學習層次的內、外在條件的恰當安排，絕對可教。茲將問題解決的教學策略區分為：(1)一般性的解題教學原則，(2)系統性的發問法，以及(3)問題導向的學習模式（PBL），(4)其他的一些特殊策略。四者說明於後：

一、一般性的解題教學原則

　　根據前述問題解決的學習特徵,教師如欲教導學習者問題解決的技巧,有以下的大原則應加以把握(Biehler & Snowan, 1990):

1. 引發學生對問題的注意與興趣。
2. 教導學生如何辨認問題。
3. 教導學生如何表徵問題。
4. 教導學生如何集合相關資料。
5. 教導學生形成問題的一些方法。
6. 教導學生評鑑解題結果的技能。

　　基於解題是一種高層次的捷思(heuristic)歷程,訓練解題能力的提升,教師需要採取與訓練低層次思考不同的策略,Cyert(1980)提出的建議如下:

1. 在心中保持問題的大圖像,但未失重要細節。
2. 避免太早決定一個假設(因學習者還不是專家)。
3. 藉由字距、影像、符號或公式去創造和簡化問題。
4. 試著改變問題空間內的訊息模式,假如現有的訊息模式不能解決問題。
5. 應用訊息去綜合問題並檢驗問題。
6. 願意質疑自己的訊息模式或問題的有效性。
7. 嘗試從問題的反向答案解題。
8. 保持一些朝正確答案的線索,並在必要時組合。

9. 採取比較法或比喻法。

10. 以口語說出問題。

　　然而，一些研究者相信解題技能是領域（如特殊的學科或專長）導向的，應該在各特殊領域範圍教導解題技能，因此無論是數學、歷史或化學老師均應設法在其學科教學中介紹思考技巧教學（Gagne, 1985），需要各科的教師另加以研究。

二、系統性的發問策略

　　二十世紀對解題歷程提出解釋的著名學者如 Dewey、Polya 等。Polya（1973）認為解題的歷程包括：

1. 了解問題：指認問題的要義和被要求解答什麼？

2. 擬定計畫：尋找已知和未知訊息的連結，嘗試去思考是否有一個原則或熟悉的步驟可以解決問題，回憶過去是否處理過相似的問題。

3. 執行計畫：在擬定計畫後實際行動，並一面檢查每一步驟的行動結果。

4. 回顧：檢視行動的結果是否解決問題，如果成功，則將此訊息保留作為下次之用。

　　教師如用詢問的策略以了解或加強上述的解題歷程，則可在每一歷程（步驟）採用以下策略：

步驟 1：「你在找什麼？」、「這個問題告訴我們什麼？」、「請根據問題畫個圖。」

步驟 2：「你做過相似的問題嗎？」、「記得怎麼做嗎？」、「你知道更容易的問題嗎？」、「請試著做一小部分的問題。」

步驟 3：「如果你已寫出一些解答，檢查你寫出的每一步驟。」、「你能證明每一步驟是正確的嗎？」

步驟 4：「檢查計算和結果，你能用不同的方法得到答案嗎？」、「你能將這個問題的解答用來解其他的問題嗎？」

　　訊息處理理論對解題的歷程另有解釋。此派學者發現，在特殊領域表現傑出的專家，亦即是高能力的解題者，其解題歷程並非一定經過 Deway 擬定的數個假設，驗證何者為最佳假設的步驟，而是在辨認問題情境的重要特徵後，立即找出少數一、二個假設去驗證。一個解題者最重要的能力是從複雜的問題環境（task environment）建立自己的問題空間（problem space），如果此空間能夠正確找出問題的重要訊息，並追索有助於解決問題的重要基橫，則問題迎刃而解（Newell & Simon, 1972）。

三、問題導向學習

　　一種特別強調學生自我探索的教學法，於西元一九六三年加拿大 McMaster 大學的醫學院所試用，並被命名為問題導向學習（problem-based learning），發展至今，此種教學法被世界各國的醫學院

教學和各級學校所普遍使用。

　　「問題導向學習」是以真實世界的問題為導向，引導學生自己去探索、尋找問題的解答，而所提供的問題情境通常並無單一「正確」答案，是讓學生去批判、分析、研擬最佳可行方案，期增進學生的學習能力、態度與效率。它是以學生為中心的學習、小團體的學習及以問題匯聚焦點刺激學習，而教師是促進者和引導者的角色等作為教學要素。

　　「問題導向學習」在分析問題、提出解決方案的思考過程中，是運用「學習結構表」的框架來引導學生思考，一步一步程序化解決問題的思考結構，如此能對學生已有先備知識加以檢測與釐清，較適合中小學生創思教學的引導。以台北市桃園國中的生物科教師所發展出的問題與學習結構表發現如後（蕭梨梨，民91）：

　　問題陳述：

　　　星期日小山的哥哥騎機車載他到淡水玩，途中因為要躲避蛇行的飆車，機車重心不穩而摔倒在地。車倒下時，小山頭部後方正好撞上路邊石塊，幸好沒有嚴重外傷，爬起來時也還能行走自如。雙方協調完畢後，就繼續一天的行程。哪想到隔天醒來後，小山開始覺得有些頭暈，要騎腳踏車去買早點時，也跌跌撞撞地無法平衡；小山以為昨天撞到頭難免頭暈，休息幾天應該就好了。可是壞情況並沒有停止，幾天後，小山發現自己漸漸看不見了，甚至連說話都有點困難。家人趕緊將他送醫檢查，醫生發現小山

腦內有出血現象，血腫塊壓迫到大腦和小腦的某一部位，以致於出現上述症狀。醫生緊急進行神經外科清除術清除血塊，小山也在醫院躺了三個月，之後又經過半年多的復健才康復。小山想不通，為什麼只是摔了一跤，又沒外傷，怎麼又要動手術，又要做復健？

表 8-1　學習結構發展表

問題導向學習（PBL）學習結構表			
事實現況 現在知道什麼	問題該怎麼解決（想法）	還需要知道什麼（學習目標或議題）	如何知道（行動計畫）
1. 大腦、小腦控制身體各器官，腦經由神經去控制器官產生反應。 2. 血塊使大腦、小腦正常功能無法運作。 3. 小山失去說話、平衡、視覺等功能。 4. 耳內的半規管、前庭等構造和身體平衡有關。眼睛的訊號傳入大腦產生作用。	1. 應該畫圖給小山看。 2. 教小山神經系統的相關知識。 3. 帶他去問醫生。	1. 人體有哪些器官一起作用才讓我們「看得見」、「聽得到」、「說話」？ 2. 大腦和小腦有何不同？還有其他的腦嗎？有什麼作用？ 3. 半規管和前庭如何管平衡？ 4. 血塊壓到神經會怎麼樣？	1. 上網查資料。 2. 回家找資料。 3. 去圖書館找資料。 4. 問家人。

在實施問題導向學習教法時，教師雖然主要扮演促進者的角

色,但仍應在必要時與學生做對話性的引導,茲將美國醫術學科教學歷程的例子完整地介紹於附錄一。

四、其他的一些特殊策略

1.教師本身應示範多元的解題技巧,而不狹隘地採用有限的解題方式。在數學的解題上,讓學生觀察到尋找類型、逆向思考、猜測、模擬與實驗、簡化、列舉法、問題轉述、作數線圖、運用變數找關係、作表等(譚寧君,民 84),並讓學生能在教師示範後,藉相似的問題練習操作教師所示範的策略。

　　採用影像或圖構以輔助解題的例子如下:

　　問題:消防隊總局想要贈送防火手冊給住在鎮裡所有的老師和每一個家庭。總局到底需要寄出多少份手冊?(應用下面統計數字:家庭= 53,000;老師= 7,000;老師擁有住家= 6,000)

　　策略:可採用畫重疊圖

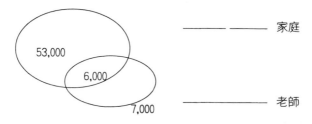

2.讓學生從活動中學習。教師應設計與學生的生活相連結的情境式問題,例如要求學生計算其教室所在建築物體積的方法,如此學

生須從熟悉情境、具體測量、猜測、繪圖等方法去找解題的線索。教師可採用學習單、合作學習、電腦輔助教學等以增加學生的參與,亦促進了他們學習的興趣和理解。

3. 教師應加強學生解題的後設認知能力。成功解題的重要影響因素、好處、堅持力與解題的關係等等,可透過教師的說明或示範讓學生了解。此外,教師亦應常用發現式教法,讓學生有機會自主地計畫、監控實驗或解題歷程和評量行動結果的機會,如採用數學解題作業紙作為教學媒介,見表 8-2(劉錫麒,民 82):

表 8-2 數學解題作業紙　　班級:　　座號:　　姓名:

題目:

了解問題	問題的「已知」、「未知」是什麼?
計畫程序	要用什麼策略?
檢查運算	運算正確嗎?
回顧檢討	1. 回想你所用的方法,為什麼用這些方法? 2. 能不能用其他方法? 3. 你做對或做錯的原因是什麼?

第四節　結語

　　其實，解題的教學不限於數學科，任何科目的教學均可達到學生問題解決能力的提升，端看教師如何擬定學習目標的層次。如果教師在各科的教學均能設計例行性和非例行性的問題讓學生練習，不僅有助於提升學生的邏輯思考能力，並能加強學生解決生活中實際或可能遇到的問題。

　　設計問題解決教學法不是一件容易的工作，本文指出一般性的解題教學原則外，並指出教師應多用系統性的發問策略、比擬、鼓勵逆向思考、技巧的暗示、與他人合作解題等等，教師應有計畫地鼓勵學生應用不同的策略解題，以擴展學生與解題相關的知識基礎。此外，教師亦應加強學生的後設認知能力，如堅持、監控策略選擇的狀況、評估答案與問題的差距等。

　　在面對現今複雜的、競爭的、問題層出不窮的社會，學校教師尤要加強每一單元教學時，設計一些解題的問題情境之學習活動，讓學生去探究和發現多元的解題方法，才能培養他們一生可用的所謂「帶得走的能力」。

🌏 參考書目

劉錫麟（民 82）。**數學思考教學研究**。台北：師大書苑。

譚寧君（民 84）。**師範生面積概念與解題策略分析研究**。八十四學
　　年度師範學院教育學術論文發表會，第二輯，253-279。

蕭梨梨（民 91）。**國民中學教師應用問題導向學習教學之研究**。國
　　立台灣師範大學教育學系碩士論文。未發表。

Cyert, R. (1980). Problem solving and educational policy. In D. Tuma &
　　F. Reif (Eds.). *Problem solving and education : Issues is teaching
　　and research*. Hillsdale, NJ: Erlbaum.

Gagn'e, E. D. (1985). *The cognitive psychology of learning*. Boston, MA:
　　Little, Brown & Company.

Gagn'e R. M., Briggs, L. J. & Wagner, W. W. (1988). *Principles of in-
　　structional design (3rd ed.)*. New York: Holt , Rinehart & Winston.

Gick, M. L. & Holyoak, K. J. (1983). Schema induction and analogical
　　transfer. *Cognitive Psychology*, 15, 1-38.

Mayer, R. (1992). *Thinking, Problem solving and cognition*. SanFrancis-
　　co: W. H. Freeman.

Newell, A. & Simon, H. (1972). *Human problem solving*. Engle-wood
　　cliffs, NJ: Prentice-Hall.

Polya. (1973). *How to solve it (2nd ed.)*, New York: Double day.

Wickelgren, W. A. (1974). *How to solving problems*. New York: W. H.

Freeman and Company.

Klahr, D. (1984). Transition processes in quantitative development. In R. S. Sternberg (Ed), *Mechanism of cognitive development*. New York: Freeman.

附錄一　問題導向學習案例

羅女士的心雜音（陽明大學　陳震寰教授提供）

第一幕

羅女士，五十歲，最近一個月開始自覺容易疲勞、全身虛弱和夜間盜汗，且症狀逐漸加重。家人帶她去當地的醫院求診，告知心臟有雜音，可能心臟瓣膜有問題，於是轉至台北榮總心臟科進一步診療。在心臟科門診，羅女士否認有發燒、胸痛或心悸，僅承認有輕度運動性氣促等症狀，因為她平日本來活動就不多，也不需要做任何家事。主治醫師在門診檢查時，發現羅女士的心臟已經擴大，聽診時，在心尖部位發現有一第四度之全收縮期雜音（grade VI pansystolic murmur），該雜音會傳至胸骨旁右緣之主動脈區，因而懷疑是二尖瓣後葉的病變導致嚴重之二尖瓣閉鎖不全，決定將該患者收住院接受進一步之診治。

教師注意事項：

建議時間分配：腦力激盪十分鐘；問題列舉十分鐘。

提示用問題：

1. 疲勞、虛弱、夜間盜汗是全身性的非特異性症狀？還是和某一器官系統有關的特異性症狀？

2. 夜間盜汗這個症狀和哪些主要致病機轉有關？（發炎？感染？腫瘤？）

3. 心臟有幾個瓣膜？其功能為何？

4. 為什麼需要問病患是否有發燒的症狀？

5. 為什麼需要問病患是否運動性氣促的症狀？

6. 什麼叫做心雜音？為什麼會產生心雜音？

7. 正常二尖瓣的解剖構造如何？為何會產生二尖瓣閉瑣不全？

8. 二尖瓣閉瑣不全產生之心雜音，應該在哪個部位最容易聽見？通常會傳至哪些部位？

9. 可否利用心雜音的特性判斷哪一葉瓣膜發生病變？

主要討論要點：

1. 正常二尖瓣的解剖構造如何？為何會產生二尖瓣閉鎖不全？

2. 容易疲勞、全身虛弱和夜間盜汗全身性症狀和二尖瓣閉瑣不全有何關聯？

3. 什麼叫心雜音？心臟會產生心雜音的機轉為何？

主要學習目標：

1. 瓣膜性心臟病之病態生理學，以二尖瓣脫垂成二尖瓣閉瑣不全為例。

2. 全身性栓塞（systemic embolization）的致病機轉，以感染性心

內膜炎為例。

次要學習目標：

1. 二尖瓣脫垂的診斷。

2. 二尖瓣脫垂的典型聽診發現及其機轉。

3. 心雜音的形成機轉及診斷價值。

4. 心雜音的分類：收縮期雜音或舒張期雜音，雜音嚴重度之分級。

5. 感染性心內膜炎的診斷。

第九章

創造思考教學法

〈陳美玉〉

創造思考（creative thinking）是人類獨具的稟賦，而且每一個人都具有不同程度的創造思考潛能。個人創造思考能力的極大化開展，則是社會進步的原動力。尤其在目前各先進國家紛紛努力邁向知識經濟型態，竭盡所能開發與知識相關的生產要素之際，台灣的資訊產值已經達世界第三位，僅次於美國與日本；故應尋求一切可用的無形資源，更積極地培育個人創新思考能力，以提高經濟競爭力，才能彌補天然資源缺乏，確保經濟的永續發展。因為在知識經濟發展的模式中，知識的創造與應用乃是支撐經濟體系不斷成長的主要動力，其貢獻遠超過自然資源、資本、勞動力等傳統生產要素。

第一節　傳統教學法的省思

我國過去升學主義下的一元化填鴨教育，由於教學重點僅著重於學生的考試成績，無法造就出多元思考與創新能力的個人。同時，傳統制式化的教育，在我國邁向開放與多元化的過程，形成極大的改革包袱，並使教師的教學產生層層的困境（陳美玉，民87，3），加上教師與家長對於學習本質、價值與方法的偏頗認知，對於教育革新所造成的反撲力量皆相當棘手且不易克服。不可諱言的，教師所採用的教學方法，無形中形塑了學生的學習習性、自我概念與學習興趣的發展。因此，要培育怎麼樣的個人，就應以相對應的方法加以引導，例如欲養成學習者創新思考的生活習慣與能

力，則必須以鼓勵創意而開放的教學方式，讓學生在學習過程，深刻體會創造思考的意義與價值，使創造思考成為與生活不可分離的行為方式，進而以改善學習與生活品質作為最終依歸。

知識社會型態變遷的速度，必然比起過去還要快速且不可預測，未來到底會遭遇到什麼樣問題的挑戰，誰也不敢截然地斷定；但是，可以更加篤定的是，沒有任何一種知識保證能永遠有效地解決未來的問題，只有堅強的創造思考能力才能提供因應不可知未來的挑戰，且個人進行持續的終身性學習（Mayesky, 1990, 5）。

然而，我國傳統壓迫性的填鴨教學法，不但無法讓學生體驗到求知的真實過程，更抹煞了學習者對知的好奇與興趣。欠缺好奇心與主動意願的求知，是被動、不需負責任的（Freire & Macedo, 1995），也是種與自我經驗疏離的認知過程。強調開放多元的創造思考教學法，才能造就具有寬闊視野、肯負責的個人，形成學習者彈性思考、獨立判斷、自我反省與具有解決問題的能力，故是能符合未來知識型社會需求的教學方法（陳美玉，民 87，8）。

第二節　創造力的本質

創造力與智力相同，皆是一極複雜且難以下一簡單定義的概念，導致幾種常見的界定方式皆不甚一致，包括創造力指的是人格特質、心理歷程，或是指五種認知能力、四種情意態度，亦有研究者指稱創造力涵蓋六個 P，或是將創造力界定為三元智慧，包括三

種思考模式等。由於創造力的本質與具體內涵，會關涉教師思考教學的做法與策略應用，故有必要在實施創造思考教學前，先對創造力的本質做更清晰的了解，才能在教學上做更精準的掌握。創造力的各種界定方式簡要說明如下：

一、創造力是人格特質

根據有關創造者人格特質的研究發現，創造的人格特徵可歸納為下列五項（張春興，民 83，246）：

1. 創造力高的人在面對複雜困難的情境時，能表現出較多的幽默感。
2. 創造力高的人，即使面對一般人認為單調乏味的工作情境，仍能自得其樂。
3. 創造力高的人對工作較具熱忱，在遇到困難時，也較具堅持與耐力。
4. 創造力高的人，面對無結構與曖昧不明的情境時，較具容忍力與願意接受挑戰。
5. 創造力高的人，較一般人較多的夢想，對自己的未來有更多的想像。

二、創造力是心理歷程

若從心理學的觀點來看，創造力可謂是種心理歷程。根據英國

心理學家 G. Wallas 研究發現，此心理歷程乃包括（張春興、林清山，民 77，176-178）：

(一)準備期

創造之前個人必須先具備基本的知識與修養，並經過發現問題、了解問題，閱讀有關資料，以及分析前人經驗等準備工作。

(二)潛伏期

個人在對某方面知識經驗有了相當的準備後，雖然對於特定問題仍百思不得其解，當事者可能把問題暫時擱置從事其他活動。這時候在表面上看來，似乎已經中斷該活動，但是，不自覺的潛意識中仍存在著此一問題，此時期故稱作潛伏期。潛伏期時，可能在夜間睡眠中忽然出現解決問題的新想法，一旦成熟便能脫絆而出。

(三)豁朗期

經過長期潛伏之後，個人對於所思考的問題頓時豁然開朗，得到解決問題的靈感。此靈感即是個人創作的重要來源，靈感不來，可能永遠不能獲得問題的解答。

(四)驗證期

思考豁然貫通後，即能獲得解決問題的端倪，但是仍需加以驗證，從觀察實驗中求得事實上的結果。

三、創造力是五種認知能力

　　一般創造力所指稱的認知能力係指敏覺力、流暢力、變通力、獨創力與精進力等五種。其中敏覺力係指能敏於察覺事物的異同、優缺點與不尋常特性的能力；流暢力係指心智靈活順暢，反應靈敏，能在短時間內思索到許多可能的構想與解答，使用較多的文字，形成較多的聯想；變通力係指能從不同觀點做不同分類與不同思考，思考方式變化多端，並能舉一反三，觸類旁通；獨創力是指能夠擁有新穎獨特的想法，思想表現超越，能以創新的方法、獨特的見解處理疑難問題；精密力是指慣於慎思熟慮，遇事周密分析，且能在基本的想法上，再加上新穎、精緻的觀念（張春興，民80，324）。

四、創造力是四種情意態度

　　創造力若從情意態度的層面加以界定，則包括冒險性、好奇心、挑戰性與想像力等四種情意態度（陳龍安，民 86，37-40）。冒險性是指能勇於面對不可知的情境，勇於探索，接受新事物；好奇心則是喜愛新奇、不凡的事物與表現，對於愈是不尋常、不按牌理出牌、令人感到困惑的事物愈想要追根究柢的態度；挑戰性指的是在面對解決複雜及混亂問題情境時，能尋求各種可能解決的方法，逐一試驗，表現出臨危不亂、樂於接受挑戰的勇氣；想像力則

是指能構想出不凡的意見、解決問題的方法,有能力提出超越現實及感官的想法。

五、創造力指的是六個 P

依據陳龍安的觀點(民 86,41),創造力的發揮常涉及下列六個以「P」開頭的條件:

㈠創造的「人」(person)

是指具有獨立、自主而充滿想像力等人格特質的人。

㈡創造的「過程」(process)

創造指的是發現問題、產生新假設與進行新試驗,獲得新解答的過程。

㈢創造的「產品」(product)

創造的結果大多能有具體的產出成品,包括創造性的概念、構思與作品等。

㈣創造的「環境」(place)

創造力的發揮通常需要一種支持性與包容度較高的環境,才能使個人的創造力極大化的得到發展。

㈤創造的「壓力」（press）

一項創造性產品的形成，常需要處在一種帶有某種壓力的氣氛中，個人才能發揮較好的創造力。

㈥創造的「說服力」（persuasion）

正如國內心理學家張春興的觀點認為，創造是一種富有新奇與價值的行為表現（張春興，民 83，245），亦即創造的產品對他人能具有說服力，產品本身具有新奇性與不凡的價值。

六、創造力是三種智慧

Sternberg 和 Spear-Swerling（李弘善譯，民 89，18-27）則以三元智慧的概念說明創造力的本質為三種思考模式，包括批判——分析性思考、創造——綜合性思考及應用——情境性思考。此三種思考模式也稱作三元智慧，皆是創造力的重要內涵，但是卻代表著不同性質的能力。其中，批判分析智慧指的是具有適應學校生活、聽從教師指示、按規定行事，能看出事物的優缺點，以及批判性較強等能力，故較能得到教師的喜愛；具有創造綜合性智慧的學生則喜歡創新事物，點子多，然而卻是不喜歡聽命行事，我行我素，也常是教師眼中的麻煩人物；具實用情境性智慧的學生，常識豐富，喜歡置身在現實的問題情境中，體驗實際運用所學的樂趣，然而卻是教師眼中思想雜亂的學生。

七、創造力的綜合性定義

　　由上述對於創造力不同的定義方式來看，創造力的確是一個極為複雜的概念，包括一些特定的人格特質，同時也涵蓋著準備期、潛伏期、豁朗期與驗證期等心理歷程。再者，不可忽略的是，創造力包含的不僅是認知能力，而且必須同時指向情意態度，甚至是必須在實務上有良好表現的技術能力；因此，學者乃將創造力的發揮指涉到六個以「P」開頭的條件因素，包括人、過程、產品、環境、壓力與說服力等。或是以 Sternberg 和 Spear-Swerling 觀點而言，每個人都具有分析性智慧、創造性智慧與情境性智慧，若能使此三種智慧得到適當的開發，則個人在不同的情境中、不同的問題上自然能有最佳的表現。因此，創造思考教學的重點，即在引導學生以分析、創意和實用的角度，充分善用既有知識，使分析、創意與實用等思考能力得到極大化的發展。

　　創造力的本質唯有從這些不同層面的觀點加以掌握，才能將創造力的概念充分融合進入創造思考教學的過程中，獲得更豐碩的教學成果。

第三節　創造思考教學的涵義

　　許多創造思考教學的研究者認為，創造思考教學法的真正意涵，乃指教師能靈活而有創意的運用，甚至創新各種教學方法，以

達到啟發學生的創造思考能力，養成創造思考的生活習慣。更具體而言，即是教師利用各種激發創造思考的教學策略，配合課程設計與實施，讓學生在充滿想像空間與機會的學習情境中，發展流暢、變通、獨創與精密的創造思考能力（陳龍安，民 77；蔡東鐘，民 83）。

創造思考教學旨在由教師透過教學法、課程與教材上的創意構思，提供學生更多創意的表現形式，滿足學生好奇、思圖創造，甚至是超越現實限制的各種奇想，以培養學生創造思考的能力，以及進一步學習與對於事物探究的興趣（Mayesky, 1990, 3）。因為如 S. Johnson 所說：「好奇是一個強壯心智所具有的最永久和最確定的特性之一。」（呂勝瑛、翁淑緣譯，民 80，17）好奇心與興趣乃是主動學習的動力來源，具備此項條件，學生便能夠充分運作心智、發揮想像力，增長智慧，進而提高問題解決的能力。

創造使人們有更高的自信心，並且接納自己，也能更熱切地擔當責任，生活因而能更加圓滿（呂勝瑛、翁淑緣譯，民 80；Hoff & Carlsson, 2002）。而且創造思考能力可以經由教導而獲得開展與增長（呂勝瑛、翁淑緣譯，民 80；陳龍安，民 89），相對的，創造力也會因為教師的壓抑或是不經意的忽視而造成傷害（Mayesky, 1990, 5），導致孩子的表現隨著年紀的增長而愈顯平庸、膽怯，不敢有所創見，喪失表現的信心（Hoff & Carlsson, 2002），故教師在教學上必須採積極且有意向的作為，才有助於學生創造思考與解決問題能力的發展。

由此可見，創造思考教學並非指教師具有高創造力才能實施的

教學方法,而是教師能指導學生發現新的思考與解決問題方法的教學。因此,只要教師願意不斷地學習與嘗試,並改變教學行為,使教學方法、材料與評量方式展現多樣與新奇(吳清山,民91);同時,學生在學習上能夠自由地表達自己,隨時被鼓勵說出新想法、擁有新經驗,並且能從創造中獲得樂趣。更具體而言是指,能引導學生在學習上具備下列特性,包括(Mayesky, 1990, 5)⑴學習感覺到自己是好的,⑵學習尋找解決問題的許多方法,⑶發展自己思考的潛能,⑷發展獨特的個性,⑸發展新的技能。在教與學上能有這些表現,即可稱作是創造思考教學。

創造思考教學對於學生創造力的表現能具有極直接的影響,係因為教師安排創造思考的學習情境,能指導、鼓勵及助長學生創造、思考與主動探索(陳龍安,民 77;Mayesky, 1990;Torreance, 1962)。換句話說,教師若能積極地採用利於學生自由想像與表達、創造思考、探究發現與解決問題的教學方法,便可助於加廣、加深學生的學習視野,提升學習品質、強化應變與解決問題的能力,以及創造思考潛能的發展。相反地,在僵化、紀律過於嚴苛與過度強調順從的教學方法下,由於孩童的創造思考表現受到較大的限制,因而無法得到適當的開展機會。

基於知識經濟時代需要個人具有靈活的思考與解決問題能力,因此,一位有效的現代教師必然能以其高專業能力,透過巧妙的課程設計,在教學過程展現創意,使學習活動充滿變化而富有磁性,故能激發學生的好奇心與學習興趣,使學生更樂於參與、思考與主動探究(吳清山,民91);最後能達到培養學生流暢、變通、獨創

與精密等擴散性思考能力的教學目標，此即是創造思考教學的主要
意涵。此種意涵正能符合心理學者的觀點（張春興，民 83，
245-247），創造即是種擴散性思考，包括流暢、變通與獨創能力；
創造是一種富有新奇與價值的行為表現，故應配合適當的學校教育
加以啟發與引導，才能使個人的創造力得到較有利的發展。

第四節　創造思考教學的策略與原則

　　由於創造思考教學旨在培養學生創造思考與解決問題的能力，
以能因應未來愈加不可預測、且愈形不穩定的社會環境。故目前不
管哪一層級學校教師的教學活動，皆應掌握創造思考教學的實施原
則，使學生在學習過程能夠順利養成高創造力。創造思考教學可以
從下列幾個層面說明其重要的實施策略與原則：

一、創造思考的環境

　　教師在實施創造思考教學過程，必須考慮怎麼樣的物理環境及
心理氣氛，學生的創造思考可以極大化地受到激發，且能因不斷地
發揮創意思維與不凡的表現，而獲得更高的滿足與成就感。以下乃
分別從物理環境及心理環境二方面，說明創造思考教學所應採行的
策略與掌握的原則：

㈠物理環境方面

積極而有規畫的物理環境對於學生創造思考能力的培養具有極大的影響，有關於物理環境規畫的基本原則與運用策略說明如下（Mayesky, 1990, 57）：

1.適當的光線、溫度、溼度及通風

由於中小學生的活動力較大，而且其活動時與地板的距離比起成人貼近許多，故更需要舒適的空間，以利於學生更健康地學習並維持較長的活動時間。

2.開放且容易接近的儲藏架及櫃子

夠低且開放的儲物櫃將利於學生獨立地選擇並取得所需要的東西；另外，若儲物櫃能夠容易移動，將有助於創造更有彈性的學習空間，或是規畫為滿足不同興趣的學習角落。

3.桌椅應輕便易移動且方便重新組合進行小組活動

創造思考教學常需要學生進行小組合作的活動，因此，需要較輕便且容易搬動，並可重新組合為方便小組工作的桌椅，以增進學生合作的動機與品質。

4.令人滿意的視聽環境

教室內的地板、牆壁設計，都應盡量以能消除噪音、增進美觀

與舒服感為佳，才能使學生盡情而無負擔地學習。

5.空間運用應有彈性且符合動線

　　學生的學習空間應盡可能地保有彈性，以隨時依學生知能的、社會的與心理的發展與學習性質不同，而做靈活的調整與重新安排學習角落。另外，也應考慮學生自由活動的動線，不但可增進學習安全，而且也可以增加學生參與活動的自由度，避免學習被打斷或因空間的阻絕而被干擾。

㈡心理環境方面

　　有關促進學生創造思考能力發展的心理環境，其原則包括下列幾項：

1.提供自由、安全、開放而不受威脅的學習情境

　　一個充分自由、安全而不受威脅的學習環境，意指學生不但被鼓勵自由表達各種不同的意見與想法，而且儘管因大膽嘗試而做（說）得不好，或做（說）得不對，也不會被禁止或被責罵，因為錯誤與失敗在鼓勵創造思考的環境中是不可避免的（Annarella, 2000）。因此，在此種安全而不受威脅的學習情境下，學生可以無壓力地參與和表現自己，並且有更佳的勇氣向各種可能的答案挑戰。

2.鼓勵、接納與包容各種創新性的想法與表達

在傳統的教學型態下,一個問題常緊跟著一個單一的正確答案,因此,學生常會擔心因找不到正確的答案而感到緊張或是滿懷挫折感。但是,在創造思考的學習情境中,所要訓練的乃是學生的擴散性思維能力,因此,應特別重視鼓勵學生發揮高想像力,形成各種創新性的想法,或是嘗試各種新奇性的表達方式。而且教師在鼓勵創造思考的過程,亦應展現高度開放與彈性的心態,不急於下判斷或是進行消極的批評,以接納並包容來自學生各種天馬行空的創見與表達形式。

3.營造和諧的互動與合作氣氛

創造思考活動的安排,需要在一個和諧的師生互動與同儕合作氣氛中才能進行得更加順利,尤其學生與同儕間是否能誠懇地相互協助與關懷,形成良好的班級凝聚力,皆與創造思考學習活動的展開息息相關。創造思考性的活動中,例如腦力激盪、六六討論法、經驗的分享與省思,以及各種合作性的學習(Annarella, 2000)等,皆需要藉助同儕互動的力量,以營造資源豐富的教室(陳美玉,民87),才能獲得更多元的回饋與學習成果。

二、創造思考的問題

許多研究皆證明,創造思考能力能夠經由教學情境的適當安

排，以及教師創造思考策略的運用與系統性的教導，而獲得有效的助長（毛連塭，民 89；郭有遹，民 83；Hook & Tegano, 2002；Tan, 2001；Zhou & Oldham, 2001）。有關創造思考教學策略當中，問題解決能力的訓練乃是極重要的一環，因此，教師應提出什麼樣的問題，教導怎麼樣的問題解決技巧，以及如何教導學生問題解決技巧，應成為創造思考教學不可或缺的內容。

　　研究指出（Tan, 2001），學生導向與小組討論方法的問題解決，能夠增進學習者對於學習的責任感，促進其主動參與、強化學習的內在動機，鼓勵學生更獨立地面對並解決問題等，皆是有助於創造思考能力的有效途徑。尤其內在動機的激起，更是創造思考所不能缺少的要素。有關助長學生創造思考潛能發展的問題可包括：

㈠鼓勵透過想像力使事物變得更美好

　　協助學生更具創造思考能力的方法，是以他們喜愛的方式，透過想像力將事物變得更為美好。例如提出下列的問題給學生（Mayesky, 1990, 13-14）：

1. 如果可以更甜，是不是嘗起來更好？
2. 如果可以更小，是不是更好用？
3. 如果可以更快，是不是更有趣？

㈡使用其他感官

　　透過不常用的感官亦可以開展學生創造的潛能，例如要求學生閉起眼睛猜猜手上的東西發生了什麼事？或是聽到什麼？同時，也

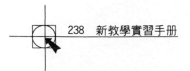

可以請學生依據所猜測的結果做進一步的推理。

㈢提出擴散性問題

　　教學過程可要求學生回答一種以上的答案，促進學生擴散性思考能力，從已有的問題中尋求各種可能的答案，如此一來，學生的創造思考能力便能獲得增長（Annarella, 2000）。擴散性思考問題的例子有：

1.節約用水的方法有哪些？
2.什麼樣的人較容易快樂？
3.什麼東西總是生活在水底？

　　上述問題即是一個答案無法窮盡的擴散性問題，學生在尋找答案過程，其開放而彈性的創造思考能力便能獲得啟發。

㈣舉出不同的用途

　　另一種開展學生創造思考能力的問題即是請學生盡量舉出某一種東西的不同用途。例如：

1.磚塊的用途有哪些？
2.筆可以拿來做什麼？
3.碗的不同使用方法？

　　通常使用此策略，可以使學生獲得較積極而正向的創造思考經驗，故能對學生往後創造思考能力的發展具有極高的價值。

有助於創造思考能力發展的擴散性問題，依據陳龍安（民89，236-238）的劃分方式，可包括下列幾種類型的問題：

1. 假如的問題，例如假如你是一位醫生，你會做什麼？
2. 列舉的問題，例如掃把有什麼用途？
3. 比較的問題，例如男孩和女孩有什麼不同？
4. 替代的問題，例如雨天如果忘了帶傘，你可以用什麼方法替代？
5. 除了的問題，例如杯子除了可以裝水之外，還可以拿來做什麼？
6. 可能的問題，例如如果媽媽不在家，家裡可能出現什麼狀況？
7. 想像的問題，例如一百年後的世界可能會變成什麼樣子？
8. 組合的問題，例如給學生一些圖片，讓他們組合成一個故事。
9. 六W的問題，例如為什麼要遵守交通規則（Why）？要遵什麼交通規則（What）？在哪裡要遵守交通規則（Where）？誰來遵守交通規則（Who）？什麼時候要遵守交通規則（When）？怎麼遵守交通規則（How）？（類似的問題，例如老師和媽媽有什麼相同的地方等。）

三、創造思考的表達與呈現

發展學生創造思考潛能，提供學生更自由表達與呈現自我的機會，乃是極重要的教學策略，因為欠缺表達與呈現的鼓勵與練習，儘管學生擁有創造思考傾向，久而久之可能因無法感受到成就感，而抑制學習的動機與好奇心。基於此，在創造思考教學過程，營造適當而有價值的創造思考表達與呈現情境乃是極必要的做法。

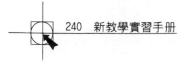

有關創造思考的表達與呈現的教學策略與原則包括以下幾項做法：

㈠尊重並鼓勵奔放意念的表達

正如 A. N. Whitehead 的觀點，「每一個新構想起初看起來都有點瘋狂，都帶些愚蠢的性質」（呂勝瑛、翁淑緣譯，民80，128），因此，創造思考的教學課堂內，應使學生習於提出一些瘋狂、天馬行空，甚至是鹵莽的意念；並且透過各種形式的呈現方式，引發更多新奇、有價值的構想與嘗試。

學生拋出奔放的意念後，教師可以進一步鼓勵學生從這些奇想當中，選出或是轉化成為實際的作為，用於生活中相關問題的解決，或是以此新構想架構自己的生活內容（Annarella, 2000），或是嘗試一些新的發明等，皆是強化學生嘗試新奇構想，以及以特殊形式將構想做多元呈現的好方法。

㈡鼓勵創意而多樣的呈現方式

當學生提出各種奇想與創意想像之後，應再鼓勵其以各種可能的形式將此構想做巧妙的表達，因為呈現的方式也是屬於創造思考活動不可或缺的一環；尤其學生為了能夠更貼切地表達自己創新性的想像，往往需要規畫特殊的呈現方式，以能充分表達自己的奇想或構思。

㈢兼顧多層面的創造力

　　創造思考教學不應將學生的表現局限在認知的流暢、變通、獨特與精進等能力上，應同時重視情意層面的表達與呈現，其中如好奇心、冒險、接受挑戰、容忍高複雜性、想像力的培養等，皆需要超出紙筆測驗或是口頭講述的方式，藉由其他如美術、音樂、寫作、故事……等途徑，依據想像力加以呈現（陳龍安，民 89，224）。

四、創造思考的活動設計

　　創造思考的教學活動設計通常較具變化性，而且能確保每一學生皆有高程度的參與，在參與過程則充分允許學生不成熟及自由的表現，甚至是失敗的經驗，都被視為創造思考必要的發展過程。有關創造思考教學的活動設計，包括下列策略與原則：

㈠提供學生碰觸自己想像力的機會

　　在傳統的教學活動中，大多將重點置於分析與推理能力的訓練上，較少涉及所謂右腦的開發，即創造思考能力的發展。因此，創造思考的教學活動設計，應特別著重於與學生創造思考能力息息相關的想像力的誘發，因為「想像力引導情感，進而才產生具體的作品」（Annarella, 2000）。因此，讓學生有機會從活動中感受到發揮想像力的樂趣，以及碰觸並檢視自己想像力具體化的樣貌，進而不

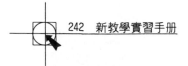

但能以想像力建立個人的生活架構,更能彩繪自己的生活。因為創造與想像力的最高表現,是一種藝術的形式(Annarella, 2000),學生在運用並展現想像力的練習,即是一種藝術化的過程。

(二)設計學生自我導向的學習活動

當學習是以學生為中心,學生被賦予高度的參與與主導責任時,亦即學生被允許有機會對問題產生高層次的理解,以及被信賴有能力解決問題(Annarella, 2000)。此種教學活動設計,通常可要求學生透過一些開放性或是充滿想像力的主題探究、小組合作、討論或腦力激盪的方式,使其在學習過程對自己的想法進行檢證,以建立對自我想法與能力的信心。

(三)重視學生的「做」與「高度參與」

教師應設計較具變化性且以學生的「做」及「高度參與」為主的教學活動,讓學生從實地的做當中學習。其中所謂多變化的活動,可以包括說、讀、寫、畫、表演、討論、論辯、操作等皆是。有關引導學生在參與中、做中學的要點,包括下列幾項(陳龍安,民89,232):

1. 設計多樣、能引起學生思考與好奇心的活動。
2. 運用各種感官並用的活動。
3. 鼓勵運用學生想像力的集體創作。
4. 訓練學生的視聽能力以及與同儕的論辯技巧。
5. 規畫不完全與無結果的學習情境,使學生感到困惑而願意繼續探

索。

6. 充分善用社區及家長的資源，豐富化教室內的活動資源。

五、創造思考的教具、教材與教法

　　教具與教材乃是教師在進行創造思考教學過程重要的輔助工具，教師在教學上有理想的教材與教具相互配合，則學生思考品質可變得更好，學習動機與好奇心得以適當的維持。關於創造思考教具、教材選定與使用的策略及原則，分為下列幾項：

㈠靈活使用多元具變化性的教材與教具

　　創造思考教學不是僅靠一張嘴、一支粉筆或是一本書即可完成，教師在教材與教具的選用上，應多保有彈性與創意，努力思索學生可能取得的圖書館資料、網路資源或是其他可用的社區資源等，都可納入創造思考教學變通性的教材與輔助教具，以豐富教學的內容。

㈡利用電腦與科技媒體設計教材

　　教師為了使學生在學習上保有高度的動機與好奇心，可以透過電腦科技設計教材，或是教學過程輔以科技媒體，都能讓學生形成較高昂的學習動機，並且願意做更深且更廣的創造思考。因此，教學資源的妥善應用亦是創造思考教學的重要因素之一。

㈢善用各種教學方法

　　創造思考教學需要教師靈活善用並融合各種教學方法，例如強調師生間理性對話與論辯的對話教學法；強調學生做中學，在真實情境中體驗學習的經驗教學法；以學生思考、自我導向的探究、問題解決為主的探究學習法……等（陳美玉，民87），以及其他各種常用的教學法，教師都應依創造思考教學的實際需要，在教學過程彈性、權宜選用，以能激發學生不同層面的創造潛能，且對學習保有較高的新奇感。

六、創造思考與美學能力

　　創造思考過程的「發現」部分，與學習者的美學素養息息相關，亦即愈具有創造思考能力的孩子比起較無創造思考能力的孩子，他能看得更多、感受更多且發現更多（Mayesky, 1990, 26）。具有創造思考能力的學生將不止於「我看到什麼」或是「我聽到什麼」，而是「我享有我所看到的」、「我喜愛我所聽到的」，此乃意味著孩子在運用其美學的能力，同時，亦在展現其創造思考中的發現能力。由此可見，在創造思考教學過程，為了提升孩子的美學能力，的確不適合過於偏重學習的「結果」或「唯一的標準答案」等，以免妨礙美學能力的培養。

　　至於美學能力的培養可運用的策略及原則如下：

㈠鼓勵發現事物的意義

孩子對於問題與環境愈具有敏感性，就能對其所處的世界有更深的洞察力，因此，教師在創造思考教學過程，除了應鼓勵學生發現事實之外，更重要的是教學生用心去看世界，理解事實之間的關連性，及其背後的豐富意義。如此一來，孩子便能發展出個人獨特的品味、選擇與辨別的能力，這些能力皆是創造思考所不可或缺。

㈡提供學習美學能力的機會

愈具美學能力的孩子，不但能對事物產生驚奇與感動，亦能產生更高的學習動機，故教師應時常提供機會讓孩子對環境中的顏色、形狀、互動情況、變化等，鼓勵其用心觀察與體會，或是對於文化及早形成知覺，皆可促進學生對於美的事物形成鑑賞的習慣。在鑑賞的活動中，同時也是意義的發現與創造的重要過程。

㈢兼重感官、感覺與想像能力的訓練

美學能力需兼重感官、感覺與想像力的訓練，訓練的程序可先由感官接觸外界開始，使學生經由五官獲得更多理解事物的線索；再透過內在心靈的運作，對於人、事、物形成深層的感受，或是賦予不同的意義；最後則是想像能力的養成，將獲自感官或內在的心裡感受，做進一步的想像，以架構更豐富的學習樂趣與生活內容。

第五節　創造思考教學的實施步驟

　　創造思考教學的實施旨在透過創造思考教學策略的運用，激發學生創造動機，形塑其創造性人格，發展其創造思考能力。以下乃分別說明陳龍安所提出的問、想、做、評的教學步驟，以及 Sternberg 和 Spear-Swerling 三元智慧的創造思考教學步驟：

一、問、想、做、評的創造思考教學步驟

　　問、想、做、評的創造思考教學實施，可依循下列幾項步驟（陳龍安，民 89，229-233）：

㈠安排問題情境

　　教師在創造思考活動的進行之始，應安排問題的情境，包括提問、給與待答的問題，或是設計一個具爭辯性的學習活動，以不同類型的思考問題，發展學生的想像力與創造力，及其解決問題的動機。其中應以認知、記憶性的問題作為引導，奠定學生的知識基礎；以擴散性思考問題訓練其創造力、想像力及解決問題的能力；以評鑑性的問題教導學生如何做判斷、選擇與決定。

　　安排問題情境時，若是採課堂中的發問方式，應特別留意發問技巧，以及提問的問題類型是否能引起學生積極而多面向的思考；

同時，也應鼓勵學生將心中的疑惑化作問題並加以提出，作為全班討論的主題。若是教師給與學生一個待答的問題，或是一項有待解決的工作，則應鼓勵學生循著Dewey所謂思維的正確途徑進行，包括暗示、理智化、形成假設、推理及檢驗假設等五個步驟（賈馥茗著，民81，145）。其中，暗示即指心中存在某種特定的想法或是觀念；理智化則是知覺到疑難或困惑等有待解決的問題；形成假設則是以一個接一個的暗示作為導向，透過蒐集資料指向可能的解答方向；推理則是對一種或一種以上的假設加以認真地推敲；檢驗假設則是透過外顯的或是想像的行動檢證假設的真與偽。

　　在創造思考教學過程，教師可以依據Dewey所提出上述的五個思維步驟，鼓勵學生開放而大膽地提出假設，並且努力蒐集資料，進而透過創造力的發揮，以探究的行動自行尋獲問題的解決，從解決問題過程建立探究習慣，獲得學習的成就感，維繫高昂的學習動機。

　　若是以爭辯性的活動引導學生創造性思考與問題討論，則可以與學生共同擬定和學生經驗相關且較受關注的問題，作為學生課堂內腦力激盪或是集體開放式的討論，解決爭議性問題的主題。此種開放性爭辯活動安排，皆是學生養成在合作中發揮創造思考能力，共同解決問題的有效途徑。

二、鼓勵思考與想像

　　正如Dewey所言，「思考使事物變得更有意義」，「思考激勵

人們去探索」，而且「適當地運用思考能力，人們可以得到真正的歡樂，並且成為必要的再創造資料」（賈馥茗，民 81，8-9）；由此可見，思考乃是創造的泉源，也是人們進行探索前、探索中與探索後的必要心理歷程。而想像活動總是出現在嚴密的思考之前，並為嚴密的思考做好準備，故是促進擴散性思考的主要動力，沒有想像力，只能在既有的思考架框中打轉，並無創新觀念的可能。

思考與想像乃是創造與解決問題的必要條件，教師在創造思考過程，應安排問題情境，鼓勵並提供機會給學生進行擴散性的思考與想像，使學生能強化思考的能力與習慣，並且將思考提升為 Dewey 所稱的「反省性思考」（reflective thinking），也是帶有理智與慎思作用的心智活動（賈馥茗，民 81，3）。值得注意的是，並非所有的思考都具有高價值或是都值得鼓勵，只有專注、嚴謹且能將一系列的線索貫穿起來，並在千變萬化的幻想中，有意識地導出深思熟慮結論的思考，才是有效的創造性思考。

鼓勵思考與想像應注意時間與空間的控制（陳龍安，民 89，231）。在思考時間上，教師在提出問題後，應預留給學生充分的時間，以引導出深層的思考，而不以要求立即性的反應而抹煞掉學生慎思的機會。在空間的控制上，除非能提供支持性的環境與氣氛，否則學生的思考與想像力的表現將受到有意或無意的傷害。

三、提供做中學機會

為了讓學生從「做」中學發展創造性思考潛能，教師需要在教

學過程，透過各種具創意的活動設計，幫助學生有機會面對問題情境，極自然地將創造思考能力表現出來。教師提供練習機會，則可以包括說、寫、讀、畫、演、討論、報告（口頭或是書面）及評論等皆是。

　　為使學生創造性活動順利進行，可試行下列活動（陳龍安，民89，232）：

1. 規畫不完整或無結果的情況，使學生感覺到疑惑或是迷亂而產生探索與思考的動機（賈馥茗，民81，18）；或是以層出不窮的變化，使學生興起思考與想像的好奇心，並鼓勵學生尋求不明確的解答或彌補疏忽的材料，且在此探索過程獲得學習的真正樂趣。

2. 使學生自編故事、自擬問題，從而解決、想像與呈現。在一個極完整的問題擬定、尋找資料、思考、釐清與解決的過程，皆有助於學生發展更成熟的創造思考能力。

3. 鼓勵學生發問或是扮演教導者的角色，使學生有機會體驗不同的學習經驗，將可使學習更有趣，且思考層次可因而提升。

四、評量學習的質與量

　　創造思考教學與其他教學法的評量一樣，皆需要依據教學目標，採用多元的方法，兼重過程與結果，從層次較低的學習往層次較高的學習進行；同時把握認知、情意、技能三個層面，以及學習的質與量的評量，以循序漸進的方式引導學生創造思考能力的發展。雖然創造思考教學強調對於學生學習情況的暫緩批評，甚至常

採取積極的鼓勵做法，但是，並不意味著不評量、不判斷學生的學習品質與數量，反而應更積極地協助及引導學生如何往高層次的創造思考邁進，或是如 Dewey 所說的「反省性思考」。

　　學生學習的品質與學習到多少，在創造思考教學過程具有相等的重要性，甚至是有過之而無不及，此乃因為創造思考能力的表現，往往並非一般的紙筆測驗所能掌握，是以採取多元評量的確有其必要性。故除了紙筆測驗外，其他例如實作評量、真實評量、檔案評量、角色扮演、問題解決、專題研究、自我導向的探究⋯⋯等，都能從中檢視學生學習的質與量，同時也能讓學習更加生動活潑，讓學生從學習中獲得更高的滿足感。

五、三元智慧論的創造思考教學步驟

　　三元智慧論的創造思考教學過程，學生需要從幾個步驟暢通思路、發現問題解決的方法：包括：(1)熟悉問題，(2)組內解決，(3)組間解決，(4)個人解決。四個步驟的實施方法，以下乃以一有趣的故事分別做說明（李弘善譯，民 89，66-69）。

　　故事的內容是：

　　　　有一家人，他們擁有一棟漂亮的房子。但是，房子卻布滿棕色的「甲蟲」（box-elder bug），不斷從屋旁的槭樹飛過來，數量多得嚇人。屋主想弄走蟲子，尤其是天氣冷了，蟲子會跑來避寒。但是，大家對於如何趕走甲蟲卻

有不同的意見。

　　屋主的兒子建議，乾脆把樹砍了。這樣會不會有後遺症？屋主徵詢大家的看法。女兒說，砍樹可能壓倒屋頂。太太說，附近可能還有槭樹，砍倒一棵樹無濟於事，因為蟲子還會從其他的樹飛過來。屋主說，這樹是誰的財產，他也不清楚。結果沒錯，樹是歸鄰居所有。最後兒子提議，趁晚上把樹偷偷砍了，但是家人都反對。

　　女兒建議，請除蟲公司毒死這些蟲子。女兒這麼一說，太太想起以前就是這樣對付螞蟻。但是兒子提出疑議：萬一蟲子再回來呢？太太說，沒錯，以前驅除螞蟻就是這麼回事。

　　屋主最後建議，為什麼不找昆蟲專家呢？沒想到專家居然說：「試著喜歡蟲子。」這下屋主也技窮了。

　　這家人考慮搬家，但是花費太昂貴，況且房子可能無法脫手。最後太太靈機一動，她想附近房子可能都有害蟲。於是這家人費了些功夫，比較有害蟲的房子和沒害蟲的房子有何不同，終於找出解答。原來蟲子偏愛的房子，都是白色或很淡的顏色，躲過蟲害的房子都不是淡色，而且沒有一棟例外。這家人決定重新粉刷，把房子漆成棕色。

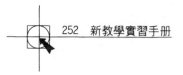
㈠熟悉問題

　　第一步是呈現問題。老師呈現實際問題，和全班共同討論。老師只需定義問題，並從旁協助，例如舉出「槭樹甲蟲」的故事激發學生思考，老師則居於引導的立場，誘導學生界定問題，並想出解決方法，不宜涉入太多。

　　第二步則是小組分析解決方法。如果全班曾經解決過一些問題，教師可以讓學生回想：「當時用了哪些策略或歷程？請和組員分享。」例如同學怎麼解決「槭樹甲蟲」的問題？學生自己要想出來。這時教師不宜評論解決方法的優劣，只需鼓勵學生盡量內省，將想法清楚地傳達給組員。

　　第三步是標記心理歷程和策略。學生只要想出還算完整的策略或是歷程，緊接著就是為這些歷程命名，並讓學生明白這些歷程是如何解決以前的問題，歷程背後的思考技巧是什麼？例如「槭樹甲蟲」的真正問題是什麼？把問題釐清了，問題可能就迎刃而解。

　　第四步是應用標記的歷程檢視當初的問題。教師必須先問學生，這些歷程如何運用於當初的問題。經過一番問答後，新問題便能和舊問題產生連結。

　　第五步是應用標記的歷程解決新問題。教師比照「槭樹甲蟲」的發生順序，提出二至三個新問題，請學生想出解決方法，這時學生就要說出心理歷程與策略名稱。

　　第六步是想出新問題。這個過程是學生想出他們覺得有趣或重要的問題，然後運用剛討論出的歷程和策略共同解決。學生運用剛

形成的新觀念解決自己或是他人的問題，會分外覺得有成就感。

㈡組內解決

在這個過程，全班同學共同解決新問題。教師只需觀察，並請各組選出一名主席，方便討論的進行，其他可不必涉入。各組則可以腦力激盪，運用集體智慧，彼此支援。教師則可以在討論結束後，針對討論講評。

㈢組間解決問題

在這個過程，小組和其他小組討論，找出替代方案。小組之間可以比較並對照彼此的解決方法，或者進行辯論，以相互檢視與評估。組間討論不但能督促組員想出方法，還能收到檢視評估的效果。如果孩子年齡較小，則可以遊戲進行組間討論。遊戲應該有趣，又不失知識性和挑戰性，但應盡量降低競爭的成分，讓學生盡力思考，提升團隊和自已的思考技能。

㈣個人解決問題

最後，學生應該獨立解決問題。亦即個人先在團體學會解決問題，以後才有能力獨立解決問題。組內討論和組間討論提供社會——認知功能，使學生在組內體驗的辯證法則，將來自己也可以吸收運用。每個人的想法不同，彼此競爭又合作，想出最理想的方案。

第六節　創造思考學習的評量

　　創造思考教學重視學生自由發揮、擴散性思考與想像，不強調做標準答案式的反應，因此，對於學生創造思考學習情況的評量，截至目前，學者專家們仍大多認為創造思考很難發展出絕對客觀或是單一的評量方式與工具。再者，創造力的概念也因為過度複雜，以致於很難發展出一套涵蓋所有創造力特質的評量工具，故評量的問題也常讓現場實施創造思考教學的教師們，感到些許的為難。目前發展的標準化創造力測驗，大多為一般的創造力測驗，而不是針對專門領域（王瑞，民91）。儘管如此，並不表示創造思考無法評量或是評量不重要，相反的，創造思考需要教師展現多元評量的專業能力，才能有助於學生創造思考能力的順利開展。

　　創造思考學習的評量可運用下列策略與原則，使學生的學習成效更顯著：

一、提供學生寬廣而自由的表達空間

　　在創造思考教學過程，讓學生有充分的機會表達個人創造性的想法至為重要，尤其讓學生利用語言、文字、圖畫或表演等方式，或是透過各種媒材和形式，將自己的構想做充分的表達，使學生不但可以從中獲得成就感與自信心，而且也能欣賞到他人的創造性表

現，此項學習對於個人美學能力的培養亦有相當價值。

二、重視形成性評量、自我評量與同儕間的相互評量

學生創造思考能力的學習與表現，在學習過程中往往可以比起學習結果觀察到更重要的表現，例如學生如何思考、小組互動與合作的情況、自由聯想與重組不同構想的過程、是否能展現尊重他人與民主的態度、解決問題的策略運用等，都是需要透過形成性評量加以掌握的重點。另外，由於創造思考特別強調尊重個人的殊異性與獨創性，個別差異的表現在評量過程同樣受到重視，因此，創造思考教學應常提供機會給與學生自我評量，使學生能對自我表現情況產生較高的知覺，進而促進反省性思考能力的發展。

再者，創造思考教學除了鼓勵學生自我評量外，同時也引導學生進行同儕間的相互評量。透過同儕間的評量，除了可以訓練鑑賞能力外，同時，也可以獲得接納他人表現的學習機會。

三、避免單一標準的評量

由於創造思考教學重視學生個別的獨持表現，因此，評量時應避免採單一標準的要求，讓學生依自己的風格與能力做不同形式的表達；而且對於學生的作品及表現，不做立即性的判斷，避免造成學生在呈現上的過大壓力，影響創造思考能力的發展。

創造思考能力的表現，並非僅存在認知的層面，同時亦包括情

意的能力，例如是否感情豐富、感覺敏銳，好奇心是否強烈、樂於探索，以及是否願意與他人分享及修改構想，勇於表達自己的感受等，皆是屬於情意層面的表現，皆難以單一標準評定學生能力的高低，往往需要以多元的評量方式，才能較精確地掌握學生的創造思考表現。

四、對準創造思考的特質

創造思考在心理歷程的運作上，乃是屬於高層次的認知表現，這種高層次的認知能力包括敏覺力、流暢力、變通力、獨創力與精進力。創造思考教學應同時顧及這幾項特質的評量，以鼓勵學生極大化地發揮不同特質的創造思考能力。

五、創造思考教學法設計實例

範例一

教學科目	國語科		教學年級	六年級
教學單元	作文——腦力激盪		教案設計者	林怡玲、梁雪萍老師
教材來源	自編			

教學規畫	星期	節次	分鐘	教學研究
	三	三	40	一、學生經驗：學生已有多年的作文經驗，對於作文有一定的認識及練習。 二、教材分析： 　1.藉由聯想和創意激發之活動來發展學生創造性思維，並訓練作文寫作的能力。 　2.以分組競賽的方式培養學生合作、積極參與的精神和發表的勇氣。

教學重點	一、透過說話練習引導學生寫作的興趣。 二、透過聯想和創意激發的方式，促進學生作文內容的豐富性。 三、透過創造性遊戲的方法，使學生寫作時更加流暢。

教學準備	教師： 小白板、白板筆	學生： 「創意大考驗」：積木、鋼板

教學目標

一、認知
　　1-1 能說出未來和世界二詞的意義
　　1-2 能編寫創作性的故事
二、情意
　　2-1 養成團結合作的習慣
　　2-2 培養欣賞文句和故事的態度
三、技能
　　3-1 肢體表達得宜
　　3-2 能集思廣益完成句子和故事的創作
　　3-3 能正確運用豐富的詞彙

目標號碼	教學活動		時間（分）	教學方法	教學資源	學習效果評量
	教師活動	學生活動				
	一、準備活動 　　指導全班學生分成三大組，將所有的教具準備齊全。 二、發展活動 1.引起動機 　　教師請幾位學生發表夢想中的未來世界。 2.呈現教學主題	將教室中桌椅分成三大部分以供全班三大組使用，空出中央之部分作為表演的場地。 　　學生分享自己想像中的世界。	3	啟發式教學法 講述法		能專心聆聽教師所做的說明。 能了解遊戲規則。
1-1	今天大家來玩一些小遊戲以激發我們的腦力，使作文的內容更豐富而多樣化。這堂課我們將要進行三個節目，由分組競賽的方式來完成，使我們腦力得以激盪與開發。 3.活動	聆聽並了解教師的講述與說明遊戲規則。	1			
2-1 2-2 3-1 3-3	㈠「創意大考驗」： 　　教師在開始計時之前拿出某一物品，該組的學生必須在有限時間三分鐘內，輪流上台解說其用途並帶表演之動作，答案愈有創意者愈佳。各小組在三分鐘內競賽，哪一組的答案最多即為優勝者。	各小組在有限時間內上台發表並表演，激發每個人的創意思考，並培養團隊合作的精神。	10	教師從旁指導	積木鋼板	能合作團結與創意之參與，並遵守遊戲規則。

目標 號碼	教學活動		時間 （分）	教學 方法	教學 資源	學習效 果評量
	教師活動	學生活動				
1-2 2-1 2-2 2-3	㈠「聯想遊戲」： 　　教師布題「小叮噹的太空世界」，各小組學生在有限時間五分鐘內去聯想與作夢有關的字詞，並寫在小白板上，看哪一小組所呈現的字詞最豐富即為優勝者。	各小組在五分鐘內盡量去聯想相關的字詞，最後再以小白板呈現各組的答案。	5	教師 從旁 指導	小白 板 白板 筆	能有多方聯想、小組合作完成發表。
2-1 2-2	三、綜合活動 　　教師和全班同學共同檢討，全班推舉出表現最好的小組。提醒學生共同參與、團結合作與創意思考的重要性。 　　教師公布作文題目「公元 3000 年的世界」 ------本節結束-------	學生與老師共同歸納出本節課的要點。	 5	討論 法		能熱烈參與討論並踴躍發表。

範例二

(一)主題：我的重要（適用年級：國中及國小高年級）

　　1.自信心乃是健全人格發展的基礎，因此，透過活動強化學
　　　生的自信心確有其必要。

　　2.教學者可先請學生就(1)我會做什麼？(2)我有什麼優點與特
　　　色？(3)我很重要是因為我……？等三個問題，在紙上盡可
　　　能寫出答案，並在全班同學面前做口頭報告。

　　3.說完「我的重要」之後，則可以試著說「他的重要」，針
　　　對同學的重要性，依據上述三個問題逐一寫作並發表。

(二)主題：創意便條紙（適用年級：國小低年級）（參考自呂金
　　燮譯，民 87，164）。

　　1.便條紙是與他人傳遞簡短訊息的重要工具，透過創意方式
　　　學會書寫並善用便條紙，亦可成為練習寫作的一部分。

　　2.請學生先討論除了用說的，有沒有其他方法可以告訴父母
　　　想說或是想做的事？

　　3.分別說出便條紙可以留在什麼地方？（電冰箱、午餐盒、
　　　車上、公事包、浴室的鏡前、門上……等）

　　4.你要怎麼樣確定你的父母看得懂你寫的便條紙？

(三)主題：千變萬化的圖形（適用年級：國中及國小中、高年級）

　　1.活動設計構想與目標：透過簡單圖形為單位做各種變化，
　　　以培養學生擴散性思考與設計能力。

2. 給與學生一些簡單的圖形，包括圓形、正方形、長方形或是多角形等。

3. 舉實例讓學生了解如何加上簡單的線條，讓圖形變成有意義或是趣味性的圖案與器物圖形等。

4. 待學生完成圖案後，則請學生進一步針對所設計圖案的動機，以及是否有創新性的用途做說明。

範例三

主題：大廚師和他的甘藍菜（適用年級與科目：國中自然科學）

化學實驗室經常使用酸鹼指示劑來檢驗物質的酸鹼性。事實上，大多數的指示劑是由植物色素製成，例如石蕊是由數種地衣植物提煉而成的混合物，到今天仍是廣為使用的酸鹼指示劑。

許多天然植物如黑豆、蘋果皮、紫甘藍、紅鳳菜等，其色素可製成酸鹼指示劑。在一六六三年，波以耳（Robert Boyle, 1627-1691）最早使用植物及花瓣的色素檢驗物質的酸鹼性。到了一七八四年，發明蒸汽機的瓦特（James Watt, 1736-1819）建議在冬天時可使用紫甘藍代替花瓣，提取其中的色素作為指示劑。

由於這些色素取自天然植物，在日常生活中，若能仔細觀察一些植物色素顏色的變化，或許會有一些意想不到的發現。例如根據煮出來菜湯的顏色，可判斷當地飲用水的酸鹼性等。

以下是另一個結合偵探故事與教學的實例。

◎教學活動◎

【相關概念】

pH 值

【使用器材】

紫甘藍菜汁、白醋、去汗粉（以上三種分別裝在玻璃瓶中，瓶上貼有貼示）、試管、試管架、滴管。

【課前準備工作】

　　教師先取紫甘藍菜葉數片撕碎後，投入杯中，以熱水沖泡，約十分鐘後倒出菜汁，裝在玻璃瓶中，旋緊瓶蓋。

【課堂活動】

1. 教師先講述指示劑的用途，並提示某些天然植物之色素可在不同酸鹼性的溶液中呈現不同的顏色。

2. 接著，發給每組挑戰題，內容如下：

　　　　大廚師的屍體被發現時，正仰臥在廚房地板上，菜刀擺在砧板旁邊，砧板上是切碎的紫甘藍，大廚師正在調製生菜沙拉。

　　　　邱泉和黃帆兩位警官正在偵訊三名嫌犯，在案發前最後一小時，只有這三個人曾經進入廚房，而且三人都承認曾與死者發生口角。

　　　　第一位是服務生，他說：「今天晚上，因為有位客人不小心把醋倒在我的衣服上，我進廚房要清洗一下，他很凶地把我趕出來，我忍不住和他對罵了幾句，但是我沒有殺人。」

　　　　第二位是會計小姐，她說：「我進廚房催他還錢。他向我借了公款花用，到現在還沒還，最近老闆要查帳，急死人了！可是他死皮賴臉要我再寬限幾天，我也無可奈何，只好回到櫃柏繼續工作，我沒有殺人！」

　　　　第三位是清潔工，他說：「我進廚房要刷鍋子和洗地

板時，大廚師說我昨天鍋子沒刷乾淨，凶巴巴地把我臭罵一頓，結果我很生氣，地也沒擦，碗也沒洗就跑回家，不想再工作了，我並沒有殺人！」

當然沒有一個兇手會主動承認自己殺人，邱泉嘆了口氣說：「我們再去看看屍體吧。」

黃帆仔細檢查死者身上有沒有留下任何蛛絲馬跡。他發現死者前額遭菜刀砍殺，是致命傷，可能是與兇手發生口角時，遭兇手奪刀砍傷的吧；刀鋒上血跡斑斑，但是刀柄上卻有許多紫色斑點。

邱泉也注意到了。「嗯，這是他正在切紫色甘藍菜時濺到的菜汁吧！」

可是紫色斑點中夾雜著數點黃綠色的斑點，這又是怎麼回事？

你能從刀柄上小小的斑點，偵破一件命案嗎？你可以利用的器材有紫甘藍菜汁、白醋、去污粉、試管、試管架、滴管。

組員姓名：＿＿＿＿＿＿＿＿＿＿＿

1. 甘藍菜汁與醋混合會出現＿＿＿＿色，甘藍菜汁與清潔劑混合會出現＿＿＿＿色。

2. 兇手可能是＿＿＿＿＿＿＿＿。

3. 學生可自行取用老師提供的器材，但限時在十分鐘內破案。

4. 學生分組討論、決定方法、分配工作、實際操作、判斷、達成結論。教師在一旁協助糾正其操作方法，但不暗示其可能的答案。

5.時間到，教師收回各組挑戰題答案後，公布答案及優勝者，頒獎或計點。

◎**解析與討論**◎

　　紫色甘藍菜汁中含有花青素，甘藍菜汁在中性水溶液中呈紫色，遇酸呈淡紅色，遇鹼呈綠色，如「OH-」甚大，則可能呈黃色。

　　因此，清潔工最有可能是兇手。因為去污粉的成分通常含有碳酸鈉，呈鹼性，清潔工正準備洗刷鍋子與地板時，受到廚師責罵，憤而奪刀行兇，他手上的去污粉沾在刀柄上使紫甘藍菜汁的顏色由紫轉黃綠。真正的警察辦案，當然不能憑如此薄弱的證據就定罪，這篇偵探故事只是有意將教學內容故事化，以提高學生學習興趣而已。

　　關於紫甘藍菜，蕭次融教授曾開發出多項趣味實驗，各位老師可在教學時善加利用。

（本範例摘取自陳偉民、祁明輝，創意教學。民89，86-91。台北：幼獅文化）

第七節　結語

　　創造思考教學可謂是在知識經濟時代中，最具有價值與具未來性的教學方法，也是培養學生開創環境與解決問題能力的重要途徑。換句話說，學生必須能夠更靈活的思考且創新構想，才足以在

此變遷快速的社會中解決各種不可預測的問題，進而成為有能力創新知識的知識份子，滿足新經濟時代的環境需求。

　　由於創造思考教學對於知識型社會具有如此高的價值性，因此，現代教師必須具備實踐創造思考教學法的能力與動機，將各種創意性的教學構想付諸實現促進學生創造思考能力的發展。本章乃從創造思考的環境、創造思考的問題、創造思考的表達與呈現、創造思考的活動設計、創造思考的教具、教材與教法、創造思考與美學能力等六個面向，列舉出教學的原則與策略。另外，創造思考教學的實施，亦可依照安排問題情境、鼓勵思考與想像、提供做中學機會，以及評量學習的質與量等四個步驟加以進行，皆是有助於提升創造思考教學效果的做法。

　　然而，由於創造力的概念顯得較為複雜，至今仍尚未發展出一套涵蓋所有創造力特質的評量工具，評量的問題因而成為現場實施創造思考教學的教師們感到較不具說服力的一環。儘管如此，並不意味著創造思考教學評量不重要，相反地，唯有透過適當評量理念與方法的輔助，才能更有效地激勵學生高昂的學習動機，獲得學習的成就感，建立對自我的信心。基於此，本章乃提出提供學生寬廣而自由的表達空間、重視形成性評量、自我評量與同儕間的相互評量、避免單一標準的評量與更精準掌握創造思考的特質等幾項評量的原則；同時，為了更具體說明創造思考的真實做法，本章亦提供幾份創造思考教學活動設計範例，都可作為實施創造思考教學教師的參考。

🌐 參考書目

王瑞（民 91）。創造思考教學策略對學生創造力之影響。**台灣教育**，614，24-28。

毛連塭（民 89）。緒論，輯於毛連塭、郭有遹、陳龍安、林幸台合著，**創造力研究**。台北：心理。

呂金燮譯（民 87）。M. J. Wynn 原著，**創意教學策略**。台北：洪葉文化。

呂勝瑛、翁淑緣譯（民 80）。R. W. Olson 原著，The art of creative thinking，**創造與人生**。台北：遠流。

李弘善譯（民 89）。**思考教學**。R. J. Sternberg & L. Spear-Swerling 原著，Teaching for Thinking。台北：遠流。

吳清山（民91）。創意教學重要理念與實施策略。**台灣教育**，614，2-15。

陳美玉（民 87）。**教師專業——教學法的省思與突破**。高雄：麗文文化。

陳龍安（民 77）。**創造思考教學的理論與實際**。台北：心理。

陳龍安（民 89）。創造思考教學，輯於毛連塭、郭有遹、陳龍安、林幸台合著，**創造力研究**。台北：心理。

陳偉民、祁明輝（民 89）。**創意教學**。台北：幼獅文化。

張春興、林清山（民 77）。**教育心理學**。台北：東華。

張春興（民 80）。**現代心理學——現代人研究自身問題的科學**。台

北：東華。

張春興（民83）。教育心理學──三化取向的理論與實際。台北：東華。

郭有遹（民83）。創造性的問題解決法。台北：心理。

賈馥茗主編（民81）。我們如何思維。J. Dewey 原著。台北：五南。

蔡東鐘（民83）。創造思考策略及其在技學教學上的運用。創造思考教育，6，25-32。

Annarella, L. A. (2000). Making creativity and imagination part of the curriculum. *Creative Drama Magazine*, 3(4), 10-19.

Hoff, E. V. & Carlsson, I. (2002). Shining lights or lone wolves? Creatinity and self-image in primary school children. T*he Journal of Creative Behavior*, 35(3), *ournal of Creative Behabior*, 36(1), 17-40.

Freire, P. & Macedo, D. P. (1995). A dialogue: Culture, language, and race. *Harvard Educational Review*, 65(3), 377-402.

Mayesky, M. (1990). *Creative activities for young children (fouth ed.)*. N. N. Y.: Delmar Publishers Inc.

Tan, A. G. (2001). Singaporean Teachers' perception of activities: Useful for fostering creativity. *The Journal of Creative Behavior*, 35(2), 131-148.

Torrance, E. P. (1962). *Guiding creative talent*. Englewood Cliffs, N. J.: Prenctice-Hall.

Zhou, J. & Oldham, G. R. (2001). Enhancing creative performance: Effects of expected developmental assessment strategies and creative personality. *The Journal of Creative Behavior, 35*(3), 151-167.

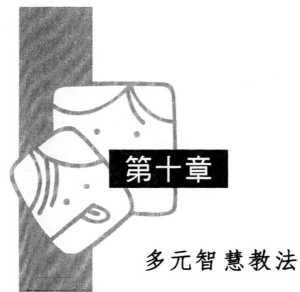

第十章

多元智慧教法

〈李咏吟〉

◑ 智慧的界定及學習者的智慧特質

◑ 多元智慧教學設計的原理與策略

◑ 結語

　　近期有機會去訪問台北市的十餘所國中小學，發現為數一半的學校在學校遠景的規畫上，均提到希望開發學生的多元智慧。由此現象可了解到我中小學教育已然注意到世界教育的潮流。多元智慧理論乃是美國哈佛大學教育學者 Howard Gardner 於一九八○年代所提出，並在美國的學校長期實驗多元智慧的教學與評量，較著名的包括「零計畫」（Project Zero）和「光譜計畫」（Project Spectrum），期望教育能實現「教育是教師去適應學生，而不是學生去適應教師」、「把每個小孩帶上來」、「充分開發據不同智慧優勢兒童的潛能」等因材施教的理想。由於 Gardner 所發展的多元智慧理論重視生物的文化的和實用的價值，與早期重視心理計量學（psychometrics）的智力理論有所不同，因而易與學校教育的目的、課程和方法相對應；到目前為止，國內外已有許多學校教師嘗試去認識多元智慧教學的涵意及其在課堂應用的具體方法，期能擁有新世紀教師的教育專業知能。

第一節　智慧的界定及學習者的智慧特質

　　多元智慧中的智慧（intelligence）一詞，其實已成為世俗用語，因此其意義很混沌，有時指先天資質的優異程度，有時指一個人經過學習、思考、生活歷練後的聰明狀態。Stenberg（1986）指智慧有兩種定義：一為操作性定義（operational definition），另一為真正的定義（real definition）。前者是吾人能以實際測量工具如

智力測驗所得的智力商數（intelligence quotients，即 IQ）；後者則屬真正的定義，乃是個人從經驗中獲取教訓的能力及適應環境的能力。Gardner 特別對智慧的涵意加以說明：「基本上，我將智慧視為一種身心潛力（biopsychological potential），亦即所有物種均具備其所能運作的一組心智機制（a set of intellectual faculties）」（Gardner, 1993, 36-37）；「智慧是解決問題或製造產品的能力，受到一或多種文化環境的重視」（Gardner, 1983）。Gardner 認為人類認知的範疇，應該包含比現在一般人所考慮更寬廣的知能標準。故人類的智慧除了早期可由心理工具測量的，如語文的、數學的、推理的、記憶的等智慧外，尚包括其面對環境中的特殊內容如內省的（intrapersonal）智慧、人際的（interpersonal）智慧等。

大部分的個體雖然擁有 Gardner 所提的多種智慧，但這些智慧能力通常是不平均的，只是每個人統合運作的方式各有不同，人類是在豐富的各項智慧之中和之間，表現其特有的天賦才能。Gardner 認為如果給與適當的鼓勵、充實和指導，每一個人都有能力使所有的各項智慧發展到一個適當的水準（Armstrong, 1994）。表 10-1 顯示在各項領域中表現優秀的個人，其表現優異之處、喜歡從事的活動、好的學習方式、適合從事的工作（Nicholson-Nelson, 1998；引自王為國，民 89）：

表 10-1 多元智慧的心理與文化的價值之分析

智能領域	優異之處	喜歡的事	最好的學習方式	適合從事的工作
語文	閱讀、寫作、說故事、記憶資料、思考文字	閱讀、寫作、說故事、記憶、作謎題	閱讀、聽和看句子、演講、寫作、討論和質疑	詩人、劇作家、編輯、記者、作家、演說家、政治家
邏輯數學	數學、推理、問題解決、分類	問題解決、發問、從事和數字有關的工作、實驗	分類、抽象運作、找出類型和關係、分類	數學家、稅務人員、會計人員、統計學家、科學家、電腦工程師
空間	閱讀、地圖、圖表、畫圖、想像事物、視覺化	設計、畫圖、建築、創造、白日夢、看圖	喜歡做有關圖片和顏色的事、視覺化、使用心眼、繪畫	獵人、偵察員、嚮導、室內裝潢師、建築師、藝術家或發明家
肢體運作	運動、舞蹈、演戲、技藝、使用工具	移動、肢體語言、接觸和談話	接觸、移動、經由身體感覺獲得知識	演員、運動員、舞者、工匠、雕塑家、機械師、外科醫師
音樂	唱歌、捕捉聲音、回憶旋律、節奏感	唱歌、演奏、聽音樂	旋律、節奏、唱歌、聽音樂	作曲家、音樂演奏家
人際	了解人們、領導、組織、溝通、解決衝突、推銷	交朋友、和他人談話、參加團體	分享、比較、關係、訪談、合作	政治、心理輔導、公關、推銷及行政
內省	了解自己、明瞭自己的優缺點、設定目標	獨自工作、反省、追求興趣	獨自工作、自我設定計畫、擁有空間、反省	心理輔導、神職
自然探索	理解自然，區分和辨別動植物	接近大自然，做分類的活動	在大自然中工作，探索生活中的事物，學習有關的植物及自然事件	植物學家、科學家、園藝工作者、海洋學家、國家公園巡邏員、地質學者、動物園管理員

　　Gardner 雖然將智慧結構分成七、八種之多，且均是理解認知的直接形式，不應偏重於屬於抽象的、邏輯的理性運作。我們可以觀察到每個個體均有其特殊的智慧能力，例如有些人音樂能力特別突出，有些人能言善道，有些人運動神經特別發達，有些人具有優勢的數學思考能力，而有些人較善於反射自省。由於人類所處的環境相當複雜，個體須面對不同的事物或情境，故以適當的單一或數種智慧因應環境是自發現象，例如書本引動個體的語言智慧，與數學相關的問題則引動邏輯的──數學的智慧。

表 10-2 不同多元智慧類型特質說明表

智慧類型	特質
語文的/語言的智慧	個體運用口頭語言和書寫文字的能力；對字句和音/義的處理程度。
邏輯的/數學的智慧	亦即科學思考，個體運用演繹思考/推理，數字和抽象形式辨識的能力。
視覺的/空間的智慧	個體運用視力形成對物心理具像，創造內在意像/圖形的能力。
肢體的/運動的智慧	個體運用身體的動作、雙手的技巧、了解大腦動作神經和身體的特長。
音樂的/韻律的智慧	個體辨認聲音形式，敏銳地覺察調子和節拍的能力。
人際的智慧	個體把握人與人的關係和溝通的行動能力。察覺並區分他人的情緒、意向、動機和感覺的能力。依賴其他所有智慧。
內省的智慧	個體重視存在的內在狀態、自我反省、後設認知和覺知靈性現實。
自然探索的智慧	個體對自然事物有高度的好奇心，喜好辨認和區別植物、動物、岩石和其他生態世界的能力。

在某一情境下可能需要超過一種的智慧，而某一特殊的智慧可能被運用在不同的情況下，例如小提琴手必須有優秀的身體的／動覺的智慧，一個樂團指揮必須有相當的人際智慧，而一個歌劇的導演則同時需要具備良好的空間的、個人的、語言的和音樂的智慧。

第二節　多元智慧教學設計的原理與策略

一、設計原理

理想地運用多元智慧理論的教室教學，應是教師能設計出兼顧八種領域的學習內容，提供有利於八種智慧發展的學習情境。教師應思考學習者的潛在智慧如何被擴展（stretching）、讚揚（celebrating）、喚醒（awakening）或遷移（transferring）。Lazear（1999）認為多元智慧在教室的應用有三種方式：

㈠以智慧本身為教學主題

為多元智慧而實施教學（teaching for multiple intelligence），每一項智慧都可以當作是一門科目來教學。例如音樂技巧、語言、藝術也可當作是一個正式的科目，這些科目的教學必須配合每個智慧的發展階段。

㈡以智慧為手段去獲取知識

利用多元智慧實施教學（teaching with multiple intelligence），每一項智慧都可以當作是獲得智慧的方法，例如運用肢體的運動來學習字彙、用音樂來教數學概念等。

㈢後設智慧（meta-intelligence）

讓學生有機會研討智慧本身，針對學生認識多元智慧而實施教學（teaching about multiple intelligence）。課程是教導後設智慧運作歷程，包括注重教導學生有關於他們自己的智慧、如何了解自己的智慧、如何強化他們，以及如何運用他們來進行每日的訓練。

Forty（1997）曾指出六種適合多元智慧理論的教學模式，每一種模式包含多向度的策略和不同的工具以幫助教師執行教學任務，其模式包括問題—導向學習（problem-based learning）、個案研究（case studies）、主題式學習（thematic learning）、計畫學習（project learning）、服務學習（service learning）和表現學習（performance learning）。

表 10-3 不同多元智慧教學模式說明

各課程模式的發展步驟		
問題－導向學習	個案研究	主題式學習
認識問題	主要概念	腦力激盪一組
界定問題	內容／規律	主題
集合資料	強使注意的敘述事實	列出問題
·已知的	小組討論	轉換－主題成為問題解
·需知的	摘要報告	決的調查
·需做的	追蹤	·蒐集資料
提出假設		·分析問題
進行研究		·統整可行路徑
重述問題		·辯護答案或立場
統整可行路徑		
辯護答案		
·切實的		
·可能的		
·偏愛的		

各課程模式的發展步驟		
計畫學習	服務學習	表現學習
第一階段智慧技能： 蒐集活動—— ·讀　　·研究 ·面談　·看 ·聽　　·參觀 ·網路搜尋 第二階段智慧技能： 過程活動—— ·草擬　　·畫圖 ·計算　　·聯合 發展原型 第三階段智慧技能： 應用活動—— ·嘗試　　·測驗 ·評鑑　　·修正 ·重複循環作業 ·表演	選擇服務的需求 尋找一社區合作對象 連結服務工作和教育目標 經營計畫 ·規畫 ·監控 ·評量 促進反省性學習	提示 願景 標準 教導內容 ·說明 ·示範 ·回饋 ·行動 ·討論 說明 討論

二、教學設計步驟

在教育上，設計的意義在於改變現存的狀況，根據相關科學理論找出最有效的法則，以闡述事物所含元素間的關係。當教學者所設計的是以學生為中心的教學模式時，尤其需要注意設計工作，以確保教學任務的成功。茲將多元智慧的教學設計步驟說明如下：

1.訂定的目標：可發展全年的課程，也可針對某一教學目標進行設

計。

2.將目標化為各項智力活動，提出各項智力類別的教學活動。

3.考慮所有可運用的教學法及教材。

4.選擇適當的教學法及教材。

5.分配教學時間及安排教學順序，並據以撰寫教學設計。

6.執行教學設計。

7.執行過程中可是需要加以更改。

三、應用不同的設計格式

㈠框架式

單元名稱：＿＿＿＿＿＿＿＿＿＿＿＿＿＿＿＿

單元目標：＿＿＿＿＿＿＿＿＿＿＿＿＿＿＿＿

智　　慧	活　　　　　　動
語文／語言	
數學／邏輯	
視覺／空間	
身體／運動	
音樂	
人際	
內省	
自然觀察	

㈡圓形式

图 10-1 多元智慧論規畫「教」、「學」和「評量」的管道

㈢學習中心式

一個運用八種中心的範例課程
主要課程:「慧星」
中心
瑪莎葛蘭姆中心(動覺智慧):＿＿＿＿＿＿＿＿＿＿＿＿＿＿
愛因斯坦中心(邏輯－數學智慧):＿＿＿＿＿＿＿＿＿＿＿
畢卡索中心(視覺－空間智慧):＿＿＿＿＿＿＿＿＿＿＿＿
基塔羅中心(音樂智慧):＿＿＿＿＿＿＿＿＿＿＿＿＿＿＿
莎士比亞中心(語文智慧):＿＿＿＿＿＿＿＿＿＿＿＿＿＿
甘地中心(內省智慧):＿＿＿＿＿＿＿＿＿＿＿＿＿＿＿＿
南丁格爾中心(人際智慧):＿＿＿＿＿＿＿＿＿＿＿＿＿＿
富蘭克林中心(自然觀察智慧):＿＿＿＿＿＿＿＿＿＿＿＿

四、應用多元評量

　　評量是教學的一個向度，特殊的教學形式應有相對應的評量手段。多元智慧教學的評量不僅為教學過程提供情報，它亦注重多向度的、非正式的和學生積極參與的特性，因此除了學習者在測驗上的表現和學科的基本能力分析之外，亦注重教師敘述性地描述個別學生學習過程中的特殊表現和其學習的強弱點，並重視學生學習後的自我反省報告和家長的參與狀況。綜言之，教師應根據自己所發展的多元智慧課程目標，而決定如何統合應用紙筆測驗、教師觀察的實作評量（performance assessment）與學習檔案等，茲舉一例專題計畫評量表如下頁。

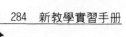

專題計畫評量表

姓名：　　　　　　　　　計畫：

研究問題：

教師與同儕評量

研究：	卓越的	滿意的	需要努力
至少運用三種資源	3	2	1
記錄訊息的來源	3	2	1
蒐集到有趣的、新奇的資訊	3	2	1
確認繼續追蹤的新主題	3	2	1
報告技巧：			
準備完善而且有組織	3	2	1
展現好的傳達技巧	3	2	1
運用多種模式	3	2	1

學生自我評量

1.請說明你在學習做專題計畫上，你學到什麼：＿＿＿＿＿＿＿＿＿＿

＿＿＿＿＿＿＿＿＿＿＿＿＿＿＿＿＿＿＿＿＿＿＿＿＿＿＿＿＿＿＿＿

2.請說明你在學習做發表上，你學到什麼：＿＿＿＿＿＿＿＿＿＿＿＿

＿＿＿＿＿＿＿＿＿＿＿＿＿＿＿＿＿＿＿＿＿＿＿＿＿＿＿＿＿＿＿＿

3.請說明在這計畫中，最困難的部分是什麼：＿＿＿＿＿＿＿＿＿＿＿

＿＿＿＿＿＿＿＿＿＿＿＿＿＿＿＿＿＿＿＿＿＿＿＿＿＿＿＿＿＿＿＿

4.請說明在這計畫中，最令人愉快的部分是什麼：＿＿＿＿＿＿＿＿＿

＿＿＿＿＿＿＿＿＿＿＿＿＿＿＿＿＿＿＿＿＿＿＿＿＿＿＿＿＿＿＿＿

5.如果再做一次計畫，你會有哪些不同的作為：＿＿＿＿＿＿＿＿＿＿

五、範例

　　許多教師也許認為現在中小學的課程安排，包括國語、數學、自然、體育、音樂……等等課程，不就已經涵蓋多元智慧的所有類別了嗎？Gardner 的多元智慧教學是在一次的單元教學（可能是統整課程單元、主題式學習、學科小單元）前之計畫，就包括適合各種不同智慧優勢學生的需求，故教師需要思考多元的學習活動之切入點。以下為三個不同學習領域之例子：

範例一 光合作用（Chen, et al., 1998）

坎伯仍然保留他原來所進行的主題教學方式，但是設法以七種智慧的不同方法呈現每個主要概念。他每天先以十五分鐘的時間去說明要學習的主要概念，然後學生以小組的方式一起學習（小組的成員組合會維持大約一個月的時間），有兩到三小時的時間分別到七種不同的學習中心進行學習活動，從許多不同的切入點來學習課程中的內容。

舉例來說，在光合作用的單元中，學生們會去讀或是寫一篇關於光合作用的文章（語文智慧）；使用水彩去描繪光合作用的過程（視覺智慧）；創作一首歌謠去代表有關光合作用的步驟（音樂智慧）；設計出光合作用的表格或是時間流程圖（數學智慧）；用舞蹈或是一組連續的動作代表光合作用（肢體動作）；在小組裡討論光合作用中葉綠素的角色（人際智慧）；並且寫一篇短文回想自己生命過程中類似的經驗（內省智慧）（Campbell, Campbell & Dickinson, 1996）。最後，學生會聚集在一起分享歌曲、舞蹈、模型或是其他由他們所做出來的作品。（引自葉嘉青譯，民91，157-158）

範例二 以龍（dragon）為學習的主題

主題：「dragon」

教學設計	學生活動
介紹一首內含 dragon 的詩	全班讀詩、唱詩（語文）（音樂）
學生製作 mechanic dragon（身體／動覺）	小組討論與畫圖設計（人際）（視覺／空間） 記錄所採用材料的片數、釘子數……（邏輯／數學） 個別報告（語文）（內省）

範例三　**數學科單元；生活中的平面圖形（國中二年級）**

設計者：高逸凡（李咏吟修改）

智慧	活動
語文／語言	請同學寫心得報告。
數學／邏輯	生活中常見平面圖形的辨識（直角三角形、銳角三角形、鈍角三角形、圓形、橢圓形、長方形、正方形、扇形、六邊形等）。
視覺／空間	描繪每個圖形的空間位置（左右上下）。
身體／運動	動手畫圖形。
音樂	
人際	雙向溝通說數學。
內省	利用反省單討論參與兩個活動的心得。
自然觀察	找出學校環境中至少三種不同三角形的圖形，並寫出圖形的名稱。

活動流程：

1.請全班先推選出一名擅長口語能力表達的同學 A。

2.進行「單向溝通─由我說給大家聽」。老師給同學 A 一張紙，紙上畫有生活中常見的平面圖形（參考附件 a），請同學 A 描述給大家聽，全班依其描述自行畫在計算紙上，只能「聽」，不能「問」。

3.等同學 A 描述完畢，由老師將圖形公布於黑板上，請全班看看自己畫的圖形跟黑板是否一樣。

4. 再請全班推舉出另一名擅長口語表達能力的同學 B。

5. 進行「雙向溝通－我說你聽、你問我答」。老師給同學 B 一張紙，紙上畫有生活中常見的平面圖形（參考附件 b），請同學 B 描述給大家聽，全班依其描述畫在計算紙上，聽不清楚可以問。

6. 等同學 B 描述完畢，由老師將圖形公布於黑板上，請全班看看自己畫的圖形跟黑板上的是否一樣。

7. 請全班互相討論剛剛進行兩活動的感想。

8. 請同學 A 與同學 B 發表剛剛的討論心得。

9. 請同學採自願方式，分享剛剛的活動心得。

10. 由老師補充生活中平面圖形的概念，並為數學與溝通、雙向溝通與單向溝通做個總結。

11. 請同學回去寫心得報告。

圖形資料：

附件 a

附件 b

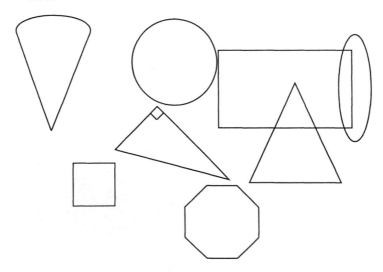

第三節　結語

　　Gardner 所提出的多元智慧是當今美國中、小學的顯學。根據筆者的觀察，具有設計多元智慧取向的單元教學是美國目前中、小學在職的老師需要具備的基本能力，就如同目前台灣的老師需要具備九年一貫課程發展能力一樣。多元智慧理論在學校的應用所以受重視的原因，在於其能改進過去學校教育太重視學習者語文的和數學的能力，讓許多具有其他智慧優勢如空間能力、動覺能力、自然探索能力、內省能力等的學習者失去信心與表現的機會，以致於許多學子無法了解自己的智慧優勢，也未能在日後社會生活上獲得最大的滿足與成就，所以 Gardner 博士認為，老師採用多元智慧的觀點設計學習的內容和方法，是新世紀教育改革的重要手段。

　　近幾年來，多元智慧教學亦在台灣經由一些學者和現場的中、小學老師加以介紹與實驗，亦有了初步的成績。較大規模的教師訓練與嘗試是約四年以前由美國聖荷西州立大學張稚美教授在台北所主持的研究計畫，後續並由政大周祝瑛教授於兩年前執行運用多元智慧理論於補救教學的計畫；又如封四維（民 88）和吳誼華（民 90）分別在多元智慧教材和教學模式在國小的試作亦相當豐富。

　　發展至今，多元智慧教學存有三個問題，第一個問題為是否有足夠的教學時間進行？如果教師能根據與學科相關的智慧活動自己教，其餘的智慧活動同時由學生分組進行學習，則時間應是不會造

成困擾。第二個問題為一次單元教學設計應否包含所有的智慧發展？為符合此理論的特色，應在一次單元設計中盡量包含四、五種以上的智慧活動，而且教師應常自省，是否在數個星期中讓學生有機會應用到自己的優勢智慧學習？第三個問題為多元智慧教學設計如何和統整課程結合，近期出現很多以智慧類型和學科別作為縱向與橫向的設計表，如此是否過於複雜化而違背多元智慧理論的原則？統整概念是否應是教學設計初期對主題的選擇？

　　總之，有意發展多元智慧教室的教師不僅應多參考國內外的實例，亦應對多元智慧教育的理念有所認識，才能找出自己的設計形式。

🌐 參考書目

王為國（民89）。國民小學應用多元智能理論的現況分析與評估之研究。國立台灣師範大學教育學系博士論文，未出版。

吳誼華（民90）。國中公民與道德科多元智慧教學之實驗研究。國立台灣師範大學公民訓育學系碩士論文，未出版。

李咏吟（民87）：認知教學——理論與策略。台北：心理。

封四維（民88）。多元智慧教學之實踐：一個教師的行動研究。國立台灣師範大學教育學系碩士論文，未出版。

陳麗芬（民88）。「資訊科技融入各科教學」範例一理化科。載於台灣省八十七學年度國民中學「資訊科技融入各科教學」暨教學網站推廣研討會手冊。台北：江翠國中。

潘文福（民90）。應用學習單的網路化教學設計與成效分析。國立台灣師範大學教育學系博士論文，未出版。

Forty, R. (1997). *Problem-based learning & other curriculum models: For the multiple intelligences classroom*. Arlington heights: IRI Skylight Training and Publishing.

Gardner, H. (1983). *Frames of mind: The theory of multiple intelligences*. New York: Basic Books.

Jie-Qi, C., Mara, K., Juile, V. & Emily, L. (1998/2002) *Building on Children's Strength: The Experience of Project Spectrum*. Teachers. New York: Teachers College Press.

葉嘉青（譯）。多元智慧之光譜計畫的經驗。台北：心理。

Linda, C., Bruce, C. & Dee, D. (1996/1998). *Teaching & Learning through Multiple Intelligence*. Bardom-Chinese Media Agency. 郭俊賢、陳淑惠（譯）。多元智慧的教與學。台北：遠流。

第十一章

統整課程的設計與教學

〈甄曉蘭〉

- ◑ 課程設計的考慮要素
- ◑ 課程發展模式與設計流程
- ◑ 課程內容的組織形式與組織要領
- ◑ 統整課程的設計要領

在九年一貫課程改革的學校本位課程發展的理念之下，教師必須具備基本的課程概念與課程設計能力，要能夠研擬、設計符合學生需求、具備學校特色的課程方案，進而從實施的過程中，評鑑課程方案的成效，由此繼續地修正、改進學校課程。基於此，本章特別介紹課程設計的考慮要素、課程發展模式與設計流程、課程內容的組織形式與組織要領，並且以統整課程設計為例來說明相關原理的應用。

第一節　課程設計的考慮要素

課程設計乃是就課程目標的訂定、內容的選擇、組織的方式、教學活動的安排及評量的步驟和程序，所進行的深思熟慮過程。課程設計的核心在於決策，而其相關決策則反映出課程設計者的教育理念與課程構想。基於時代政治、經濟、科技、文化背景及教育價值觀的差異，課程設計常擺盪在學科中心論、兒童中心論和社會中心論之間。就國內的課程實踐來看，長久以來，學科中心課程一直是學校課程設計的主要形式，雖然課程的內容或多或少有所變化，但課程的結構並沒有多大的改善。然而如前所述，當前九年一貫課程改革所呈現出來的，乃是一種課程結構的改革，除了試圖兼顧知識、兒童、社會的需要，也意圖解決學科課程分工過細的缺失，於是把彼此鄰近的學科內容合併為學習領域，強調各科教師的協同教學，好讓學生產生統整的學習，能夠聯繫生活經驗與社會實際。

　　基本上，任何形式的課程設計背後，都應有其學理基礎與所意
圖達到的教育目標，若能兼顧人的發展與社會發展的關係、學習內
容結構與學生心理發展的關係，以及知識結構與社會結構的關係，
才可能發展出較為平衡、周全的課程設計；一方面導引學生探究文
化的遺產與精華（知識中心論），一方面讓學生有機會對其感興趣
的領域有深入的了解（學習者中心論），另一方面更積極鼓勵學生
勇於探究社會問題以及與他們切身相關的社會事務（社會中心
論）。換句話說，教師必須對學生、學科內容及社會有充分的認
知，才可能發展出明確的教育目標（參見圖 11-1），進而在學校層
級和教學層面產生較平衡的課程組織，充分掌握「學習的本質」，
架構出既充實又周全的「運作課程」（operational curriculum），讓
學生的「經驗課程」（experiential curriculum）達到（甚至超越）既
定的課程目標與理想（甄曉蘭，民 90）。

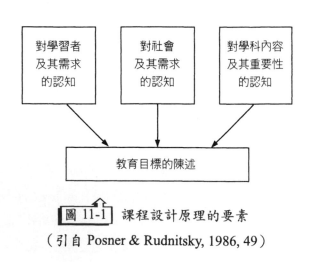

圖 11-1　課程設計原理的要素

（引自 Posner & Rudnitsky, 1986, 49）

一般而言，課程設計的核心決策要務包括內容的選擇與組織，內容的選擇與「什麼是值得教的？」問題密切相關，而課程內容的組織則主要在處理知識或學習經驗的排列、整合，以促使學習者有效地學習各種知識概念。在確立目標、選擇重要的知識內容與學習經驗之後，課程設計便是要透過課程的組織，將構成教育系統或學校課程的要素，加以安排、串連或排序的方式。其一般要素包含了教學計畫與方案學習材料、學校器材與設備、教師的教學專業知能及測驗與評量的設計等等（Skilbeck 載於 Goodlad & Su, 1992, 328）。針對課程設計實務而言，Schwab（1969）特別強調，要以學科內容、教師、學生及學習環境四項課程共同要素，作為課程決定的重要因素，主張從實務層面來考量從哪裡開始著手課程的改變。換言之，課程設計所要考慮的要素，其範疇並不單指各科教學內容及其大綱的訂定而已，所涵蓋的層面尚且包括學習環境、學校及教師的目標與價值觀，以及學生的學習經驗與認知發展的規畫與安排。

教師實際進行課程設計的時候，必須要審慎處理有關「範疇」、「順序」、「連貫」和「統整」等課程組織的決策。根據 Goodlad 和 Su 對課程組織要素的分析，「範疇」是決定課程結構與內容的橫向寬廣度，亦即考量各年級的學習規畫需要涵蓋哪些課程領域或學習內容；而「連貫」與「順序」則是有關於課程的縱向組織問題，處理整個教育階段內各年級間課程的垂直銜接，以及循序漸進、加深加廣的學習進程；至於課程的「統整」，則是對課程內容所進行的整合功夫，以期透過明確的、師生易掌握的「組織核心」（organizing center），將一些反映概念、技巧、價值的「組織

元素」（organizing elements）緊密地、有系統地結合在一起，產生強化作用，讓學生對學習內容及其衍生的意義與生活關聯部分產生統整的概念（Goodlad & Su, 1992, 329-331）。

第二節 課程發展模式與設計流程

一、課程發展模式

課程發展是課程設計的上層概念，在談課程設計流程之前，得先了解課程發展模式。所謂課程發展不僅包括了目標的設定、教材、教學過程的計畫、評鑑方法的設計等，而且是不斷地檢討、評鑑和修正的連續過程（歐用生，民83）。而所謂課程發展與設計的模式，反映出實際課程發展實務運作過程中的重要精神、理念、程序、步驟與結構等性質（黃光雄、楊龍立，民89），根據學者專家所提出的不同課程發展模式，或許可以讓我們了解哪些重要的理念、程序與步驟是共通且必要的，哪些設想則是因切入的實務考量角度不同，而有不同的主張。茲就目標模式、歷程模式、情境模式和慎思模式做一簡要說明：

㈠目標模式

　　主要以 Tyler（1949）的直線目標模式和 Wheeler（1967）的循環目標模式等為代表，都強調「目的、目標」、「選擇學習經驗（內容）」、「組織學習經驗」、「評鑑」等課程設計要素，然而 Wheeler 將 Tyler 的線性發展流程改為圓環流程，使評鑑結果能回饋到新的設計循環。基本上，目標模式視課程發展是價值中立的技術性活動，認為課程發展是可以利用標準化手段，來完成既定的目的。所以，若學習內容是明確有固定答案或特定技能，而學習結果是可以預先明確描述其行為表現並且予以客觀評量的，則適合採用目標模式來進行課程設計，否則將有其限制。

㈡歷程模式

　　基於教師的價值觀會主導其在教學程序中的作為，歷程模式主張課程的中心問題不是目標或內容，而是過程或程序的原則，主要以 Stenhouse（1975）所提論述為代表，認為學習若以知識理解為重點，則宜採歷程模式，主張課程的設計應以具有內在價值的知識形式為基礎，來進行學習經驗與內容的選擇，而不是根據預期學生行為來做選擇，例如 Hirst 的知識形式分類，和 Raths 的價值活動效標都可供作參考（參見黃光雄、楊龍立，民 89）。然而，能否有效地採用此開放的歷程模式，教師的專業素養——學科架構與內容概念的了解、價值與程序原則的把握、師生對話的安排設計等——便成為很重要的關鍵因素，一般而言，並不是很容易推展的模式。

㈢情境模式

情境模式將課程的設計置於較廣的文化和社會架構中來做考量，以 Skilbeck（1984）的情境分析模式和 Lawton（1983）的文化分析模式為主要代表。認為課程發展需始自於學習情境和文化脈絡的評估與分析，然後據以設計不同的課程計畫內容。Skilbeck認為，以學校為依據的課程發展才是促進學校真正改變的有效方法，其發展過程要素應包括⑴情境分析，⑵目標擬定，⑶方案設計，⑷解釋和實施，以及⑸檢查、評估回饋和重新建構。而 Lawton 則特別強調文化選擇的重要，其所主張的乃是一種由文化常項和變項分析到文化選擇，再參照心理學理論，進而依階段與順序來組織課程的課程發展架構。

㈣慎思模式

慎思模式特別強調在課程計畫或決策過程的深思熟慮（deliberation）功夫，以Schwab（1978）的實用課程觀點與Walker（1978）的自然模式為代表。Schwab認為課程必須由理論的變為實用的，再變為準實用的（quasi-practical）及折衷的（eclectic），主張在執行課程發展任務時，必須採取預期性另類方案的措施，並且以慎思籌畫過程作為方法，廣泛地考慮不同的方案；同時以多元的觀點檢視每一個方案，並詳細地了解該方案對課程造成的各種後果，然後，將各種優點加以相互調適（mutual accommodation），以產生所謂「折衷的藝術」（eclectic art）。然而，只要情境轉變，新的處境會

引起新的問題和需要，所以必須重新慎思籌畫。因此，慎思籌畫過程是循環的，強調課程發展與實施過程中的行動、判斷、慎思、鑑賞、批評、論證及合理化等。

二、課程設計流程

參考學者專家所提出的各種課程發展模式，國內目前在推動學校本位課程發展之際，最常被引介使用的模式乃是 Skilbeck（1984）的情境分析模式，其流程包括(1)情境分析，(2)目標擬定，(3)方案設計，(4)解釋和實施，以及(5)檢查、評估回饋和重新建構等五個步驟。然而，就課程方案的實際「設計」（design）部分而言，則是在確立課程目標之後，所需處理的實際課程內容選擇與內容組織的技術層面問題。茲建議課程設計的運作流程如下（圖 11-2）：

㈠確定課程目標的順序和分類

課程目標訂定之後，必須分析目標之間的關係和學生的學習特質，來進一步掌握鎖定目標的最佳順序，然後再進行分類組織，將目標一一歸屬到有關的學習單元或教學單元中，形成一整套有系統的學習經驗。

㈡選擇教學材料

選擇了教學目標之後，下一步便是選擇有助於達到目標和支援教學的教學材料。選擇時需對教科書、影片、電腦軟體及其他教學

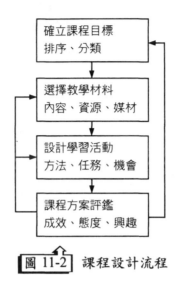

圖 11-2 課程設計流程

資源和媒材，進行有系統地評估和分析，並且考慮學生的興趣、社會新聞議題及材料取得的方便性等，來審慎選擇能夠符合預期目標的教學材料。

㈢設計學習活動

針對每一個目標以及所選擇的材料，接著需設計一個或數個有意義的學習活動，來幫助學生達到學習目標。而所設計的學習活動，必須是一套完整有序的學習經驗，在選擇學習活動時，要特別注意活動與目標的配合，才能逐步引導學生朝向目標發展，產生高品質的學習經驗。

㈣課程方案的評鑑

課程方案設計完成之後，絕對需要透過學生課堂的學習經驗，來評估課程方案設計以及相關配套計畫的妥適性。教師最好能發展出一套合理、適用的評量程序，一方面從學生課堂經驗的觀點，來了解學生的學習興趣、學習態度，以及學習表現和學習成果；另一方面也要廣泛地了解教師的反應，以及課程的改變對整個學校組織的影響等。蒐集相關資料之後，便可依據大家的反應來檢討目標和方案內容，並予以必要的調整和修正。

基於課程設計經常反映出教材資源、外界環境的影響，以及決策者的基本價值導向，課程的設計與實施應該特別強調實際教學情境中老師、學生、學習資源和環境間的交互作用。教師從事課程的設計與實施，最好能重新建構個人對課程實踐的觀點，重新考慮課程的主要目標，如此才可能設計出可以激發學生學習潛能的課程方案。

第三節　課程內容的組織形式與組織要領

一、課程組織形式

為了顧及知識的統整、強調知識與生活情境的關聯，以及幫助學生有效學習，九年一貫課程改革提出了統整課程設計的呼籲，然

而課程統整的設計形式很多，包括所謂多學門（multidiscipli-nary）、超學門（trans-disciplinary）、多科目（multi-subjects）、科際整合（interdisciplinary）、跨課程（cross-curriculum）的課程設計主張（Jacobs, 1989），以及將生活經驗、社會議題和知識進行統整的強調（歐用生，民88；Beane, 1997）。根據 Goodlad 和 Su（1992）的分析，各種課程組織的形式可以約略地以學科知識、學生興趣、生活經驗、生活環境議題，以及社會的重建與改造等取向，來作為課程組織的思考基礎。其常見的課程組織型態類別包括（參見 Goodlad & Su, 1992, 335-339；甄曉蘭，民90）：

㈠「學科知識」的課程組織型態

　　大體言之，單一科目、相關學科、融合課程、廣域課程等，都屬於「學科知識」的課程組織型態，傳統的單一科目注重在學科本身的邏輯組織；相關科目則注重跨學科間相關學科知識的相關連，科目間的界線並未消失；而融合課程雖然也是嘗試建立兩個以上學科間的關係，但各別科目間的界線與其學科色彩會消失，而融合在新的「標題」之下；至於廣域課程較融合課程而言，則是橫跨較寬廣的知識層面，在所選擇的「組織核心」下，各科目領域融合為新的整體。

㈡根據「學生興趣和發展」的課程組織型態

　　以學生興趣為導向的課程組織，較屬於課程教學實踐的策略層面，是以學生所表達的興趣為出發點，然後將之連接到教師所預定

的（與學科內容相關的）課程計畫，為的是激起學生的學習興趣，並未真正提供另類的課程組織型態。而以學生發展為考量的課程組織型態，主要是植基於人類發展及認知發展理論，或以「發展性任務」（developmental tasks）為組織中心，或以「持續的生活情境」來設計「活動課程」。這類課程組織企圖滿足學生的生理、心理及社會的需求，幫助學生產生道德判斷與選擇、發展美感經驗、建立人際關係、因應自然現象及應用科技資源等等。

㈢根據「主要社會議題」的課程組織型態

主要是藉由課程的安排與組織預備學生適應或改進所處的社會大環境，學習的內容取材於所處社會、其他社會或整個世界的情境與動態，透過重要社會事件與議題的討論，讓學生認識自身所處社會以及其他社會的特質、各種機關組織的功能、社會生活中的形形色色與主要活動，以及人類長久以來所存有的問題等等，發展出對於維護民主社會、環境、和平及世界秩序所需具備的危機意識。

㈣「混合」的課程組織型態（hybrid organizational patterns）

就實務層面言之，絕大多數的學校課程運作都屬於混合形式的課程組織計畫，而非單一關注焦點的課程組織型態。例如「學科中心」導向的課程組織型態，常強調學生興趣與學習動機的重要；而以「學生興趣」為導向的課程組織型態，常常得考慮與學科組織的關連，而企圖兼顧二者以達到平衡。再者，目前普遍推動的所謂「核心課程」，更是顯而易見其「混合」的特質，課程組織的思考

過程傾向於「學科」、「學生」及「社會」的兼容並蓄，強調學校課程與學生生活經驗的連結。

無論如何，任何知識的分類既無法窮盡，也難以周延，不論採取何種課程組織型態，有關課程設計的最大問題乃是：如何發展課程的一般性結構，一方面能允許各學科的獨立自主，另一方面不致導致整個課程的分崩離析，或知識的支離破碎？而這也就是目前各校進行課程發展與設計所需努力突破的困境。

二、課程組織要領

通常，在課程目標確立之後，所涉及的課程組織實務，包括課程的組織結構（organizing structures）及組織要素（organizing elements）的安排，教師必須要有足夠的學科教學知識（pedagogical content knowledge）；也就是說，要能夠充分掌握教材教法的相關知識，才能夠發揮專業判斷，做好課程組織結構與課程組織要素的安排與設計，能夠就特定課程所要發揮的目的或功能，以及該課程的組織架構與組織要素方面，進行審慎地思考與選擇，進而架構出確切、理想的學習機會來幫助學生學習。

誠如McNeil（1985）所指出，無論選擇怎樣的課程組織結構，其結構乃是整體課程設計的一環，必須要將目的（功能、範疇、目標）與組織要素（概念、價值、技能）及特定的學習機會或活動連結起來。例如廣域課程是為通識教育而設計，開放形式的課程設計常是為了幫助學生自我探索，而學科導向的課程設計則常與發展學

生專長領域有關。其間，從課程目的衍生出來的課程組織要素，包括概念、價值或技能等，則是要能具體顯示出在課程組織結構內所必須要營造的學習機會為何（參見圖 11-3）。

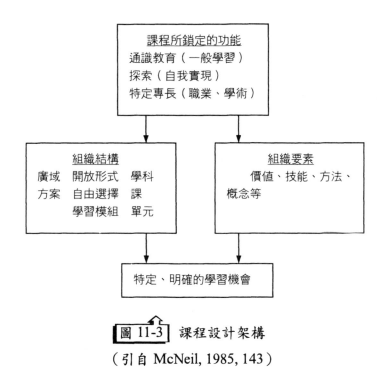

圖 11-3　課程設計架構

（引自 McNeil, 1985, 143）

　　無可否認地，課程設計牽涉到複雜的因素與過程，絕對無法將之簡化成為固定的模式或單一的形式，教師需要具備極高的課程「敏銳度」與專業判斷知能，才能致力於解決有關課程內容的選擇，以及課程組織所關心的範圍、順序、連貫銜接，以及統整的問題等。畢竟，一個妥善有效的課程規畫，需要教師對整個課程設計

實務有深入的了解，才能建立正確的理念，產出縝密周全的課程組織架構。

第四節　統整課程的設計要領

　　九年一貫課程倡導「課程統整」與「能力統整」的課程理想與實踐方向，將原來中小學的學科整合為七大學習領域，並以培養學生十項基本能力作為課程與教學的目標，鼓勵學校自主發展課程、設計並實施統整課程。其最重要目的，在於整合各學科的觀點來探究問題、議題或主題，讓學生在探究的過程中，能將學校所學與生活經驗及社會議題連結，並且掌握到各學科內容知識的關係。理想的統整課程除了要顧及學科知識結構外，亦必須考量學生的心智發展及學習狀況，來安排學習內容的邏輯順序；換句話說，課程的設計應掌握學生的發展與經驗，以及學科內容間的關連性，將學習材料予以重新組織，透過有意義的學習活動幫助學生整合知識，能以統整的概念面對生活的情境，使得教育與生活的關係更為接近（周淑卿，民88）。一般而言，有關統整課程設計的理想步驟如下：

1. 分析教材與學生學習經驗

2. 列出重要核心概念

3. 選擇組織中心作為發展焦點

4. 腦力激盪，將不同學科之相關概念組合成串

5. 建立引導範圍和次序問題，作為設計學習單元的架構

6. 蒐集相關材料與資源，發展合適的活動策略與學習單元

7. 撰寫具體實施的活動流程，加強高層次思考過程的促進

8. 確定多元評量的方式

9. 統整單元的實施與評鑑

國內外許多學者對統整課程的設計與實施提出了許多具體的建議（例如黃政傑，民 81；黃譯瑩，民 87；薛梨真，民 88；Jacobs, 1989；Fogarty, 1991；Beane, 1997 等等），當中尤以 Fogarty（1991）所提出十種課程統整的方式最為眾所周知；但目前國內廣為採用的方式以輻射狀「主題統整」方式為主，且設計程序多半依照選擇主題、發展概念網絡、安排學習活動、評量學生學習流程來進行。以下便依序來說明其要領：

一、主題的選擇

在統整課程設計中，為提供核心認知概念架構，幫助學生認識各種觀念、理論和事物間相互關係，主題的選擇是很重要的。選擇有意義的主題，才能統整重要的知識概念與能力，來滿足學生的學習需求，而不致於流於瑣碎、價值不高或過於勉強的連結。好的主題除了能呈現學科知識的概念架構，也能顯現學科間的相似性及對比性，最重要的是能引發學習者的好奇心和探究的興趣。主題的來源其實非常廣泛豐富，包括教科書中的單元概念、學生興趣及社會議題等；在決定主題時，必須注意到所挑選主題能否包含學生所應

學習的知識概念與技能，也必須要判斷該主題所涵蓋知識能力的廣泛性和普遍性問題。所選定主題的範圍千萬不能過於雜亂而無所不包，但是也不可過於狹隘而限制了學習活動發展的可能性，而是要能鎖定目標，選擇有意義、有發展性的好主題，讓學生做完整的學習探究。

二、概念網絡的發展

主題決定以後，應根據學生的心智發展、學習狀況及能力指標，來考量哪些是學生應該精熟的概念與技能，進而選取材料，研擬具體、有關聯性的教學計畫。在設計時，可先藉由與主題有關的適切問題，作為安排該主題目標範圍和順序的基礎，然後可利用概念網絡關係圖，描繪出統整主題的概念可以融入哪些學科的技能和知識。一方面透過各個學科觀點來檢視主題，凝聚出重要的焦點目標；另一方面也能避免隨便處理主題概念，而忽略了可能引發學生學習興趣的學科內容，或遺漏了學生應該學習的重要學科概念與技能。

三、學習活動的安排

學習活動應該具有教育意義，是達到教育目標的手段。因為統整課程強調學科知識內容的關聯性、學生自主探究學習及學生從自身經驗中建構學習的意義，在設計學習活動時，必須要提供能夠幫

助學生理解主題概念、整合知識與生活經驗，兼顧認知、情意與技能領域的學習活動。為了使學生發展高層次的思考，最好能安排多樣化的學習活動，促使學生各種智慧能夠充分發展。在學習方式方面，可以增加合作學習策略的運用，來激勵學生各自努力、幫助該組其他同學的學習，並且從其他同學觀點來學習。另外，在活動進行中，也可保留一些彈性時間，讓學生享有擴展主題探索的機會。

四、評量方式

　　評量與目標和教學活動緊密相關。統整課程的評量重點不再只是著重紙筆測驗，來評估學生的知識記憶程度，或解決日常生活中例行性問題的能力；而是要掌握學生從起點到學習終點歷程中的整體表現，兼採評鑑與記錄等多元評量方式，來了解學生是否達到深度理解的目標。透過卷宗評量、學習記錄等方式，一方面協助學生有意義地連結生活經驗與學習活動、統整學科知識能力，以及培養解決問題、批判能力等高層次思考等，一方面評量學生學習統整課程的成果。當然教師也可以邀請學生自己、同儕之間及家長共同評量學生的學習成果，以避免因為教師的個人偏好，而忽略學生某方面的表現。畢竟，評量是為了改進教學和幫助學生學習。教師可以透過多元評量方式，來了解的學習狀況、迷思概念和學生努力的情形，也可以藉之反省教學活動設計，進而改善教材與教法。

範例 水筆仔統整教學設計方案（台北市立師院實小詹琇燕老師設計）

教學概念網絡

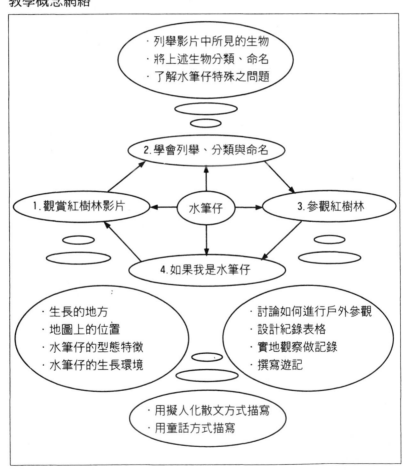

教學設計

基本能力：規畫、組織與實踐	

基本能力：規畫、組織與實踐

能力指標：1.從觀賞照片和同學討論中，獲得紅樹林的相關資訊。

　　　　　2.能列舉分類命名紅樹林中的生物，並設計問題。

　　　　　3.參與規畫戶外教學，並以各種方式記錄參觀結果及心得分享。

學習領域：以語文為主，結合人文與藝術生活等領域。

活動名稱：水筆仔

適用年級：二年級

教學節數：二十節

教學重點：從觀賞紅樹林影片規畫實地到戶外參觀紅樹林的教學，了解水筆
　　　　　仔和環境的關係，體驗人與環境互動的關係，需要尊重自然與關
　　　　　懷自然；經由兒童小組活動及親師協助合作，學習共同擬定設計
　　　　　個別記錄及蒐集資料，並從活動中獲得規畫的能力；其次藉由參
　　　　　觀紅樹林活動中以及活動後的整理歸納、撰寫遊記，或以童話和
　　　　　童詩方式描寫水筆仔，進而學得組織與實踐的能力。

教學活動：1.觀看紅樹林影片：紅樹林是什麼？生長在哪裡？可利用地圖教
　　　　　　學，認識現在所在地及關渡的位置。

　　　　　2.列舉、分類、命名：列舉、分類、命名影片所見的生物，了解
　　　　　　水筆仔的特殊生殖方式和探討水筆仔相關問題。

　　　　　3.參觀紅樹林：共同討論戶外參觀相關事項、設計記錄表格、指
　　　　　　導實地觀察時應如何記錄（畫圖、照相）和撰寫遊記。

　　　　　4.假如我是水筆仔：擬人化文章的欣賞。如何把大自然景物轉化
　　　　　　為心靈感受，以圖畫、文字記錄，指導擬人化散文、童詩、遊
　　　　　　記三種方式來記錄同一素材。

　　　　　5.教學評量：觀察、發表、檔案評量、實作評量。

（資料引自教育部民 89 國民教育九年一貫課程系列專書二：基本能力實踐策略
pp. 58-59）

參考書目

周淑卿（民 88）。論九年一貫課程的「統整」問題。載於中華民國
　　課程與教學學會主編：九年一貫課程之展望，55-78。台北：揚
　　智。

教育部（民 87）。國民教育階段課程總綱綱要。教育部。

教育部（民 89）。國民教育九年一貫課程系列專書二：基本能力實
　　踐策略，58-59。教育部。

陳伯璋（民 88）。九年一貫課程修訂的背景及內涵。教育研究資
　　訊，7（1），1-13。

黃光雄、楊龍立（民 89）。課程設計：理念與實作。台北：師大書
　　苑。

黃政傑（民 76）。課程評鑑。台北：師大書苑。

黃政傑（民 80）。以科技整合促進課程統整。教師天地，52，
　　38-43。

黃譯瑩（民 87）。課程統整之意義探究與模式建構。國家科學委員
　　會研究彙刊：人文與社會科學，8（4），616-633。

歐用生（民 83）。課程發展的模式探討。高雄：復文。

歐用生（民 88）。從「課程統整」的概念評九年一貫課程。教育研
　　究資訊，7（1），22-32。

甄曉蘭（民 90）。中小學課程改革與教學革新。台北：元照。

薛梨真（民 88）。國小實施統整課程的可行性研究。初等教育學

報,12,125-167。

Beane, J. A. (1997). *Curriculum integration: Designing the core of demo-cratic education*. New York: Teachers College Press.

Forgarty, R. (1991). Ten ways to integrate curriculum. *Educational Lead-ership*, 49(1), 20-22.

Goodlad, J. I. & Su, Z. (1992). Organization of the curriculum. In P. W. Jackson (Ed.). *Handbook of research on curriculum* (pp. 327-344). New York: Macmillan.

Jacobs, H. H. (Ed.). (1989). *Interdisciplinary curriculum: Design and im-plementation*. Alexandria, VA: ASCD Publications.

Lawton, D. (1983). *Curriculum studies and educational planning*. London: Hodder & Stoughton.

McNeil, J. D. (1985). *Curriculum: A comprehensive introduction*. (3rd ed.). Boston: Little, Brown & Company.

Posner, G. J. & Rudnitsky, A. N. (1986). *Course design: A guide to cur-riculum development for teachers* (3rd ed.). New York: Longman.

Schwab, J. J. (1969). The practical: A language for curriculum. *School Review*, 77, 1-23.

Schwab, J. J. (1978). The practical: A language for curriculum. In I. Wes-tbury & N. J. Wilkof. (Eds.). *Science, curriculum and liberal educa-tion*, (pp. 287-321). Chicago: The University of Chicago Press.

Skilbeck, M. (1984). *School-based curriculum development*. London: Harper & Row.

Stenhouse, L. (1975). *An introduction to curriculum research and development*. London: Heinemann Educational Books.

Tyler, R. (1949). *Basic principles of curriculum and instruction*. Chicago: University of Illinois Press.

Walker, D. F. (1978). A naturalistic model for curriculum development. In J. R. Gress & D. E. Purpel (Eds.). *Curriculum*, (pp. 268-280). Berkeley, CA: McCutchan.

Wheeler, D. (1967). *Curriculum process*. London: University of London Press.

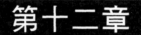

第十二章

電腦輔助教學與網路學習設計

〈李咏吟〉

- 電腦輔助教學 CAI 設計
- 網路學習的教學設計
- 應用網路科技的學習環境設計
- 學校資訊融入各科教學之實施
- 結語

當今的每一位教師似乎均感受到一種來自於新資訊社會改變的重大威脅，這是過去任何時代的教師所未曾經歷的。基本上，在過去的時代裡，不論影響教師教學方法的哲學的、心理學的或社會學的理論基礎有何新舊學派的衝突，教師仍舊能用大量的講述和簡單的教具應付教學生涯。然而，這種形式的教學受到了資訊科技的發展影響，而讓教師察覺到專業技能上特殊的學習需要。雖然，過去二、三十年已存在電腦輔助教學（Computer assisted instruction, CAI）、光碟教學軟體、教學錄影帶等，教師們仍然能夠僅依靠黑板和粉筆教學。但是隨著網路社會的來臨，資訊傳送的新形式席捲了人類的溝通、職場、一般生活及學校學習等各層面，使得教師警覺原本慣用的口語講解、寫黑板、提供學生紙筆練習等教學技術，因網路社會的新學習革命而飽受挑戰。Kuhhthau（1999）即指出，今日資訊爆炸的環境使得利用教科書教學及學習方法顯得過時及不恰當；同時，為了使學生能做好準備去面對學校以外的世界，我們必須教導他們如何從資訊中學習，因為在未來真實生活情境中他們將不斷面對此種狀況。

近十餘年來，世界各國教育改革的目標重點莫不以提供教師所需之協助與訓練，以幫助學生能經由電腦及資訊公路系統學習為方針。我教育部亦曾公布教師能力素養指標，包括基本硬體操作、軟體操作、軟體評估、電腦輔助教學、電腦應用教學、學校教學／行政管理之應用，以及相關價值觀與倫理觀之了解等（1999），並設定教師資訊素養測驗等級，以評估教師的能力。由此可知，新世紀的教師如不希望被淘汰，擁有豐富的電腦教學相關的知識、應用和

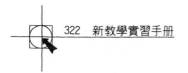

設計等能力頗具重要性。

　　本章為讓教師了解學校教育在教學上應用電腦的歷史發展,將電腦教學分為傳統較封閉式的電腦輔助教學和晚近較開放式的網路學習(internet learning),然而此兩類型的設計原理和策略歸納上仍有許多共同點,故可互相參照。

第一節　電腦輔助教學 CAI 設計

　　追本溯源,二十世紀中葉行為心理學大家 Skinner 教學機(teaching machine)與編序教學(programmed instruction)設計原理應是電腦教學的基本雛型。Skinner 在教學機上所採用的教學策略大致為:在機器上一次呈現極少量的教材,使學習者能對教材有所反應,教學機再根據學習者的反應給與立即回饋,學習者從循序漸進的教材編序進程逐漸完成學習。今日的電腦是一種更複雜的教學機,其所發揮的功能是早期的教學機所不能比擬的,不僅能提供類似早期教學機所呈現的對話練習,更重要的是,它能提供一種創造性的學習環境(creative learning enviornment),使學習者脫離過多的文字學習,而積極地與教學系統共同決定教材的進程與形式。如著名的 LOGO 電腦教學設計,讓學習者指揮電腦終端機的一隻「烏龜」去創造圖形,並發現控制「烏龜」的原則(Pappert, 1980)。至今,電腦在螢幕上呈現教材的方式很多,如敘述教材的內容或綱要、練習、對話、測試、模擬、遊戲等等,如進一步加以歸納,則

以對話和練習（drill & practice）、模擬（simulation）、教導式設計（tutorial program）和網路教學等主要形式。

對話和練習的基本型態為電腦螢幕上呈現問題，引發學習者對問題做反應，電腦再根據學習者的反應給與回饋。有時電腦的回饋只是告訴學習者「對」或「錯」，有時則要學習者重答，有時則給與分析式的回饋，通常填充的及選擇的問題最為常見。對話和練習的設計通常以訓練學習者已經或多或少學習過的教材為主。而教導式設計則是對話與練習形式的複雜延伸。在學習過程中，電腦系統設法判斷學習者的反應，然後再給與適當的回饋、暗示或補救教學。此外，電腦系統亦嘗試提供引起動機、指示目標及回憶前需行為（prerequisite skills）的方法，期能達到個別化和適性化的功能，亦是未來智慧型電腦教學（Intelligent CAI）的雛型。

大約一九九〇年代初期，包含豐富的聲音、影像、動態和資料庫的多媒體教學光碟逐漸取代了傳統的CAI教材，茲舉一坊間出版的「用英語遊海外」的教材呈現內容，學生可隨時根據當時的意願串連到他想要到達的位置；圖 12-1 顯示兩個畫面，第一個畫面為當學習者看到對話內容時，如有生字，即可點選生字的說明和發音。第二個畫面在學習者填空後可檢查其答案（李咏吟、單文經，民84）。

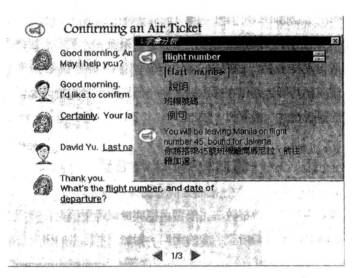

圖 12-1

　　在設計電腦輔助教學時，設計者對於一學習任務應考慮教學內容的質與量。Merrill 和 Boutwell（1974）指出，屬於質方面的變數包括了三要項：第一項為教材呈現的形式（presentation form），如考慮對於教材說明上應用說明式或問題式的呈現方式？提供教材內容是以定義或例子為主？第二項為教材單位的相互關係（interdis-play relations），如考慮選擇有限制的或綜合的組織方式？在例子的廣度上應限於教材內容的範圍內或範圍外？在例子屬性上應多予配合或多予區別？在例子難易度上應達到什麼程度？第三項為促進學習資料（mathemagenic information），如考慮如何提供回饋？如何孤立屬性？如何決定教材系統排列形式？屬於量方面的變數亦包括三要項：如考慮在教材元素的順序上應如何決定？在教材數量上如何考慮長度和比例？在教材進程上的時間間距（interavals）或學習的決定權如何？在學習的分量上是所有學習者接受相同分量，亦或隨學習者在歷程中的表現狀況而調整？茲舉一設計生物／數學統整課程主題——兔子繁殖的認知取向設計構想表如下（李咏吟，民84）：

表 12-1　合科問題設計架構：兔子的繁殖

學習流程	學生選擇權	輔助圖
①學生找出應考慮的變項和指數 ②學生發展計算程式 ③學生設計雙向展式圖 ④電腦操作 ⑤由學生修正 ⑥電腦呈現最佳算式	①在學生要求下列出至少一個變更後 　1可查看電腦庫的其他所有變項 　2一次多看一個變項，由學生再反應 ②1學生發展自己的算式後可查看電腦庫的算式（學生發展的或專家發展的） 　2專家最好的算式保留，直到學生修正完畢	①R＝兔子數 　G＝第幾代 　B＝一次生產的幼兔數 　F＝兔子生育率

算式例一

$$R = R + B$$
$$G = G + 1$$
$$B = F \times R$$

算式例二

$$B = F \times R$$
$$R = R + B$$
$$G = G + 1$$

你認為有更好的算式嗎？

你認為有更好的算式嗎？

算式例三

表格式

	A	B
1	生長指數	
2		
3	生育率	0.2
4		
5	0	100
6	1	=B5+B5*B3
7	2	=B5+B5*B3

註：①B5 代表 B 格下第五行的數值，在此是 100
　②*代表×（乘）
　③b3 代表 b 格下第 3 行的數值，在此是 2

　　模擬是一種最生動有趣的電腦教學形式，學生處於一種解決問題的環境下進行學習，例如「登陸月球」的教材設計，學習者被指派為太空人，當電腦告知其任務目標、引力、太空船的速限……等等資料後，學習者藉漸次的決定而設法成功登陸月球。登路月球的模擬在使學習者理解時間與距離、引力與速度等之間的關係。由以上例舉可知，模擬是呈現一種問題或系統的現狀，學習者透過決定系統中一些元素的關係之後，使系統的狀況改變；同時在學習過程中，當學習者有了嘗試之後，電腦會給與回饋而建立新的刺激情境，引發學習者積極的反應。由於此種教學形式不僅對學習者具高度的挑戰性、好奇心，並能引發他們的想像力，故學習者在學習時具有相當高的學習動機。

　　以下為台灣師大物理學系所建立的物理教學示範實驗室的兩個動態畫面剪影（http://www.phy.ntnu.edu.tw/demolab/index.htm）

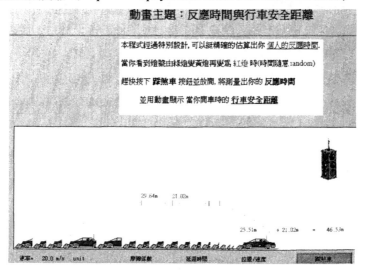

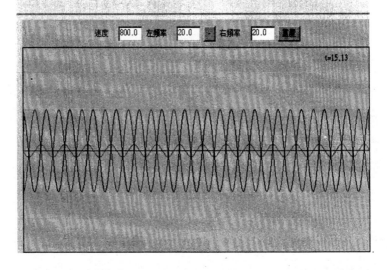

　　近年來，模擬教學的情境設計透過多媒體的超文字影音系統和發達的區域性電腦網路，學生可似真地漫遊於熱帶雨林中，並目睹人類對熱帶雨林的破壞；也可似真地攀爬世界最高峰；也可在虛擬教室（virtual classroom）上課，從網路上取得授課老師的講課內容、公布事項、問題研討、辦公時間、成績查詢等，因此模擬教學的潛力無窮。

第二節　網路學習的教學設計

　　網路教學僅是電腦教學的形式之一，但它卻是最有可能引發學校學習革命的一種形式。早期的電腦輔助教學（CAI）或電腦輔助學習（CAL）雖然具有適性教育的效果，學生能按自己的選擇控制學習的時間和路徑，亦讓出時間給與教師進行個別指導或學習過程中的策略修正。然而，傳統的電腦輔助教學終歸是封閉式的（close-looped），相對的，網路教學則是開放式的（open-ended），學習所處的學習環境的資源幾乎是「取之不盡，用之不竭」，透過超連結和線上諮詢，學習者接觸到非常豐富的文字的、圖像的、影音的、人際互動的等等資源。網路學習對學生的益處包括：

一般學習效果	特殊學習效果
・促進理解	・處理數字的技能
・多元資訊的入徑	・文字編輯
・較具彈性及敏銳性	・線上出版
・更趣味化	・資料庫的分析和管理
・提供額外的學習資源	・圖、表等設計
・較能配合學生的學習風格	・結合多媒體的報告
・提高學習的自主性	・經由電子媒介促進溝通效果

　　學生利用探究式的學習方式是網路學習的最大特色，教師的角色也從知識的傳遞者轉變為學習過程的協助者、諮詢者或催化者。

　　Limberg（1988）指出學生接觸資訊有三個層次：

1. 第一層次為學生由檢索相關標題找到所需資訊，發現事實。
2. 第二層次為學生在相關資訊中將正確的資訊保留，錯誤的資訊去除而尋求正確的答案。
3. 第三層次為學生超越第二層次的學習，經由審視和分析，並提出自己的見解或看法。

　　教學在應用探索式學習時，應注意漸次發展上述的資訊應用能力，然而無論從國小到高中的學生，皆應以第三層次為最終目標，鼓勵學生在學習過程中能積極參與合作（collaborating）、討論（conversing）、持續（continuing）、選擇（choosing）、製作圖表（charting）和撰寫（composing）等行動（kuhlthau，民88）。

第三節　應用網路科技的學習環境設計

　　網路學習改變了傳統教室學習的時空限制，使得訊息的處理和溝通更具彈性，學生可透過不同的網路溝通系統以符合自己的能力和學習目的，以下為學習可用的不同模式：

一、問答資料庫

針對不同學科的特殊單元或學習主題，學生可在現有的教育網路（如各縣市的教育局、學校）或自行建立問題和答案的資料庫，因為學生往往有相同的問題，如此他們不管在學校中或家裡做功課時，均能迅速獲得問題的解答（Valley, Steeples & Hynes, 1996）。

二、電子研討會

一般研討會的舉辦在促進學生對專題學習的深度和真正理解的機會。在網路上舉行電子研討會，可以使學生按自己的狀況在適當的時間進入會議場，並不受限於他所在的地點。所有的討論均可讓全部參與者介入，而且機會均等。學生在反應前較有時間去尋找資料、諮詢或準備較完善的回答。例如小學以安排「複製人到底好不好？」的電子研討會，可能引發各地學生熱烈的討論。

三、電腦跨連結（computer mediated）的合作學習

網路系統可以使學習小組的組成不限於特殊地點，也不必定時開會，由小組共同集思廣益地建構知識，可以使每一位學生獲得更有深度的學習，因為學生需要和他人溝通、解釋、遊說、妥協等，而有機會發現自己不真正了解或錯誤之處，同時也增進了社會溝通能力。茲舉下面的例子做說明（引自顏永進、何榮桂，民91）：

此一名為 Minds Eye Monster Exchange（http://www.monsterex-change.org/）的計畫。這項活動的執行需要網路上兩個不同班級的合作，教師先將班上的學生分為數組，每組合作設計出一隻想像中的怪獸，並以文字描述這隻怪獸的長相，再將這些文字 e-mail 至合作班級中的另一組。學生需依所收到的文字描述，重新畫出一隻與原型盡可能相像的怪獸。所有的文字描述、原型怪獸與重畫怪獸的掃描圖檔均透過一個 browser-based 的 Monster Gallery Builder 上傳至網際網路，學生和教師也可以透過網站上的聊天室和討論區進行意見的交換（www.monsterexchange.org）。原型怪獸在線上經過文字溝通後可重畫新的圖像。

四、遠距教學

目前已有許多大學課程和成人教育課程透過網路提供遠距教學。學生主要透過課程大綱目錄、資料庫、線上討論繳交作業，甚至線上測驗以獲得學分，資料庫可包含教師動態的授課錄影。未來網路上即時性的師生遠距面對面溝通應成為可能之安置。

五、電腦線上評量系統

現今在網路上出現許多可提供學習者自我評量和適性回饋的各類型測驗。其最大的特色是學習者能立刻獲取測驗的分數結果和其他相關訊息，把握並立即進行自發學習的即時性。

第四節　學校資訊融入各科教學之實施

　　近幾年，我國中小學為配合國家教育政策，積極地充實學校電腦的軟硬體設施，以求「資訊融入各科教學」的目標。雖然教師實施的意願和資訊素養、行政的支援、學校設施、教材資源等等均尚無法完全解決，然而，目前學校和教師在資訊融入各科教學的工作已顯示一些績效，重要者條列如下：

一、學校方面

1. 建立學校網頁，以促進校際間的了解與資訊交換傳遞。
2. 建立班級網頁，以利教師和學生間及學生與學生間之溝通。
3. 建立資料庫，如資源班教材、計畫書／專題、學習領域教材設計等，以利資料蒐取。

二、教師方面

1. 參與相關研習。
2. 科技產品的運用，如教學上使用 power point 和 excell 的工具性軟體。
3. 採用官方或坊間已發展的電腦輔助教學軟體（舊式 CAI 或多媒體

光碟）融入教學。

4.在學科教學時應用網路資源。

　　由於當今網路世界無遠弗屆，目前中小學教師最需要加強的是
如何積極地、順利地將網路資源融入教學；就最簡易的型態而言，
是設計加入學生需上網搜索資料的學習單，茲以下面二例示範，設
計的原理參見本書第五章。

範例一　臺灣雨量的變化

1.你知道台灣屬哪一類型的氣候嗎？ _____

2.對於台灣雨量的變化，你與小組同伴討論後想要探索哪些問題？

_____

_____

_____

3.如果想要在電腦網路上查詢臺灣 1992-2002 年某一地區的平均雨量，可以到哪些網站去查找？

_____

_____

_____

4.小組選擇調查臺灣某一地區或都市過去一段時間的雨量變化，並用圖表整理資料。

_____

5.有關臺灣雨量的變化，小組找到哪些資料？

_____

_____

範例二

科　　別	理　化　科	冊　別	第一冊
適用章節	第四章第二節	設計者	陳麗芬
大單元名稱	光的反射與平面鏡	時　間	45分鐘（共一節）
子單元名稱	光的反射與平面鏡	時　間	45分鐘

教學目標	一、單元目標 　　1.了解光的反射定律 　　2.了解平面鏡的成像功能及法則 二、具體目標 　　1.知道入射角與反射角的定義 　　2.知道光線被平面鏡反射時，入射角等於反射角 　　3.知道平面鏡成像時，像與物間的位置與大小關係
教學重點	一、引起動機 二、說明本單元的學習內容重點與概念 三、引導學生就所列舉的概念共同討論，提出與概念相關的事例
教學方法	一、講授法 二、展示法 三、討論法

教學活動	時間	教學資源
一、引起動機 　　教師以萬花筒、照鏡子、反射光源的遊戲……等生活實例，讓學生知道光的反射原理的應用，以吸引學生的學習慾望。	5	萬花筒、鏡子、手電筒
二、說明本單元的學習內容重點及概念	25	黑板、平面鏡一個、玩具、網路資源網站㈠、網路資源網站㈡、海報、磁棒數支

教學活動	時間	教學資源
1.入射線、反射線、法線： 　教師以自製海報、黑板來說明。 2.入射角、反射角： 　教師以自製海報（同上）、黑板來說明。 3.光的反射： 　教師利用可供上網的電腦連接到網路資源網站㈠來說明反射定律。 4.平面鏡成像特性： 　教師先以玩具在平面鏡前成像的情形簡述成像的特性，再利用可供上網的電腦連接到網路資源網站㈡詳述平面鏡成像特性。 三、引導學生就所列舉的概念共同討論，提出與概念相關的事例 1.光反射時，入射角等於反射角。 2.平面鏡中所成的像，與物體的大小相同，且兩者與鏡面的距離相等。 3.教師以打撞球的動畫遊戲進行回饋，說明撞球與反射定律的關係教師以打撞球的動畫遊戲進行回饋，說明撞球與反射定律的關係（教師利用可供上網的電腦連接到網路資源網站㈢來示範，或讓學生親自動手操作電腦動畫「打撞球遊戲」體會反射定律。	15	黑板、網路資源網站㈢
參考資料	一、相關書籍：國中理化課本第一冊第四章 二、網路資源網站㈠：www.phy.ntnu.edu.tw/class/demolab/index.html→新增動畫→光的反射折射與漫射	

參考資料	三、網路資源網站㈡：www.phy.ntnu.edu.tw/class/demolab/index.html→新增 　網頁→小朋友的光學介紹→如何控制光線 四、網路資源網站㈢：www.phy.ntnu.edu.tw/class/demolab/index.html→物理 　動畫→光學→花式撞球遊戲與物理 五、自製海報：國中理化第一冊第 96 頁「圖 4-10 光的反射」 六、本單元的教學活動可在教室電腦或電腦教室中進行
網路資源效益	一、教師方面： 　1.節省板書時間 　2.利於編輯 　3.加入更多資訊於教學中 　4.彌補口語教學上的不足，且以動畫方式呈現，增加對實際情境的 　　說明 二、學生方面： 　1.幫助學生更容易領悟光的反射之概念 　2.達到學生自學的方式

第五節　結語

　　學校教育應為學生現在和未來的生活做準備，面對二十一世紀新資計形式的時代，加強電腦教學（包含網路學習）成為迫切性的應然。電腦教學的發展至今已有近三十年的歷史，其最大的特色在於它所具有之偵察個別學習者在學習過程中的反應形式；根據反應形式提供處方性的教學進程，及記錄整個學習進程中教材的內容、分量、學習的時間、成績等等功能，這些功能是一般教師在教室情境中所無法達成的。

　　由於硬體、軟體及教育研究的不斷推進，電腦教學在呈現形式及功能方面均趨向多元化，我們不僅在電腦螢幕上看到形式各殊的編序練習題，並見到模擬遊戲的教學模式；我們不僅見到電腦被作為補救教學的媒介，並且見到它作為直接教學的媒介。因此，電腦教學被教學研究者肯定為一種實施適性教學和建構學習的最佳媒體。為促進教師電腦教學的設計和應用有以下幾點建議：

一、建置優良軟體教材及學習網站的資料庫

　　為促進教師使用電腦教學軟體的機率，應由中央或地方行政主管單位建置教師可直接應用或參考的網路資料庫，包括資訊融入教材的教學計畫、已分類的學科或領域的優良學習網址、教師學術社群資訊等。

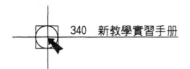

二、加強教師應用網路教學技能的在職進修

根據調查顯示，中小學教師反應他們迫切需要近一步加強如何應用網路教學的相關知能（李咏吟，民88），特別是如何找到相關的資料或網站供教學用，以及如何發展網路學習的教材等，因此政府應繼續加強在職教師進修網路教學知能。

三、鼓勵各學校組成電腦教學研究小組

學校除了依靠外在資源以解決問題外，如能由校內人士（亦可包括學生）組成興趣團體，為加強電腦學習提出配合需求評估的計畫，教師未來幾年或可出現具互相參考的網路電腦教學模式，如美國加州聖地牙哥學區的輔助教師網路學習教材的興建計畫（http://projects.edtech.sandi.net/）。

四、提高學校電腦系統的技術性和教育性的支援

就網際網路現況而言，常發現電腦硬體當機、網路連結的困難、錯誤資訊的提供，更有甚者乃是出現色情網站或欠缺社會教育功能的網站。以上種種均使得學生在應用網路學習時受到不少阻礙。因此，提供區域性電腦技師的專業人員和每年更新的優良教學網站資訊，為當前迫切需要解決之務。

參考書目

李咏吟（民 87）。**認知教學：理論與策略**。台北：心理。

李咏吟（民 88）。教師在職進修電腦網路教學智能的迫切性與對策，**中等教育**，第 3 期（50），68-76。

李咏吟、單文經（民 84）。**教學原理**。台北：遠流。

吳正已、林凱胤（民 85）。電腦網路通訊與教師專業成長，**視聽教育**，第 6 期（37），1-10。

陳麗華、鍾聖校譯（民 80）。伊里契與沒有學校的社會。載於李錦旭等譯：**教育理論**，師大書苑，549-601。

顏永進、何榮桂（民 90）。資訊科技融入學習領域設計策略初探。載於何榮桂、戴維揚主編：**資訊教育課程設計**。國立台灣師範大學，197-214。

台灣省教育廳（88）。**台灣省八十七學年度國民中學「資訊科技融入各科教學」暨教學網站推廣研討會手冊**。台灣省政府教育廳。

Berger, P. (1998). *Internet for active learners:curriculum-based strategies for K-12*. Chicago: Americation Library Association.

Brandon, D. P. & Hollingshead, A. B. (1999). Collaborative learning and computer-supported groups, *Communication Education*, 48(2), 109-125.

Harel, I. & Papert, S. (1991). *Constructivism*. New York: Basic Books.

Illich, (1971). *Deschooling society*. New York: Harper and Row.

Kuhlthau（1999）. Literacy and learning for the information age. Paper presented at *the international conference on information literacy & lifelong learning*. Dept of Scocial Science Education, National Taiwan Normal University.

Limberg (1988). *Experiencing information Seeking and learning: A study of the interaction between two phenomena*. PhD Dissertation, Department of Library and Information Studies, Gothenburg University, Gothenburg, Sweden, 1998.

Maddux, C. D. (1998). Barriers to the successful use of information technology in education, *Computers in the Schools*, 14(3/4), 5-11.

Valley, K., Steeples, C. & Hynes, P. (1996). Information technology and flexible learning, In J. Trait & P. Knight (ED), *The management of independent learning*, London: Kogan Page.

第十三章

實習教師經常遭遇的問題與對策

〈陳美玉〉

- ◑ 實習教師專業學習的困境
- ◑ 實習教師經常遭遇的問題
- ◑ 實習教師因應問題的原則與對策
- ◑ 結語

　　實習教師難為，處境尷尬，角色定位不易。這些問題若非實地親身經歷過，實難有較貼切的感受。但是，卻可以自「中等以下學校暨幼稚園教師資格檢定與教育實習辦法」一改再改，教育實習制度一變再變的情況，獲得粗略的理解。甚至截至目前，大家仍然對實習教師該不該領實習津貼？一整年的實習時間是否適當？教育實習是否應納入師資培育職前的正式課程等問題？有極不一致的見解。

　　實習教師專業學習上諸多問題的存在，並非台灣近年師資培育多元化後才發生，而是自有師資培育制度以來即存在的事實；即使是先進國家的教育實習制度，也不可完全避免各種諸如實習教師必須介入他人班級、邊陲角色、非學生非教師等，造成實習教師在角色扮演上的困擾，並常影響專業學習品質的問題。除此之外，在台灣的師資培育法、教育實習辦法規範下，以及在傳統的教育實習印象中，到底實習教師會處在哪些困境當中、會遭遇什麼樣的問題，以及如何面對、採取怎麼樣的因應對策等，皆是本章欲進一步探討的重點。

第一節　實習教師專業學習的困境

　　我國在師資培育法公布實施，重新制定「中等以下學校暨幼稚園教師資格檢定與教育實習辦法」以來，乃將教學實習分散到二階段實施，其一是尚屬於師資生身分的大三、大四的教學實習課程，

其二是畢業後教育實習中所包含的教學實習，使師資生的半個實習教師角色能經由教學實習的循序引導，更順利地過渡為真真正正的實習教師，教育理論與實踐經驗的銜接可以更加順暢。並且一改以往師範生結業後，立即分發成為一位擔負正式教師所有教學責任與工作，但是實質上卻是個實習教師身分的做法，賦予修畢教育學分的師資生一整年完完整整實習教師的教與學任務，進入實習學校成為一位名符其實的實習教師。

新的教育實習辦法實施至今，相關的研究皆指出，一整年的教育實習的確能發揮促進實習教師專業學習質與量的功能（陳美玉，民 87），唯實習教師卻處在極大的專業學習與發展的困境當中。這些困境主要來自四方面，包括師資生階段的實習教師未能充分理解教學實習的重要性，實習學校未能配合提供有利實習教師的專業發展環境，實習教師無法順利將大學所學得的理論轉換為實際教學所需的能力，以及教育實習制度不完善所衍生的問題等。以下則更詳細說明實習教師專業學習與發展困境產生的原因與情況：

一、師資生階段的實習教師未能充分理解教學實習的重要性

由於師資生階段的實習教師其所在各系所的課業仍相當繁重，因而常將教學實習當作非專業科目的共同科或是營養學分修習，輕忽教學實習對其專業學習與發展的重要性。再者，一般師院體系的教學實習，大多從大三即開始實施，到了大四階段又有負擔較為吃

重的集中實習，師範學院甚至將外埠教育參觀與畢業旅行合而為一，成為教學實習課程的一環，導致教學實習成為一門不折不扣冗長而龐雜的課程，實習教師因而較難正視其重要性。

　　依據王秋絨的研究指出（民80），教學實習的課程內容大多偏向技術本位，過於著重教學的技術訓練，較少有系統地教導實習教師如何提升實踐理性與思考能力；此種技術本位教學實習的課程安排，不免容易造成實習教師只在意班級經營與教學技巧等較淺性的學習，而忽略掉教學實習即是其所修習教育理論轉換為省思學校現場經驗的重要過程，同時亦在發現問題並進行個案探究，充實對教學現場的知覺與敏感度。因為教學實習課程並非在立竿見影的效果，而是在以系統、循序漸進的課程進行中，使實習教師的整體專業素養獲得綜合性的提升。故若將教學實習視為非專業科目或是營養學分，實是未能了解教學實習真正內涵的結果，教學實習乃是師資生成為真正的實習教師以及有效的正式教師，能夠更順利地將教育理論轉換為實踐經驗的踏板，此項設計正是目前師資培育法與教育實習辦法改革的真正精神所在。

二、實習學校未能配合提供有利實習教師的專業發展環境

　　怎麼樣的學校才是理想的教育實習學校，才能提供實習教師較有利的專業學習與發展的環境，相關的單位與學術界始終未曾正視此問題，並提出可以依循的標準，作為實習教師尋找實習學校時的

參考。雖然我國中等以下學校大多屬於公立學校，但是各校的教學品質及整體學校風氣與文化，甚至是校長的治校理念與行事風格卻有極大的不同。有的學校朝氣蓬勃、凝聚力高、士氣高昂，教師間專業發展氣氛濃厚，實習教師自然能在此種環境中獲得最佳的學習機會；有的學校則校風散漫、凝聚力低，甚至是派系林立，權力鬥爭不斷，實習教師處於此種環境下，不免要斲傷其在教師專業上的理想與生涯發展的願景，並且帶給實習教師不健全的專業社會化經驗。

再者，由於過去實習學校的產生，師資培育機構（尤其以師範校院為然）大多開放給實習教師自由覓得，實習教師則常因離家較近，或是實習工作負擔較寬鬆等不一而足的理由選定實習學校，實習教師實際上常無足夠而正確的資訊，判斷哪些學校利於專業學習與發展，哪些學校不適合當作實習的場所。此項問題的存在，則是目前教育實習環境與品質不能確保的重要因素，亦是值得教育實習相關人員正視的課題。

另外，儘管某些學校並未具有上述不適合實習的條件，但是，由於實習學校不乏將過多且繁瑣的各處室行政業務交辦給實習教師的例子，這些工作則常反客為主，占用掉實習教師大半可用於專業學習與發展的時間，使得實習常以行政業務的參與為主，教學實習及導師實習反而被輕忽。此種狀況不但與教育實習辦法所規範，教育實習應以教學實習為主，導師實習其次，分量最輕才是行政實習等之精神相違背，而且此種情況不改善，實習教師專業學習與發展的品質必無法確保。

三、實習教師無法順利地將大學所學得的理論轉換為 實際教學所需的能力

由於教育實習工作與負擔常顯得較為繁忙，況且實際的教育實習內容，大多欠缺嚴謹而循序漸進的規畫與執行過程；加上對教育理論的遺忘，實習教師往往因而輕忽或無心力於轉換並體驗教育理論之深沉意涵。進入教學現場後，即迷失在學校的「教育叢林」中，每天窮於應付接踵而至的教與學經驗的挑戰。教學現場的嚴屬考驗，顯得既棘手又現實，欠缺經驗的實習教師不免手忙腳亂，其中班級經營的繁瑣實務，以及班級常規的管理，皆是令實習教師極難招架的學習任務。這些在師資培育階段不可能完全學習得到，而且又是成為一位稱職的專業教師不能規避的學習重點，皆容易使實習教師身陷專業學習的「忙」與「盲」之中，而失去專業發展的方向感，並疏於透過理論指導學習與反省（陳美玉，民89）。

實習教師因為身陷實習工作的忙亂之中，以致於無法擁有較寬鬆而充裕的條件，影響其將教育理論轉換為實踐行為的動機。另外，由於教育實習輔導制度的實施，至今仍多流於形式化，大學教授到實習學校進行實質輔導的次數與時間皆極為有限，實習教師在教育理論的複習、轉換、強化、檢證與反省上，因而無法得到有效的協助與引導，此項因素往往造成實習教師在實踐理性反省上的不足，亦無能力進行教育理論的檢證。

另外，由於實習學校的教師大多以實踐經驗見長，而且普遍有

重經驗而輕理論的傾向，實習教師較無法以理論的語言與之溝通，
現場的教師甚至無興趣亦較少主動與實習教師就理論的觀點討論教
學實務，此亦是實習教師在實習過程輕忽教育理論的反省，且較少
思考如何將大學所習得的理論轉換為實務能力的原因。

四、教育實習制度不完善所衍生的問題

　　教育實習制度雖然一改再改，但是，仍然顯得不夠周密，包
括：師資培育機構可選擇的教育實習學校標準為何？教育實習學校
應善盡哪些責任？教育實習輔導教師應完成哪些事前訓練？實習教
師若在實習學校發生具爭議性或是權益未得到保障時，其協調機制
為何等？皆未有較明確的規範，使得在實習活動實施過程，常有教
育實習學校交付實習教師過於繁重的工作，實習教師疲於奔命在各
處室交辦的工作當中，反而荒廢教學實習的任務；實習教師上課時
數過多或是不足，實習輔導教師（師傅）將大部分班級課務委由實
習教師代為完成；或是師傅欠缺教育實習輔導知能，不能勝任教育
實習的輔導工作等，皆容易扭曲實習教師專業學習與發展的本質，
造成實習教師權益不保。

　　然而，當上述情況發生時，往往欠缺較合適的協調與溝通單
位，況且，師資培育機構與教育實習學校間不但未發展出夥伴關係
（partnership）的概念（劉顯達、陳美玉、林傑、鄭明長，民
88），而且良善而互信的合作關係大多未曾建立。因此，二者在爭
議性問題的協調上，未必能夠確切地保障實習教師專業學習與發展

的權利，最後大多在實習教師學得一身「忍」的功夫下落幕（陳美玉，民89）。

實習教師專業學習與發展權益不能確保，教育實習學校未曾建立教育實習輔導模式，實習輔導教師不能充分具備教育實習輔導知能等問題的發生，皆源自教育實習制度未能完善建立所致，也是教育部在調整教育實習辦法時，應特別顧及的現實問題，更是師資培育機構與教育實習學校合力肩負起培育師資的責任，致力發展夥伴關係所應共同協商的重要課題。

第二節　實習教師經常遭遇的問題

基於我國教育實習制度的不夠完善，連帶影響教育實習環境條件的成熟度，以致於實習教師常處在一種既不穩定且角色曖昧不明的情況下，進行辛苦的專業學習與發展。實習的結果，不是由於實習內容太過鬆散，以致於未能做好職前的準備，就是學得太多、太雜，未能獲得系統性的專業發展。

實習教師在實習過程遭遇到各種問題的考驗，包括專業上的及非專業上的，似乎已成為不可規避的事實，只是程度上的差異而已。以下乃依作者指導教育實習、教學實習與進行相關的研究發現，更具體臚列出實習教師經常遭遇到的問題：

一、理想與現實之爭

大多的實習教師皆會渴望趕快進入實習學校,將在大學所學的教育理念與創新性的教學技能,展現在班級的教學上。但是,實習教師亦不免會擔心無法適應實習的生活,或是無法勝任實習學校的各種要求與考驗,此乃是許多實習教師在實習前最常懷持的「既興奮又怕受傷害」的心情。

經過一個月集中實習的師範院校的實習教師,大抵上已經過學校教學現場的洗禮,對於教學現實較有心理上的準備。其他來自非師範院校教育學程的實習教師,大多對於學校教學仍存有極多的想像,故在進入實習學校時,乃是與學校間第一次較深入的接觸。然而不管是畢業自哪一種類型師資培育機構的實習教師,在進入教學現場後,都免不了會產生理想與現實間的矛盾感,實習教師在歷經初始階段的蜜月期後,便會發覺:對原初理想的堅持實在不容易,現場的狀況與原先想像的樣子差異得太大(陳美玉,民89)。

正如有位實習教師在其反省札記上寫道(陳美玉,民91):

「當了實習教師才全然明白成為一位好教師的困難,在實習期間難免感到灰心、挫折……」

另外,亦有實習教師感慨地寫道:

　　「實習才過了半年，有時候覺得很累，很沒有衝勁，
每天就這樣一天過一天。但是，一想起自己那麼辛苦追求
理想的同時，也會想起教育是良心事業。」

　　「實習時間長了，難免會產生無奈與倦怠感，這時支
撐自己努力走下去的便是信仰，也是良心。」

　　由上面引述作者與實習教師反省札記內容可以發現，實習教師
的確在過了實習的蜜月期後，很快就會對教學現實產生更貼近的感
受，一般教師常有的疲憊、倦怠、無奈等情緒，甚至是發現現實的
樣子與原先的想像差異太大的失落感，都會油然而生。

　　曾經有位集中實習後的師資生，在其反省札記上描述著學校教
師是如何用粗言粗語責罵別班的學生，也有教師用極粗暴的方式處
罰違規的學生等。這些在大學所修習的教育理論中看不見的問題，
在實習學校則是如此活生生地出現在眼前，理想與現實間的拉鋸與
衝突可說相當大。

二、我是誰？

　　實習教師在進入教學現場實習前，常會反覆思考在實習班級的
學生面前，雖然是學生口中的老師，但是到底應扮演實實在在且傾
向嚴格的老師角色，或是學生眼中平易近人的大哥哥、大姊姊角
色。然而正如研究者指出，實習教師常游離在「教師」與「教學助
理」、「教學者」與「學習者」、「老師」與「學生」、「過客」

與「大哥哥、大姊姊」等有些相互矛盾的角色當中（賓玉玫、單文經，民89）。若是尚屬師資生身分的教學實習階段，則往往會被視為到處參觀學校的「麻煩製造者」，或是僅到校實習幾天的「過客」。因此，實習教師必須花許多心思為自己的立場做定位，而且常會有「我是誰」的苦惱與困擾。

儘管許多實習指導教授及實習學校校長會向實習教師耳提面命，實習教師應多自我節制，避免扮演學生心目中大哥哥、大姊姊的角色，實習期間要學習的是如何成為一位有效的專業教師。然而，為何實習教師終究仍會自然地扮演起大哥哥、大姊姊的角色而不自覺，以下則引述一位實習教師的說法（賓玉玫、單文經，民89）：

> 「像學生的大哥哥、大姊姊比較輕鬆、活潑，因為班級是老師的，就像老師扮了黑臉，我扮白臉的感覺。……有位學生跟我說，因為我和他們年紀比較近，就會比較了解他們心裡在想什麼……」

此位實習教師的說法，的確能說明許多實習教師為什麼到最後都會不自覺、甚至是有意扮演大哥哥、大姊姊角色的理由。然而，是否成了大哥哥、大姊姊在實習期間就會減少困擾呢？答案當然是否定的，有位實習教師則剛好為此所苦（88/05/03/I.T.）（I.T.係 intern-teacher 的簡稱，表實習教師）：

　　「學生把我當大姊姊看待，而且常把不敢告訴老師的
事情告訴我，其中最棘手的是未婚懷孕的問題。學生一五
一十地向我說明情況，而且還問我該怎麼辦，並叫我不要
告訴他們的老師及父母。這樣的問題讓我覺得心理上壓力
好大，不知如何是好？」

　　實習教師在實習期間，扮演著各種不甚確定的角色，而且不管
何種角色都不免產生困擾，原因無非是「班級是別人的」，無論如
何，實習教師都是一位闖進原已運作良好師生生活世界的「介入
者」（Minnis, 1997），想要明確地界定「我是誰」，的確是一件不
可能的任務。

三、與「師傅」的關係緊張

　　實習期間與實習教師互動最為頻繁的人莫過於被任命為「師
傅」的教師，而且許多研究亦證明，師傅是影響實習教師專業學習
與發展質與量極為深刻的重要他人（Ballantyne, Hansford & Packer,
1995; Campbell & Kane, 1988; Graham, 1997）。但是，實習教師可
能會與師傅的教育理念及對於不穩定情況容忍程度不甚一致，此
時，師徒間的互動關係不免顯得緊張（Graham, 1997; Herndon &
Fauske, 1996; Minnis, 1997; Waugh & McNamara, 1996）。況且，實
習教師在教室中，會極自然地成為「局部占領或是干擾他人領域的
局外人」（Herndon & Fauske, 1996），加上師傅與實習教師之間既

存的權力關係（評鑑者與被評鑑者），而且師徒關係亦可能影響其未來順利任職與否，都會讓實習教師不敢輕易積極地與師傅溝通或是挑戰他的權威性。

師徒間關係緊張的現象雖然頻傳，而且不容易完全免除，但是，真正得到有效化解的情況似乎亦不常見。此問題大抵上是出在師傅較少能清楚了解師資培育課程的內涵，況且若承認師徒間緊張關係的存在，似乎是默認了自己在輔導實習教師上出了問題，或是有了過失，因此，師傅一般不會主動尋求外來的協助。另外，教育實習指導教授基於並無責任化解學校現實生活與教育理論間的不一致，而且也未被賦予權力去調解實習制度與實習學校間的衝突問題。何況師徒間緊張關係的形成，若非起自師資培育機構與實習學校間要求上的落差，則是出自師徒間教育理念的不同，或是實習教師進入一早已設有遊戲規則的班級內，與師生互動自然產生的心理上的調適問題，皆是短時間內不易加以化解的難題，或是時間稍久即可自然消失的情況。

然而，對於實習教師而言，師傅是實習過程中互動最為密切的合作夥伴，也是提供支持性的學習環境，影響實習教師專業社會化的主要力量來源與角色楷模，因此，師徒間若有理念與行事風格較大的不一致時，則會造成實習教師在專業學習與發展上較大的焦慮感。若緊張關係不及時解除，不管是對實習教師或是師傅而言，輔導與被輔導都是一件極難熬的苦差事，二者的專業發展品質也必然受影響。

四、棘手的班級經營

對實習教師而言，什麼是最難招架的挑戰，根據許多實習教師的現身說法都認為，班級經營與學生問題的輔導最難，尤其是常規控制，更是實習教師的「惡夢」（陳美玉，民89），能夠將班級經營做好，即是實習教學成功的一半。但是，不可否認的，教育實習提供了實習教師班級經營實地演練的好機會，從中可獲得成為有效教師的自信心（Waugh & McNamara, 1996），此部分亦是較傾向靜態學習的師資培育機構較無法傳授的知能。

然而，由於班級經營大多是一位教師實踐智慧的發揮，較少能靠學術性的教育理論直接應用而見到成效。因此，當實習教師帶著單純的學術性思考與知識進入現場後，繁雜的班級生活與千萬變化的師生互動線索，常令實習教師感到眼花撩亂，因而常會造成上課時愣在講台上，不知如何善後。

對於班級經營實務的學習，實習教師覺得格外棘手的另一原因不外乎是，實習教師為了與學生建立良好的師生關係，以確保能被接納為班級內的一份子，因而不敢對學生有所要求。或是基於實習教師皆較年輕，情緒尚不夠穩定，故在班級事務的處理上，常顯得慌張失措，情緒浮躁。棘手的班級經營問題，因而會被實習教師認為是最具迫切性的學習課題。

五、學生危機事件的處理

　　雖然在實習過程，實習教師不必單獨面對班級內較複雜情況的發生，師傅有責任適時做適當的協助與化解可能的危機。但是，由於教室內外學生的活動不斷，眾多學生聚集在同一個校園內，因而隨時都可能出現各種不同性質的互動，危機事件的發生則並非新聞，實習教師一不小心極有機會必須單獨面對與緊急處理偶發事件，例如學生受傷，大量流血、骨折，或是忽然暈倒、氣喘病發作等；上課時，學生不經意大小便在衣服上；與學生發生較激烈的口角或衝突；嚴重的學生打架、滋事事件；或是如上段所提及，學生發生懷孕、性行為，不正常的男女交往的情事……等，都直接考驗實習教師危機處理的能力。

　　當危機事件發生了，才想到應多充實危機事件處理的知能，強化危機意識，常會顯得緩不濟急或手足無措。尤其是在實習期間，危機事件處理不好，不僅會影響專業自信心的建立，甚至在心中留下深刻且負面的經驗印象，對於實習教師的專業學習與發展而言，實有必要加以避免。

六、該不該發展個人的教學風格

　　方進入學校現場實習的新鮮人，大多滿懷著教育理想與抱負，希望能夠將自己的教育想像付諸實現。然而，實習教師畢竟有極高成分「學習者」的角色任務，他們要從師傅身上學習如何成為一位

有效的好教師。再者，班級是師傅在主導，管教的所有權與主要責任亦在師傅身上，因此，實習教師欲發展個人教學風格、展現個人教育理念的空間有多大，則視師傅授權的程度而定，實習教師並無多大的決定權。

　　然而，實習教師進入教學現場，實際上是為了試驗個人的專業實踐理論，努力學習成為一位有特定教學風格的好教師，而不是全然的教學助理或師傅的複製品，此種特性正是實習教師渴望進入教室展現自己專業能力的高昂動機所在。基於此，實習教師常會猶豫在展現個人的教學風格與維持師傅原有的教學模式的兩難之間。況且，實習教師與師傅間的教育理念與喜愛的教學風格可能不一致，尤其較具有創意的實習教師遇到傳統型的師傅，或是實習的班級有升學、分數壓力時，情況將更明顯。師傅擔心教學方式改變太大，學生無法適應，或是影響學生的考試成績，都將大大地壓縮實習教師個人教學風格發展的空間。

　　實習教師該不該發展個人教學風格的問題，依據Minnis的研究發現（1997），實習教師剛進入實習現場，由於對於環境與班級內師生的陌生，大抵上無法去除實習教師邊陲角色、闖入者或是局外人的色彩，實習教師當然別無選擇的，必須遵守別人的遊戲規則，努力尋求班級師生的認同與接納，此階段的學習重點可謂是在「角色扮演」（role-playing）。待時間夠久了，實習教師亦適應且洞悉既有的遊戲規則之後，可視情況逐步試驗個人的專業實踐理論，形成較真實而自然的經驗，此時期可謂進入「角色形塑」（role-making）的階段。由此可見，實習教師若急於展現個人教育理念，不免

要冒著適應不良與破壞既有遊戲規則的危險，此問題是實習教師在考慮該不該發展個人教學風格時必須審慎評估的重點。

七、做不完的行政業務

由於實習教師的專業學習與發展是以「實踐經驗」為主軸，故是名符其實的「做中學」階段，絕大部分的學習都必須透過「參與」以獲得實際的經驗。充實的學習內容，必須要有高度參與和實地演練的機會，才可能達到體驗教育理論的意涵，化理論為實踐經驗的學習目標。然而，正由於此種理念在實習學校的普遍盛行，因此，學校的各行政單位往往藉著「做中學」的名義，競相交付實習教師難易不一的事務；有時甚至發生各處室搶著要人的情況，使實習教師處在行政實習與教學實習難以兼顧的困境當中，或是陷入必須犧牲教學實習遷就行政實習的窘境。

實習教師此時會浮現該不該勇敢說「不」，拒絕認為不合理或是來自各方過多的交辦事項的問題。但是，說「不」的結果，則可能給對方「愛計較」、「不認真」、「推工作」或是「沒有熱忱」等負面印象，破壞不易建立起來的人際關係。基於此，實習教師多半會處在想拒絕，但是又不敢說不的處境中，最後心中雖有所埋怨，但是仍選擇照單全收。此種現象，正如作者研究實習教師所表達的深層感受（陳美玉，民89）：

「我們是灰色地帶的人，地位模糊、身分不明，全看

他人的良心來論斷實習教師的實習內容。為此我們都變成
了一隻隻溫馴的小貓，並開始練就一身好功──忍。因為
當大環境無法改變時，自己就得調整自我的心態，不然不
到一年的時間，可能精神早就崩潰了。」（89/05/27/I.T.
05）

　　從上面的引述看來，實習教師在實習期間，感受到辛苦與無奈
是經常發生的現象。實習學校的環境，不能盡如實習教師想像的樣
子，各種繁雜的行政事務負擔太大，都足以影響實習教師專業學習
與發展的質與量。

八、實習教師間的較勁壓力

　　來自各師資培育機構的實習教師，可能皆抱持著不甚相同的實
習理念與態度，例如有些實習教師會較傾向任勞任怨的做法，對於
實習學校交付的大小任務，皆抱定來者不拒的精神；有些實習教師
則較在意自己的權益問題，實習學校若未能依照教育實習辦法行
事，往往會採據理力爭的做法。持著不同學習理念與態度的實習教
師處在同一學校，往往會感受到彼此間步調不同的壓力，實習學校
的人員亦可能有意無意或在各種場合進行實習教師間的比較。實習
教師處在此種環境下，不免增添許多無謂的學習困擾。

　　另外，若實習學校恰好有出缺的情況，實習教師間較勁的問題
可能會更嚴重，尤其是在中等學校實習的實習教師，由於出缺不

易,一職相對的難求,而且實習學校亦常會以缺額作為說服實習教師努力投入實習工作的誘因。面對此種僧多粥少的情況,實習教師便容易產生明爭暗鬥。實習教師爭取留校任教的問題,甚至會延燒到師傅間的較勁,師徒情誼也會在此競爭過程表露無遺。

但是,不管是否有機會留校任教,只要有人意圖爭取留在實習學校任職的機會,就會帶給其他實習教師莫名的競爭壓力,實習氣氛勢必變得詭譎、不自然;同時,也容易在實習教師間留下不快的心結,影響彼此合作與互動的感受。

第三節　實習教師因應問題的原則與對策

上節臚列的八項問題,乃是實習教師在實習期間最常面臨的困擾,但是,由於實習教師的人格特質、實習理念與做事態度與方法各異,因此,實習現場可能產生的問題實是不一而足。儘管如此,任何問題的存在多少會對實習教師的專業學習與發展形成干擾,導致實習教師無法專心於各項實習活動的參與。基於此,實習教師在實習前與實習中都必須做好妥善的心理準備,並了解面對問題時的因應原則與策略為何,才能在教學實習及教育實習期間,使個人的專業知能獲得最大程度的開展。

雖然不同的實習教師可能面對不甚相同的問題,然而,整體而言,因應實習過程可能產生的問題,實習教師的因應原則與策略,大致上可以歸納為以下重點:

一、了解實習學校的文化與特色

實習教師在選擇實習學校及進入實習現場前，對於實習學校的特色與校園文化，特別是教師專業文化的特性，皆應以較嚴謹的態度，蒐集相關資料，進行詳細的研讀，了解該校是不是心目中理想的學習場所，是不是能認同校長的治校理念。因為學校的文化與特色，乃是一所學校整體內容的表現，尤其是校長的治校理念及其對師資培育所持的態度，是否積極推動並建立在校師資培育制度，此舉動往往決定實習教師專業發展的品質，故實習教師務必做好事前的評估與了解。

實習教師對實習學校的狀況有了初步認識，選定實習學校之後，則應做好必要的心理準備，或是某些特定技能的先前養成，才能在實習學校擁有最適當的學習環境，進而能盡情地發揮所學，提升專業學習與發展的效果。

二、積極、主動而誠懇的溝通

實習教師在實習過程許多問題的形成，皆起因於缺乏積極而主動的溝通，以致於造成誤解的發生，甚至是人際間關係的緊張，實習教師可能因而常有委曲求全的錯覺，或是總覺得被要求做不喜歡做的事。事實上，大部分的實習學校人員大抵上皆有引導實習教師專業發展的用心，尤其是師傅更會關心實習教師的未來出路問題。

基於此種善意，實習教師當更細心體會實習學校人員的苦心，並誠懇與師傅建立良好的雙向溝通關係，不管在課程的規畫、教學活動的安排、班級經營事務的處理、行政業務的協助，甚至是增進學校人際互動關係的方法等，都能從師傅處得到極可行而有效的建議，而且也能得到師傅的高度信賴。尤其師傅是屬比較客氣、不主動要求配合類型的人，實習教師更應以積極而主動的態度，虛心地與師傅溝通實習計畫內容與實施方式，使實習能進行得既循序漸進，且有具體的成效。師徒間的緊張關係自然可以降到最低，甚至是不致於發生。

另外，面對學校行政單位配合各項業務的要求，為了要盡量減少產生「廉價勞工」或是「教育部的義工」的不舒服感，實習教師仍然應與各行政單位主管保持順暢的溝通管道，平日即明確地讓各處室主管與師傅了解目前所協助處理的業務量及內容，以及整個實習計畫的流程與進度。明確與誠懇的溝通仍然應是實習教師保有較高品質且具系統性學習的首要條件，選擇默不吭聲或是積怨在心，並無助於問題的解決。

三、謙虛的學習態度

儘管實習教師在實習期間主要學習的對象是教學者的角色而非學習者，但是，如何能成為優良而有效的好教師，一樣要經歷漫長的學習過程；尤其實習教師方進入現場展開另一全新的學習，更應抱持著謙虛而開放的心態，接受實習學校相關人員的指導，如此才

有機會從不同的角度了解學校的全貌，與一位專業教師可能面對的
各種處境。

　　相反地，若實習教師持著「實習是浪費時間」的想法進入現
場，隨時只想到實習教師的權益如何爭取，而不從更長遠的眼光看
待自己的學習，則只會讓個人的學習內容更加狹隘，無形中便會限
制專業學習與發展的範圍。

　　基於參與得更多便能學習得更多的理由，實習教師應謹守謙虛
的學習態度，積極而主動地參與各種類型活動，從活動中體驗教學
實踐意義，並梳理出實踐的原理原則。同時，也應勇於向經驗豐富
的教師及行政人員多加請益，並且找機會與這些人員開放地討論教
育理論與現場實務間的落差、甚至是相互矛盾之處，謙虛地聽取現
場人員的詮釋理解觀點，此項努力必能增進個人專業學習與發展的
廣度與深度。

四、加強教育理論的複習

　　不管是教育實習或教學實習，皆是實習教師在教育理論學習告
一段落後，從以理論為主的學習轉換為以經驗為主的學習，將理論
更順利地轉換為實踐經驗的重要過程。而且，實習的目的乃在於轉
換理論為實務所用的過渡階段，並非是脫離理論從事另一種全新學
習的開始。因此，實習教師應利用此一實踐經驗考驗教育理論的重
要時期，加強對理論的複習，使理論不斷和實踐經驗做理性的對話
與相互修正，進而有機會對理論產生更深層的理解，理論與實踐的

結合便能在此努力下獲得。

　　反觀目前實習教師專業學習的情況，大多未能實現以堅強的理論基礎檢證實踐經驗的適當性，反而在進入教學現場後，不是怪罪理論太空泛、理想化，就是產生理論無用的失望感。造成在師資培育機構學習的理論是一套，在實習學校所實踐的又是另一套，理論與實踐嚴重乖離的情況處處可見。此種現象的出現，乃是實習教師未能真正了解理論的精神，因而輕忽理論的價值，同時亦是實習教師在教育理論上學習效果不理想的反映。

　　事實上，各種教育理論皆是歷經一次又一次現場經驗反覆檢證所歸納出的原理原則，雖然不一定可以用來解釋特定情境脈絡下的現象，但是，若是實踐者對理論有足夠的詮釋能力，必能極靈活地理解什麼樣的理論能在什麼樣的條件下，解釋什麼樣的現象。換句話說，理論的活用仍然需要實踐者具有敏銳而明智的思考能力，才得以將理論的菁華付諸教學現場加以實踐，或是融合不同理論於教學過程，使教與學的活動不僅具有豐富的理論基礎，又能結合教學者的實踐智慧，進而可以創造出別具個人風格的教學成效。此種能力正是實習教師在進入教學現場後應逐漸培養，也是為什麼實習教師應留下部分時間加強理論複習，以及理論與實踐經驗應不斷相互對照、檢證的理由。

五、循序漸進、有規畫地發展專業知能

　　現場的經驗大多顯得既龐雜又欠缺系統性，因此，實習教師一

進入現場，多半都會有「學校叢林」的感受，進入學校好像掉進一個忙亂、無序的叢林一般，讓人在極短的時間內即失去學習的節奏性。尤其是對於一個缺乏現場經驗的實習教師而言，教室內的師生符號互動過程，更是其感到紊亂與焦慮的來源；加上必須到各處室進行行政實習，協助處理繁忙的行政業務，常是造成實習教師無法循序漸進及有規畫地發展專業知能的主要因素。

　　然而系統性且有規畫的學習與專業發展，對於一位正積極準備進入教師行業的新手而言，乃是極重要的學習法則。反之，若在實習過程即失去發展專業知能所應有的節奏與應遵循的步驟，則不僅容易產生學習的挫折感，而且無法對專業本身發展出完整而正確的印象。片面的專業理解容易斲傷健全的專業發展，使一位尚未真正進入門內的實習教師，不是產生提早離開教職的想法，就是形成不適當的專業知覺。

　　由於循序漸進而有規畫的發展專業知能對於實習教師具有如此的重要性，因此，實習教師在進入實習學校前，即應審慎地與實習指導教授及師傅共同研討，事前擬妥個人的實習計畫，規畫實習期間預備學習的項目與重點，以及各項學習的時程與順序。能做好實習前的學習規畫，在進入教學現場後，將更能把握學習的重點與方向，而不致於在緊張的實習生活中，亂了自己的專業發展腳步。

　　至於實習計畫的擬定方式與內容應包括哪些，以下則是一位實習教師在集中實習前在大學教授（即作者）及師傅的指導下，所規畫的集中實習計畫（表 13-1）。

　　實習計畫書完成後，實習教師可再與師傅就實習計畫書內容進

行討論而後再做適度的修正，使實習內容、時程及比重更能一目了然。經過實際執行後並可付之檢核，協助實習教師隨時反省實習情況，並使實習的進行能井然有序，而不致於亂了方寸，遺漏學習的重點。

表一：

表 13-1 集中實習實習計畫書

實習教師：陳怡明
實習日期：2002.4.8-2002.5.3

實習項目	目標設定	實習比重（百分比%）20% 40% 50% 60% 80% 80% 90%	優	可	待加強	備註
教學實習	教材、教具的準備與分析	80%		∨		
	教學活動的設計與編寫	60%			∨	
	了解班級經營的方式	70%			∨	
	了解作業的設計與指導	50%			∨	
	了解作業的批改與指導	50%			∨	
	教學情境的布置與設計	40%		∨		
導師實習	導師實習能認識並了解學生之基本資料	90%		∨		
	學習營造良好的班級文化與氣氛	80%		∨		
	了解學生生活與課業之輔導	80%		∨		
	協助處理班務與偶發事件	70%		∨		
	學習如何與家長保好溝通聯繫	50%			∨	

第一週

實習類別	項目	達成率	評等	備註
行政實習	協助三年級母親節表演活動——國術操	70%	✓	※並無正式之行政工作可接任
第二週 教學實習	教學活動的順利進行	90%	✓	
	能順利配合教案之進度	90%	✓	
	確實了解學生的程度	70%	✓	
	融入班級的節奏與氣氛	70%	✓	
	班級經營的能力	60%	✓	
	確實批改作業	80%	✓	
第三週 導師實習	能充分掌握學生的背景與習慣	50%	✓	
	能有效處理班級之偶發事件	50%	✓	
	班級事務的妥善處理	50%	✓	
	與家長保持良好的溝通管道	50%	✓	
	協助三年級母親節表演活動——國術操	80%	✓	
行政實習				

		達成率	第四週	備註
教學實習	能在進度內上完成規畫的課程	90%	✓	
	讓學生充分了解所學之課程	90%	✓	
	班級經營的能力	70%	✓	
	能提供教學後的有效評量方式	60%	✓	※課後學習單為主，月考由校方命題
	在教學能有效地配合學校活動	80%	✓	
導師實習	能確實掌握學生在生活之狀況	50%	✓	
	班級事務能配合學校政策	60%	✓	
	班級事務的妥善處理	70%	✓	
	能有效處理班級之偶發事件	80%	✓	
	與家長保持良好的溝通管道	70%	✓	
行政實習	協助三年級母親節表演活動——國術操	90%	✓	

※第一週的部分以見習與了解班級與學校狀況為主，而二、三週則是實際融入班級與校務環境中進行實習工作；第四週則是以評量和成果驗收為主。

六、反省習慣的養成

　　由於教師專業是一門建立在「反省實踐認識論」上的「折衷藝術」（electric art）（Schon, 1974），因此，反省習慣的養成乃是實習教師專業發展中不可或缺的一環。而且，也唯有實習教師能習慣於反省過程進行理智的學習與實踐，才能將教學逐漸發展成為一門不斷創新知識且內容生動活潑的專業活動。

　　然而，實習教師常會因實習工作過於忙碌、繁雜，而忽略反省的重要性，或是基於教學實習大多涉及與教學技術相關的問題，例如教學方法的運用、班級經營的技巧、學生偏差問題的處理與輔導技術等，因而使反省局限在技術層次，將思考與反省的重點置於如何處罰學生與處理違規的行為上，並且慢慢掉入技術本位的思維邏輯而不自覺。

　　事實上，反省性思考包括三種不同的層次，最低層次是技術性反省，主要在找到最佳的方法與技術以解決所遭遇的問題；其次是實踐的反省，旨在反省及思考所使用方法與目的的適當性；第三種類型是批判的反省，最關心的是道德、政治與社會公平正義的議題（陳美玉，民86，24）。由此可見，若實習教師僅將反省的重心置於技術性的層次，則無法對於教學相關的事件做較本質性的深層思考，如此一來，教師專業終究進不了「折衷藝術」的殿堂，所謂專業教師也只不過是技術工人的代稱而已。

　　實習教師為了養成反省的習慣，則必要積極且主動地參與各項教育理論及實踐經驗相互對話的討論會或研討會，把握與師傅及大

學教授互動的機會，時時討論相關的教與學課題，或是組成實習教師反省性小團體，針對實習所遭遇到的困難、所看到的特定現象、所思考的問題等，提出來共同討論，並分享同儕的經驗與看法。最後，亦不能少掉個人反省札記的撰寫（陳美玉，民88；Herndon & Fauske, 1996）。透過反省札記將個人經驗做適度的沉澱，則是長保思維理路清新的極有效途徑。

七、建立良好的人際關係

實習教師若要能更順利而有效的專業學習與發展，有賴良好的人際關係。有了良好的人際互動關係，自然能獲得學校內相關人員更多的協助與指導，實習教師的實習生活自然得以更為順暢而豐富。事實上，人際關係乃是「教育」的重要內涵，人際關係理應也是實習教師專業學習不可或缺的一環，更是實習教師專業經驗發展與社會化過程的基本條件（Graham, 1997）。

然而，許多實習教師卻常因輕忽良好人際關係建立的重要性，在實習期間偶爾會一不小心捲入學校的派系之爭，或是加入不必要的人事紛爭當中，也可能基於爭取權益的理由，而與師傅或是行政單位產生人際關係的緊張。儘管某些權益的申張或是加入自認為有利的派系陣營，短時間看起來似乎極能符合自己的利益，但是，長遠而言，實習教師若是被貼上「人際關係有問題」或是「好爭」的標籤，對於未來在甄試的路上，可能遇上難以預料的障礙，影響進一步的專業發展。

　　實習教師在實習期間人際關係的經營是極必要的課題，唯要注意的是，人際關係是專業學習與發展的潤滑劑與促進劑，非實習的唯一重點，千萬不可本末倒置，視人際關係的營造為實習的主要目的，罔顧各項專業能力的提升。如此的做法必將導致專業能力的弱化，將來可能無法招架甄試過程的嚴厲考驗，因此，絕非是實習教師的明智之舉。

　　實習教師良好人際關係的營造，並無祕訣可言，唯有「謙虛與誠懇」而已，若能做到待人以誠，抱持著開放而虛心的學習態度，視各種活動與各項業務的參與，皆是「做中學」的寶貴機會，屆時良好人際關係的建立便能水到渠成，自助人助的效果自然顯現。因為沒有參與自然無法達到真正的學習，多做才能多學，多學必能在實習結束後，獲得更多「帶得走的能力」，專業能力也能大大地提升。實習教師當能了解箇中的道理，如此一來，便能在良好人際關係的基礎上，做個快樂而受歡迎的實習教師。

八、保持著「歡喜承受」的做事心態

　　實習教師的學習態度應是開放、謙虛而誠懇自是無庸置疑，然而，這些態度落實在真正的專業學習過程，實習教師必能摒棄「逆來順受」的心理感受，反而能以「歡喜承受」的心境面對各項實習工作的挑戰。如此一來，便能樂在學習，不再怨天尤人，或是總汲汲於「權益是否被剝削」的問題上。由此可見，實習期間做事時，若能持著適度的「傻瓜哲學」，則收穫必然能遠遠超過預期，獲得

更多的信任、友誼與協助；因此，實習教教師實在不必將心思過度專注於自己的權益爭取上，而應多思考如何讓自己擁有更多的學習機會，如何學習才能更有系統、更有效。

從目前的實習制度而言，師範院校的集中實習大多保持在三至四週之間，畢業後的教育實習則有一年的時間，實習教師專業學習的時間實際上相當有限。況且即將要變革的實習制度可能僅保留半年的教育實習，也就是實習教師在現場接受考驗的時間，將縮短為一個學期，以更短的時間爭取重要的學習機會，將是實習教師未來專業學習的重點。由於進入現場的目的即是在學習，而教學本身乃是一相當繁複、多樣態的過程，實習教師除非能有更多的投入與參與，否則欲了解教師專業的全貌，實際上有其困難。實習教師若有心學好有效的教學是怎麼一回事，以歡喜承受的做事心態面對實習的挑戰，則是確保個人擁有更多、更好的專業學習與發展機會之必要條件。

九、凡事豫則立，不豫則廢

實習教師進入實習學校前應有必要的準備，包括心理的與專業知能的，如此一來，不但可以縮短實習期間的心理調適期，也可以在較短的時間內，進入學習的正常狀況，減輕因心理與專業知能上不能銜接所引發的挫敗經驗，及早進行有效的專業學習。

凡事豫則立，有了較周全的心理準備，事先預估可能發生的問題，事前做必要的沙盤推演或進行同儕間的討論，並在專業知能上

做好應有的練習，都有助於減輕實習教師在實習期間的適應問題。

實習教師欲做好實習前的準備，除了先了解實習學校的文化與特色外，亦可從事前的學校參觀、訪問、上該學校網站，或是從學長、姐處獲得該校協助實習教師專業學習與學校發展情況。實習前能將資料蒐集得愈完整，閱讀得愈仔細，了解得愈透徹，之後再進行必要的心理與專業知能上的準備，則實習教師便能一進入現場，立即站在最好的學習位子上，展開高品質的學習，並印證凡事豫則立、不豫則廢的道理。

第四節　結語

儘管實習教師階段的專業學習對後續的發展有關鍵性的影響，而且，有極多現場的學習乃是大學的教育理論學習所無法取代，是以教學實習與教育實習皆有其不可或缺的價值。然而，由於師資生階段的實習教師未能充分理解教學實習的重要性、制度方面規範尚未完備、實習學校環境條件不足，以及實習輔導教師（師傅）與指導教授對於教育實習的認知仍有極大的落差，況且師傅亦可能不具備輔導實習教師的知能，以致於我國實習教師在專業學習與發展上顯得困難重重，實習的效果也因而常受到質疑。

有關實習期間的諸種困境，皆不是實習教師個人可以克服，或是靠幾個人可以去除，故實習教師不免要經常遭遇到本章所提出的幾項較普遍的問題與困擾，包括理想與現實之爭、質疑自己應扮演

什麼角色、與師傅間的關係緊張、棘手的班級經營、危機事件的處理、該不該發展個人的教學風格、做不完的行政事務、實習教師間的較勁等。這些問題的存在，若不設法排除或減輕，則必然對實習教師的專業學習與發展造成障礙。

　　基於排除實習教師學習困擾、提升專業發展品質的需要，本章亦提出幾項原則與策略，作為實習教師實習過程之參考：了解實習學校的文化與特色；積極、主動而誠懇的學習態度；加強教育理論的複習；循序漸進、有規畫地發展專業知能；反省習慣的養成；建立良好的人際關係；保持歡喜承受的學習心態與凡事豫則立、不豫則敗等原則。實習教師若能用心體會與遵循，或許實習期間仍然會相當忙碌，但是卻能擁有愉快而充實的學習生活。

參考書目

王秋絨（民80）。批判教育論在我國教育實習制度規畫上的意義。台北：師大書苑。

陳美玉（民87）。實習教師專業成長途徑之研究——以校際觀摩法之應用為例。發表於中華民國師範教育學會八十七學年度「教師專業成長——理想與實際」學術研討會，54-79。

陳美玉（民89）。技職教師專業實踐理論發展之研究——以高職實習教師為例。行政院國家科學委員會研究計畫（NSC 89-2413-H-020-003）。

陳美玉（民91）。教師個人知識管理與專業發展。台北：學富文化。

賓玉玫、單文經（民89）。實習教師的角色認知。台灣教育，591，2-7。

劉顯達、陳美玉、林傑、鄭明長（民88）。建立技職教育夥伴關係之規畫。教育部委託計畫。

Ballantyne, R., Hansford, B. & Packer, J. (1995). Mentoring beginning teachers: A qualitative analysis of process and outcomes. *Educational Review*, 47(3), 297-307.

Campbell, A. & Kane, I. (1988). *School-based teacher education: Telling tales from a fictional primary school*. London: David Fulton Publishers.

Graham, P. (1997). Tension in the mentor teacher-student teacher relationship: Creating productive sites for learning within a high school English teacher education program. *Teaching and Teacher Education*, 13(5), 513-527.

Herndon, K. M. (1996). Fauske, J. R. (1996). Analyzing mentoring practices through teachers' journals. *Teacher Education Quarterly*, 23(4), 27-44.

Minnis, J. R. (1997). Re-structuring practice teaching: From role-playing to role-making. *Educational Practice and Theory*, 19(1), 37-46.

Waugh, D. & McNamara, D. (1996). Classroom discipline: The effective contribution of tutors and mentor teachers to student teachers' practice. *Curriculum*, 17(3), 154-163.

〉〉〉附錄一　特殊學科和學習領域的有效教法摘錄

數學科教學原則

一、對於基本計算問題

　㈠練習和回饋是兩個最主要教學策略。

　㈡增加提取數字事實的速度。

　㈢教導不同計算策略，包括利用工具的（如手勢、積木）和抽象思考的程序。

二、對於文字描述的高層次解題問題

　㈠教師先透過發現式或學生小組，讓學生自己思考如何解題。

　㈡有計畫地針對問題轉譯、問題整合、解題計畫及監控、解題執行等提出問題或與學生討論。

　㈢Charles 和 Lester（1984）在幫助六年級和國一的學生解題時，常常協助學生形成一個較適當的問題表徵（即：「了解該問題」），如鼓勵學生用自己的話來敘述問題，而這應該可以保證個人能夠活化一些可能會幫助解決該問題的先前知識。其他一些策略則是被設計用來幫助學生解決問題的；比方說，鼓勵學生進行「反向運作」（workbackwards），乃適用來限定搜尋解決方法朝所陳述目標相關的領域中進行一項很有效的方法。最後，研究者還提供了一個策略集組（「回答這些問題」），

用來監控其解決方法，以確保答案之正確性。例如：實驗中鼓勵學生去檢視他們所算出的答案是否有意義。

問題解決

了解問題

・再讀一次題目

・寫下你知道的

・找尋關鍵句

・找出重要訊息

・用你自己的話把它說出來

解決問題

嘗試著：

・找出一個型態　　　　　　・畫一張圖

・猜測並檢驗　　　　　　　・列出一張組織化的清單或表格

・寫下一個方程式　　　　　・使用物體或仿效扮演題目

回答問題

你有沒有：

・使用所有重要的訊息？

・檢視你的工作？

・決定答案是否有意義？

・用一個完整的句子將答案寫下？

三、現實主義的教學模式圖

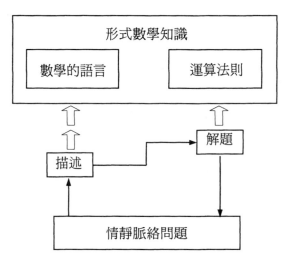

現實主義的數學教學理念是要在活動中學習數學（Freudenthal,
1983）。數學活動包括解決問題、尋找問題與組織主題內容——有
關現實情境中的數學內容或資料。這樣的學習活動主要是一種組織
或數學化的過程。數學化意含著生活情境中相關的數學內容，以及
學生在數學層次的提升（level-raising）。層次提升是數學化的核
心，層次與層次間的分析與活動設計是彼此關聯的，在促進層次的
提升所使用的策略包括：

- 普遍性（generality）：普遍化（尋找類比規則、分類、結構）
- 確定性（certainty）：反思、辯護、證明（使用系統的取向、
  詳細的陳述、對於臆測的檢驗）
- 精準性（exactness）：模型建立、符號象徵、下定義（解釋的
  效度）

・簡潔性（brevity）：符號象徵、基模化（發展標準的程序與表記方式）

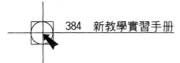 **參考書目**

岳修平譯（民87）。**教學心理學─學習的認知基礎**。台北：遠流。530-531。

林清山譯（民79）。**教育心理學─認知取向**。台北：遠流。

陳儀君（民87）。**國中學生在現實情境中解決測量問題的解題思維與互動歷程之研究**。國立台灣師範大學教育研究所碩士論文。未出版。

地理科教學原則

　　地理科的教學活動應著重以「主要概念」或「主題」來涵括教學活動，以呈現各地的生態環境，整體的地表景觀，或人地的互動過程。教師在地理教學過程中，應視教科書中的照片、圖表為教材的一部分，與文字結合一起進行教學活動。

　　不過有些較具「綜合性」或具「辯證關係」的地理現象，即使運用各種教材來配合說明，學生仍然不易從被動式的「講授教學」過程中完全領會，此時即應發展一些以學生為中心，具主動學習精神的「活動式教學」的教材，使學生在參與教學活動的過程中，即可自然融入實際的情境中，去設身處地的認識問題的根源，或現象發生的過程與變化。各章末也應該設計一些作業，除提供同學們複習課本中的重要概念或知識外，也具有誘導同學透過完成作業，統整所學習的地理知識的目的。

　　由於教學時間所限，師生們不一定將教科書中所有活動予以完成，而是應該考慮不同班級學生地理學科的程度，以及課文講授的教學效果，來決定是否需要進行後續的活動。總之，活動和作業的進行是充滿彈性的，地理教師應有最大的選擇權與編修權。

　　可作為地理科課堂中進行的教學活動類型很多，大部分活動均扮演著輔助教學的功能，以彌補課文講授的不足之處。但有些地理教學的內容，不易由課文的文字敘述來傳達，即使配合圖表、照片，其教學效果仍不足時，就有必要設計特定形式的教學活動，來完成部分教學內容，在這裡因篇幅所限，僅介紹常見的幾種：

一、手工製作

　　在地理課程中，最常見的手工製作活動有等高線地形模型、褶曲、斷層、地層剖面等地質模型。此外，各地地方標準時的換算經常困擾著學生，教師可指導學生設計時間圓盤模型，學生在完成製作，及實際運用時間圓盤，進行時間換算時，即已可正確掌握時區及時差等觀念了。

二、實驗

　　有些地理現象或事實，即使教師在課堂中努力描述，甚或配合圖表、照片，學生可能仍無法真切了解，此時如能提供學生實驗的機會，則學生在實驗的過程中，因親身體會而能了解。例如在土壤地理單元中，雖然已在課文中具體定義構成不同土壤質地的砂粒、坋粒、黏粒的組成比例，但對學生而言，實在難以體會這些不同組成比例的質地差別。這時即應設計適當的實驗活動讓同學們能有機會實際捏搓、觸摸、感覺不同質地的土壤。

三、問題解決

　　人地互動的過程所形成的各種問題，經常可作為課堂上討論的議題。教師如能設計一些以問題解決為核心的教學活動，可讓學生深切體會地理學上所論的「人地關係」的真諦。例如在產業活動單元中探討到礦產生產時，應讓學生了解礦產開採，經常會帶來嚴重的環境破壞，人類在進行這類開發活動時，應該預見及此，並籌謀因應解決之道。

四、角色扮演

　　近年地理學在探討人地互動時，已不光是從靜態的經濟與地理

因子來描述、分析，還將人地課題所牽涉的利害相關的個人或團體之決策過程，納入地理學的研究範圍裡。在地理教學中，教師可藉「角色扮演」的遊戲活動，讓學生扮演決策過程中，不同利益的團體或個人；在合乎民主參與的程序下，提出本身團體的意見，並質疑不同利益團體所提出的意見。

五、模擬遊戲

　　「模擬遊戲」與「角色扮演」有許多相似之處，均為發展學生決策的概念。但前者在促使學生循著真實世界的決策過程做出決策，故較後者更緊湊，焦點更集中，也有更清楚的指向。模擬遊戲的學習過程也更為積極，因為學生在參與過程中必須做出決策，故學生不能僅以學習到決策過程中所涉及的許多因素為滿足，他們還須親自分析這些因素，故統計分析，諸如地圖、圖表、照片的判讀等技術可能都要用上。學生為完成決策，無形中可發展出解決問題所需資料的分析技能與價值判斷能力。模擬遊戲在地理教學上，最適用於空間規畫等問題上。

📖 參考書目

丘逸民（民89）。高中地理教學中的活動和作業設計舉隅。人文及社會學科教學通訊，10（6），37-45。

自然科領域教學原則

　　自然科教學方法非常多元，包括講述法、自然科的探究教學法、討論教學法、問思教學法、角色扮演教學法、問題解決的教學模式、科學—科技—社會課程的教學模式、概念改變與類比教學策略等。茲以「三階段式的發現式探究教學法」、「問思教學法」和「四階段式的科學—科技—社會（STS）課程的教學模式」為例，分述如下（王美芬、熊召弟，1998）：

一、三階段式的發現式探究教學法

　　㈠探索階段：學生對新情境產生的活動學習，將激起疑惑及待探索之問題，本階段以學生為中心，教師不予以過多的指導。

　　㈡概念引介階段：教師利用發問技巧、書本、錄影帶，或其他媒體，介紹新的概念或說明。

　　㈢概念應用階段：學生運用新名詞或思考形式獲得其他問題的解答。

二、問思教學法

　　問思教學法是藉著發問，刺激學生的興趣，鼓勵學生追求事物的真正本質、澄清問題及觀念，培養獨立思考及推論或歸納的能力，更能評鑑所知多少。發問技巧與思考教學具有密切關係，因為教師提出問題，學生便須動用心思尋求答案，心靈不停地運用各種歷程去組織或重組資訊，這就形成一種學習。茲引範例如下：

　　　【範例】講解完心臟的構造後，可以加以提問引發學生的思

考：

㈠心臟是中空且有分隔的，那心臟分做哪幾個部分？

【記憶性問題】

㈡心臟為什麼要分做四室呢？

【分析性問題】

㈢心房跟心室間為什麼要有瓣膜呢？

【分析性問題】

㈣如果我們的瓣膜出了問題，對我們有什麼影響？

【綜合性問題】

三、四階段式的科學—科技—社會（STS）課程的教學模式

㈠第一階段：邀請學生來學習。這可以用矛盾事件（discrepant event）的示範、形成困惑的圖片、簡單的動手操作或教師提的問題，來使學生進入學習情境。

㈡第二階段：鼓勵學生透過觀察測量和實驗去回答他們的問題。他們比較、驗證他們的想法，並試著由數據來理解。

㈢第三階段：學生提出解釋和解決策略，學生藉由經驗，先前的概念會被修正，或者被新的概念取代之。

㈣第四階段：鼓勵學生思考對於他們所學的如何去應用，或採取行動。

　　除了以上的各種教學方法，更重要的是在自然科的教學原則中，教師應該能採用具體代替抽象的教學方式，如上課時利用觀

摩、示範、模型和圖片來說明教學內容，如講解心臟瓣膜時可以利用保特瓶做教具，如此以增進教學效能。

 **參考書目**

王美芬、熊召弟（民 87）。**國民小學自然科教材教法**。台北：心理。

社會領域教學原則

在社會領域的教學中，教師除了應掌握社會領域課程的基本理念、課程趨勢、目標及教學的知識領域，還要能激發學生學習興趣，使教學生動活潑，讓學生有效的學習，真正具備知、情、意三者，去適應生活，解決問題。因此，教師應把握的教學原則為：（程健教、賴朝暉，民85；盧富美，民85，123-131）

一、上課前充分的準備

二、靈活的使用各種教學方法與教學技巧

三、活用教材和教學資料

四、從生活中取材

五、教導學生由行中以求知

六、多運用教具與視聽媒體

七、配合各單元的教材布置情境

八、給予學生學習技術的指導

　㈠蒐集資料能力

　㈡整理資料能力

　㈢討論能力

　㈣報告能力

　㈤識別圖表能力

九、指導學生自學的方法

十、啟導學生了解因果關係

十一、著重學生的群性陶冶

十二、身教重於言教

十三、運用聯絡教學

十四、多元化的評量方式

十五、注重國際化的趨勢

十六、重視鄉土教材的學習

十七、加強時事教育指導

十八、配合校外教學活動

十九、多利用社會資源和社教機構

二十、注重民主態度的培養

 參考書目

程健教、賴朝暉（民 85）。論有效率的小學社會科教學。國教輔
　　導，35（4），6-11。

盧富美（民 85）。國民小學社會科教材教法。台北：心理。

英語科教學原則

一、教學態度和觀念的配合

　　㈠充分準備，以確保教學品質

　　㈡教學活動須以學習者為中心

　　㈢堅守教材循序漸進的原則

　　㈣口語練習不應淪為紙筆測驗

　　㈤重視發音和字母拼讀的教學

　　㈥不忘終身學習

二、教學建議

　　這裡僅就英語課本中每一課涵蓋的五個單元：對話、練習、句型結構、活動、音標與字母拼讀練習，分別提出一些建議。

　　㈠對話

　　　1.先與學生討論對話的情境，讓學生了解什麼時候說什麼話。

　　　2.隨機介紹對話的文化背景和語言習慣。

　　　3.遵循先聽後說的原則，讓學生先聽錄音帶，學習正確的發音和語調，再鼓勵學生以對話方式朗讀。

　　　4.盡量利用實物及圖片來教授新詞，並提供充分的例句，讓學生同時了解字詞的意義和用法。

　　　5.固定的語詞如 How are you?、You're welcome.、You have the wrong number.等不要將句子一個字一個字地拆開來說明分析。

　　　6.學生熟練字彙之後，讓他們模擬實際的情境，分組演出對

話。

㈡練習

1.語調練習的部分，切忌只播放錄音帶，叫學生跟讀。適時的指點可以引起學生的注意，有助於聽辨的訓練。

2.指定學生做練習之前，須就例題給學生清楚的說明，學生在真正了解做法之後，練習才有意義，也才能發揮效果。

㈢句型結構

1.簡單扼要地呈現句型，避免冗長的分析解說。

2.讓學生根據句型表做代換或造句練習。

3.兩人一組做口頭練習的部分，要指導學生確實地做。但是練習之前，應說明並示範例句，練習之後，則應指定或抽選幾組上台表演，以為驗收。

4.如果老師擔心題目太少，學生練習不夠，可以再用圖片或字卡提示，讓學生多做一些練習。

㈣活動

1.遊戲或活動進行之前，先讓學生討論步驟和做法，等大家都明白後再開始，可避免混亂的局面。

2.若是分組練習，活動之後的抽組驗收不可免。

3.歌曲或節奏英語教學，不妨先播放錄音帶，然後請會的同學一起上台帶動。齊唱、輪唱、分組比賽等方式，往往能有效營造輕鬆活潑的氣氛。

4.歌曲中若有生詞，應介紹讀音，並讓學生了解字義。

㈤音標與字母拼讀練習

1. 讓學生跟著錄音帶或老師唸，學習正確發音。

2. 引導學生觀察拼字和發音的對應關係，進一步學會歸納規則；譬如字母 c、h、j 和字母群 ch、sh 的發音等。

3. 就學生所發現到的規則，師生腦力激盪，找出更多的例字來驗證，以加深印象。教授新詞時，也要隨時藉機複習學過的規則，以便溫故知新。

4. 發音教學應以學生學會正確的發音，了解字母拼字和發音之間的關係為主要目的，不要太強調音標符號的記憶，更不宜要求學生考試時寫出整個字的音標。

5. 確實播放錄音帶，讓學生做聽辨練習，若覺題目不夠，可酌予增加，這個練習可以有效地培養學生基本的辨音能力。

參考書目

韓慶揚（民 86）。使用新教材──教學原則與建議。**敦煌英語教學雜誌**，14，12-14。

國文科教學原則

　　國文科的教學過程包括的基本步驟和內容應該是：⑴準備活動：指導預習→⑵發展活動：解釋題目→作者介紹→題解說明→識字釋詞→朗讀課文→分層劃段→剖析課文→⑶綜合活動：歸納中心思想→歸納寫作特點→布置作業→⑷追蹤活動：考查。（黃春貴，民 88，51-52）

　　預習的項目包括：生難字詞、解釋、課文錄音、主題探討。每次上國文課前，小老師要提前找教師，詢問當天的國文課進度到哪裡，國文課前的那一節下課，組長就叮嚀該組同學做好準備工作：試播錄音帶，將音量調到最恰當；寫好的生詞，一一用吸鐵貼在黑板右邊；該查的解釋，整齊地寫在黑板上。等我進到教室時，所有的準備工作都已就緒。每上新的一課時，先喚起舊經驗，以引起動機，再按照順序講作者與題解（有時先講課文）。講解課文是採「整零整」的方式，也就是先聽全文，再逐段講解，最後再聽一次全課課文或全班一起朗讀。在講解課文時，先請負責生難字詞的同學上台，他指著貼在黑板上的生詞，一一說明字音自行該注意的地方，然後帶著全班同學劃下課文中的生詞。講解課文時，先將該段列在課文後的解釋說一遍，否則講解課文時，不時地翻到後面看解釋，文意中斷，無法連貫。遇到書本沒有列的不明語詞，便查看黑板上所寫的解釋，也可請負責查的同學站起來說明。全課講解完之後，會說明文章的段落結構，最後請主題探討的同學上台報告。（詹秋蕙，民 90）

　　另外，在國文科教學原則的運用上，尚須注意以下五點：（曾忠華，民73）

一、處理生難詞語須釋其所以然

　㈠抽象的意義，最好借具體的事物多方比喻，使其得到明確的了解。

　㈡以淺易文字學，解釋特殊的字義。

　㈢借修辭學的知識解釋詞語。

　㈣運用淺易文法解釋難句。

二、加強「深究」教學

　㈠內容方面：討論全文主旨、講述各段要旨、討論問題。

　㈡形式方面：分析立意與結構的技巧、討論修辭技巧。

三、酌加補充資料，以廣語文知識，以加強學習興趣

四、加強應用練習：詞語、句法、修辭格的應用練習

五、使用教具，以增進教學效果

參考書目：

黃春貴（民88）。**中學國文教學實務精講**。台北：萬卷樓。

詹秋蕙（民90）。我如何教國中國文。**師大校友**，308，41-44。

曾忠華（民73）。如何改進國民中學國文科教學。載於彭駕騂主編，**國民教育輔導論叢**（第二集）。台北：教育部國民教育司，141-154。

歷史科教學原則

一、教學規畫（莊文賢，民 89）

　　㈠建立學生統整能力與正確的學習觀念：

　　　　1. 熟記朝代演進順序

　　　　2. 整理課文重點

　　　　3. 製作專題比較表

　　　　4. 融入情境試題的氛圍

　　　　5. 善用工具書及輔助教材

　　　　6. 多問問題

　　　　7. 正確讀書方法

　　㈡師生互動：情境式與情感式教學

　　㈢設計學生活動：

　　　　1. 簡易平時考

　　　　2. 粉墨登場，自娛娛人

　　　　3. 說故事

　　　　4. 戶外教學

　　　　5. 辦理機智搶答

　　　　6. 分組報告

　　㈣教學媒體的運用

　　㈤與其他課程的整合運用：與地理科、國文科的配合

二、教學實施上的運用（張月卿，民 84）

　　㈠教學方法上：

1.情境的講述

2.單元設計

3.模擬遊戲

4.小組討論

5.資料研習

6.參觀訪問或史蹟考察

(二)學生作業上：

1.列表

2.整理綱要

3.繪圖或地圖習作

4.模型製作

5.製作歷史資料冊

6.製作投影片或幻燈片

7.閱讀書報

參考書目

莊文賢（民89）。淺談國中歷史科的教與學。人文及社會學科教學通訊，11（4），231-244。

張月卿（民84）。歷史科教學的理論與實際──以國中歷史教材為例。人文及社會學科教學通訊，6（3），169-190。

〉〉〉附錄二　教師甄試口試參考問題

1. 你的主修××系到底念些什麼？

2. 你覺得你將會是怎麼樣的老師？

3. 你認為「有教無類」和「因材施教」有沒有矛盾的地方？

4. 現在的國中生很難作課堂管教，你覺得無法管教國中生的老師，其問題在哪裡？

5. 你覺得如何在人數很少的小學校教書？

6. 你最敬佩的教育家是誰？為什麼？

7. 現在大部分的國中老師採取什麼教學法？你覺得如何改進？

8. 你對國小學生學習英文有什麼看法？

9. 你覺得現在由國中小各年級的老師共同決定教科書，會不會產生教材不銜接的問題？

10. 你贊成從小學一年級就學習英語嗎？會不會與學本國語的學習混淆？

11. 你贊成在國小三年級和六年級舉辦全面性的基本學力測驗嗎？

12. 九年一貫教育的七大領域為何？

13. 九年一貫課程實施後你認為老師必須具備什麼能力？

14. 教室中的潛在課程有哪些？試舉其二。

15. 何謂學習型組織？領導者可由誰擔任？

16. 如何發展適性教育，試就多元智慧理論提出落實的措施？

17. 何謂 EQ（Emotional Quotient）？依此理論，試說明做一優秀的

愉快教師？

18.簡述「教師法」中教師應盡的義務，並說明如何實踐？

19.對於專任教師在學校上班至少十二小時以上，你有何見解？

20.何謂多元入學？多元評量？多元智慧論？

21.請寫出人文主義心理學之簡要意涵及其對教育的影響。

22.教師情緒管理之內涵及教師如何應用情緒管理與學生互動。

23.校園安全中有哪些常見的意外，形成原因為何？如何因應解決？

24. John Deway 所提「做中學」，對國內「開放教育」的影響是？

25.依據我國教師法的規定，教師的權利與義務為何？請條列列舉
　之。

26.請說明潛在課程之意義及對學校教育之影響。

27.行政院教育改革諮議委員會所提教改具體建議為何？

28.多元入學的管道為何？有何特色？國中教師如何輔導學生選擇適
　當的進路？

29.你對基本學力測驗的看法如何？

30.基本學力測驗與聯考的異同？

31.你對現行國中教育的看法如何？

32.你對完全中學的看法如何？

33.你對高中生推甄大學的看法如何？

34.最近教育上的議題您最關心為何？

35.九年一貫在九十一年要全面實行，你覺得教師現在最需要去做的
　工作是什麼？

36.你覺得多元入學有沒有什麼問題？

37. 小班教學精神為何？

38. 皮亞傑的認知發展理論中，國中生是屬於哪一個階段？該怎麼教學？

39. 身心障礙教育法實施後，回歸主流，每個班都會有特殊的孩子，若有憂鬱症的學生如何處理？

40. 會用什麼策略幫助特殊兒童學習？

41. 剛提到的是心理上的特殊兒童，若是外顯行為的小孩呢？

42. 怎麼在教學中融入生命教育？

43. 兩性教育。

44. 台北心教育、學校社區化、學校本位管理、學校日活動。

45. 國中學生有哪些狀況讓你感覺擔心？

46. 你對「教師會」有何看法？

47. 你對參考書的看法怎樣？

48. 你對老師與認輔工作有何看法？

49. 你對老師懲戒權的看法如何？

50. 教學歷程中，「主學習」、「副學習」、「附（輔）學習」對於學生學習情形的評量，試舉例說明三種學習的意義。

51. 目前社會變遷急速，學生的價值觀念混淆不明，您將如何協助學生建立正確的價值觀？

52. 試論實施九年一貫課程時你將如何提升教師的專業自主能力？

53. 試述大學多元入學新方案之精神與優缺點？

54. 請說明國民教育階段應具備之核心能力有哪些？

55. 如何與社區互動？

56.什麼是合科課程？協同教學法？

57.什麼是常模參照測驗？資源教室？

58.你任教科目的教科書有什麼優點和缺點？

59.試述學校本位課程發展的意義與層次。

60.試述你對教師分級制度的看法？

61.請說明「環境教育」的內涵，並簡述你個人認為該如何實施環境教育。

62.實施基本學力測驗之後，老師應如何引導學生學習呢？

63.基本學力測驗不公布學生分數組距，如何輔導學生選填志願？

64.你認為高職應如何發展自己的特色？

65.高中及高職聯考廢除後，做為老師的你該如何配合呢？

66.你對九年一貫認識如何？請簡述它的精神與內涵？

67.何謂「學校本位課程」？

68.你對「課程統整」與「分科教學」的認識？

69.課程發展委員會成員為何？職掌呢？

70.「各學習領域課程小組」的功能何在？

71.何謂「分段能力指標」，它在九年一貫的課程中重要性如何？

72.九年一貫的評量方法及重要性為何？

73.你對多元入學的看法？

74.你對基本學力測驗認識多少？

75.你對新課程改革的看法？

76.老師角色在社會上扮演的分量以及社會對教師的期許，你的觀感？

77. 你對早自習或自習課的看法？

78. 你對午休的看法？

79. 九年一貫後的班級經營策略及教學方法。

80. 你認為九年一貫課程教學活動設計的重點為何？

81. 九年一貫的基本理念（基本內涵）為何？你如何在任教的領域適應此一新的理念？

82. 搜尋有關九年一貫的網址然後用 word 排版、編輯（評分標準包括資料多寡、實用性與代表性）。

83. 在你任教的科目中，如何有效運用社區資源？

84. 你會運用哪些新式教學法？

85. 遇到矛盾的問題時，你如何引導學生進行批判性思考？

86. 校慶快來了，你如何兼顧布置與教學？

87. 教學媒體教學有何功用，教師在使用教媒時應把握的原則為何？

88. 教師如何有效激發學生的學習動機，提高學生學習成效？

89. 試說明教學評量的功能並檢討當前國民中學教學評量之缺失與改進之途徑。

90. 你如何對你的學生進行多元評量？

91. 你經驗中覺得最愉快的一堂課，是如何進行的？

92. 在高中實習，到國中教學應如何轉化？

93. 教學活動該如何設計？

94. 國高中課程不一，請問課程重點要放在哪裡？

95. 在學校推行統整課程時，該怎麼配合？

96. 在實習過程中最滿意的教學活動是什麼樣的設計？學生對你這種

活動設計的感覺？

97. 在學生的學習成長檔案方面會怎麼設計？

98. 九年一貫實施，可以怎麼使用資源？

99. 課後帶學生去外面參加活動的話，要注意什麼樣的問題？

100. 何謂「評量」？

101. 你要怎樣提升學生的讀書風氣？

102. 九年一貫課程中，與你本身教學科目有關的領域是哪一個，其大略的內涵為何？你應如何因應此方向的課程設計需求？試舉例說明。

103. 國中畢業生多元升學管道主要包括哪些，試述其要？您在教學上將如何因應？

104. 試述「學校日」的內涵及精神，並就您所任教科目擬定一份將於學校日提供給家長的教學計畫。

105. 你會如何幫助一個學習低成就的孩子？

106. 試問政府積極推動電腦進駐教室「班班有電腦」，身為一位老師應該如何配合，扮演資訊教育推手的角色呢？

107. 當第一階段的甄選入學與申請入學結束後，有部分學生已經有學校可讀，但部分學生卻仍要為第二次基本學力測驗而努力，您認為學校應如何安置與輔導這兩類學生繼續學習呢？

108. 鷹架理論如何應用在教學上？

109. 何謂班群教學？

110. 你對協同教學的認識與看法？

111. 九年一貫課程實施後，教師必須有自行發展課程的能力，也就是

要能自行進行「教學設計」，試說明「教學設計」的模式。

112.九年一貫的實施較偏重情意的教育，你個人覺得什麼是「情意教育」？教些什麼？

113.在教學策略的選擇上，你個人比較偏好「教師主導取向」或「學生自學取向」？試述該取向的利弊。

114.寫出各種教學法說明其適用情境。

115.如何與同學習領域的教師設計教材？

116.評量有哪些？你如何利用評量來輔助教學？

117.使用 powerpoint 製作簡報，題目為××至少要兩頁。

118.請問高中課程發展的理念及原則？

119.造成師生衝突的原因有哪些？如何解決？

120.你是學年度新生班級導師你想怎樣經營你的班級？請就班級常規與活動談談你的做法。

121.你是班級導師面對上課經常吵鬧的學生你將如何處理？

122.如果你班上的成績是全校最後一名，你要如何對家長做交待？

123.當導師最重要的工作是什麼？

124.你如何進行班級經營？能做到怎樣的成效？

125.如何推動班親會？

126.班是一個師生互動的社會體系，導師與學生關係至為密切。如果你是導師，如何有效營造良好的班級氣氛。

127.班級中如果有一個中輟生，身為導師你的處理方式是？

128.如果學校的學生不聽管教，你的處理方式？

129.帶領一個班級時，有些學生怎樣就是不肯寫作業，你處理的方式

為何？

130. 在教學的過程裡，有沒有師生衝突的經驗？

131. 能力導向，若是導師該怎麼讓學生體驗多樣活潑的教學？

132. 學校日時該怎麼向校長報告？

133. 學生受傷，家長來找你，該怎麼處理？

134. 你不重視分數，但家長很重視分數時，若家長對你的說明無法滿意時怎麼辦？

135. 若當導師，希望把班級帶成什麼樣的狀況？

136. 廚餘、資源回收政策的落實，教室前的水槽若有飯粒，你當導師怎麼辦？

137. 家長對教師生氣時，你將如何處理？

138. 班長報告同學不配合時，你將如何處理？

139. 怎樣選舉班級幹部？

140. 有位同學每逢考試就請假，如何處理？

141.「導師時間」怎麼安排較為適當？

142. 你如何使用新生始業輔導中的導師時間？

143. 導師應如何推動「學校日」活動？

144. 生活教育上怎樣帶動家長共同責任制？

145. 在抽定班級以後，導師要先做哪些安排？

146. 在開學前幾天，導師應做哪些準備？

147. 請問你在開學初期將如何經營班級？

148. 實習時發現學生最大的問題為何？如何輔導？

149. 學校請你當導師，請問你如何經營？你最重視的是什麼？

150. 你對家長參與班務的看法？如何利用家長資源？

151. 監考時為維持考試公平性，你認為應注意哪些事項？

152. 如果你是在教學組工作，有資深老師要求不要把課排在第一節、第四節及第五節，那你會怎麼做？

153. 身為經師、人師，試問你對配合行政及學生教訓輔方面有何具體做法。

154. 在訓導處實習一段時間後，你覺得訓導工作是什麼？

155. 如果學校有需求要你幫忙接行政工作或當導師，你願意嗎？

156. 你對校內哪個處室印象較為深刻？你覺得校內哪個處室最重要？

157. 你的學經歷不夠，像其他老師都在學校代過課，很多都是合格教師，你覺得可以勝過他們嗎？

158. 說說你的教學經歷？

159. 正式實習的教學經驗中你獲得了什麼？

160. 你覺得在大五實習階段你的教學成功嗎？

161. 你應該試教完了，對於剛才的試教你給自己的表現評為高、中、低？原因為何？

162. 就學以來影響你最大的老師是哪一位？為什麼？

163. 年輕老師如何面對學生或家長的疑難與不肯定？

164. 壓力大，忙不過來時怎麼辦？

165. 您所讀過的教育書籍，哪一本對你影響最大？

166. 在試教的過程裡，心情上有什麼改變？

167. 曾辦過什麼活動？如何辦理？辦理的心得為何？

168. 如何從實習老師調整心情為一個正式老師？

169. 如果你未獲本校錄取，打算怎麼辦？

170. 你若錄取，如何才能盡快了解本校？

171. 請你預估在進入正式教學行列之前，自己應該先有哪些心理建設？

172. 你當老師以後將如何上班？交通？食宿？

173. 以後你將如何規畫經濟？怎麼處理薪水？

174. 你覺得當老師有何禁忌？

175. 你當老師有何生涯規畫？

176. 與上級理念有衝突時會如何因應？

177. 是否有往後的進修計畫？如果有，如何與教學工作相互配合？

國家圖書館出版品預行編目（CIP）資料

新教學實習手冊／李咏吟、陳美玉、甄曉蘭合著
--初版.-- 臺北市：心理, 2003（民 92）
面；　公分.--（一般教育；49）
ISBN 978-957-702-574-6（平裝）

1. 師範教育─課程　2. 實習教師

522.64　　　　　　　　　　　　　　92002488

一般教育系列 41049

新教學實習手冊

作　　者：李咏吟、陳美玉、甄曉蘭

總 編 輯：林敬堯

發 行 人：洪有義

出 版 者：心理出版社股份有限公司

地　　址：231 新北市新店區光明街 288 號 7 樓

電　　話：(02) 29150566

傳　　真：(02) 29152928

郵撥帳號：19293172　心理出版社股份有限公司

網　　址：http://www.psy.com.tw

電子信箱：psychoco@ms15.hinet.net

駐美代表：Lisa Wu（lisawu99@optonline.net）

排 版 者：臻圓打字印刷有限公司

印 刷 者：翔勝印刷有限公司

初版一刷：2003 年 3 月

初版八刷：2016 年 8 月

I S B N：978-957-702-574-6

定　　價：新台幣 400 元